VOYAGES A MADAGASCAR, A MAROC,

ET AUX INDES ORIENTALES;

PAR ALEXIS ROCHON,

Membre de l'Institut national de France, et de l'Académie de Pétersbourg.

OUVRAGE EN TROIS VOLUMES,

Accompagné d'une Carte géographique de Madagascar, d'une Carte de l'Inde orientale, d'un Vocabulaire Madégasse, de Tables astronomiques, et d'une Table générale des matières.

TOME TROISIÈME.

A PARIS,

Chez { PRAULT, Imprimeur, rue Taranne, n.º 749. à l'Immortalité.
LEVRAULT, frères, Imprim.-Libraires, quai Malaquai.

AN X. DE LA RÉPUBLIQUE.

VOYAGES AUX INDES ORIENTALES.

TROISIÈME VOYAGE.

Il n'est point de siècle plus fertile en grandes découvertes que celui où nous vivons. Il n'en est point aussi où les arts et les sciences ayent été plus cultivés. L'on doit sans doute ce bienfait à ces savantes associations qui se sont formées dans les diverses capitales des nations civilisées de l'Europe : toutes tendent d'un commun accord à étendre et à augmenter la masse de nos connoissances. Ces associations auroient encore une plus grande influence sur le bonheur commun, si ceux qui disposent du sort des nations en sentoient plus fortement tous les avantages ; mais le prestige des plaisirs et des spectacles qui se multiplient à l'excès dans les grandes villes, détourne jusqu'à l'homme le plus réfléchi, des objets les plus dignes de fixer l'attention :

c'étoit la douloureuse réflexion que l'illustre Turgot faisoit, lorsqu'il considéroit politiquement l'espèce d'indifférence et de dédain avec lesquels des arts de première nécessité sont traités par ceux même qui auroient le plus d'intérêt à les encourager. Ce n'est point sous ce vertueux administrateur qu'on a vu des objets importans sacrifiés à des goûts frivoles et à des sujets de pur agrément. Nous l'avons vu dans le tems où il étoit forcé de s'occuper à rétablir l'ordre dans les finances de l'état, faire les plus grands efforts pour favoriser l'agriculture, l'industrie, la navigation intérieure, les chemins, et enfin toutes les branches de commerce : nous l'avons entendu répondre à ceux qui lui prêchoient une stérile économie: Semons si nous voulons récolter; on trouve toujours trop d'argent pour faire des sottises, comment en manque-t'on pour faire des travaux qui tendent à augmenter la richesse des nations, et qui procure à cette classe nombreuse de citoyens laborieux une subsistance assurée, qu'on ne peut, ni par principe de justice et d'humanité, ni par des vues d'un intérêt majeur, leur refuser ?

Tel étoit le langage de cet ami de la liberté, de cet ennemi des tyrans, dont il a fait l'épitaphe dans ce beau vers sur Francklin :

Eripuit cœlo fulmen mox sceptra tyrannis.

Quoiqu'en puissent dire ces hommes plus ridicules encore par leur stupide vanité, que par le mépris insensé qu'ils affectent pour les arts mécaniques, il ne faut pas se fatiguer de leur montrer qu'en paralysant les bras, en éteignant l'industrie, on frappe de stérilité les contrées les plus riches et les plus productives. Cette vérité n'est pas toujours sentie, parce qu'il faut une certaine perspicacité pour en connoître les avantages : d'ailleurs la grande majorité des hommes ne s'occupent que des intérêts directs et présens ; ceux qui leur en montrent d'indirects, quoique d'une importance majeure, ne sont pas toujours écoutés.

Le vertueux Turgot fut un instant ministre de la marine ; il s'entoura aussitôt des navigateurs les plus recommandables par l'étendue de leurs connoissances : il sentoit que pour donner à la marine un lustre et un éclat qu'un art aussi relevé comporte, il falloit encourager l'instruction et mettre les écoles de marine sur le même rang que les écoles du génie militaire et des ponts et chaussées. Déja le savant Bezout avoit créé un cours de mathématiques et de navigation qui avoit produit une foule d'officiers instruits, dont plusieurs étoient devenus, de l'aveu général, de grands hommes de mer. Mais Turgot, qui joignoit à un degré éminent des connoissances approfondies des sciences, aux autres qualités qui constituent le grand administrateur, sentoit les besoins de favoriser, spécialement dans les ports, l'étude de la science navale, considérée sous tous ses rapports. Il vouloit donner aux écoles de marine les plus grands encouragemens; il vouloit aussi changer l'organisation de cette académie de marine qui a rendu quelques services, mais qui étoit susceptible d'en rendre de plus grands. Il sentoit les avantages incalculables d'une association d'hommes constamment occupés des progrès et du perfectionnement de toutes les branches de la science navale, et de cet art sublime qui transforme les forêts en citadelles flottantes ; cette étonnante métamorphose est bien fortement exprimée dans ce vers de Le Mierre.

Le trident de Neptune est le sceptre du monde.

Il avoit encore le projet de créer une classe de pilotes-astronomes, qui devoient subir à leur réception, des examens très rigoureux : il leur auroit donné d'excellens instrumens pour faire sur mer et sur terre toutes les observations nautiques. Je n'ai point besoin d'observer qu'il devoit faire élever dans les grands ports de l'état, des observatoires ; il ne comprenoit point que l'astronomie nautique, seul guide assuré du navigateur, fût, au mépris de la vie des hommes et de la sûreté de la navigation, plus négligée en France que chez les autres puissances maritimes de l'Europe. Il n'étoit pas moins surpris que, dans la vue d'une meurtrière économie, les vaisseaux n'avoient pas les instrumens nécessaires pour conserver l'heure à la mer, et faire ces salutaires observations de distance de la lune au soleil et aux étoiles, qui donnent, avec la précision requise, la longitude : la plupart des marins regardent encore cette connoissance comme une chimère. Il est vrai que les moyens pécuniaires du grand nombre des navigateurs ne peuvent pas toujours atteindre au prix des bons instrumens, qui peut leur procurer cette connoissance, et leur faculté intellectuelle leur permet peut-être encore moins d'en faire usage, tant pour assurer la position des terres nouvellement découvertes, que pour abréger leur route. L'art du bon manœuvrier et du tacticien habile est très-différent de celui du pilote, et l'on peut dire que des grands hommes de mer n'ont pas toujours été de bons navigateurs ; c'est pourquoi une classe instruite de pilotes astronomes seroit d'une si grande utilité ; et si ce plan est adopté, on jugera, par les effets, qu'il étoit difficile d'en trouver un autre plus propre à la sûreté de la navigation et au perfectionnement des cartes marines.

Quoiqu'il en soit, l'illustre Turgot ne voulut point conserver le ministère de la marine, parce qu'il sentoit que les détails d'une administration aussi étendue, ne lui auroit pas permis de se livrer à l'étude de toutes les branches de la science navale ; et il préféra à regret celui des finances, parce qu'il s'étoit occupé toute sa vie de ses grandes vues d'économie politique, qui l'avoient rendu le modèle des bons administrateurs : telle est l'unique cause qui a privé la marine d'un grand ministre. Il n'est pas à craindre qu'un tel exemple de modestie soit souvent imité ; mais la trop scrupuleuse conscience de ce vertueux ministre a été fatale à l'instruction de la marine, et à la connoissance plus grande du globe, espèce de recherche à laquelle il attachoit un grand intérêt.

Il faisoit un cas particulier de l'Essai de Maupertuis sur les progrès des sciences ; il assignoit, ainsi que lui, un rang distingué à la découverte des terres australes. » C'est, dit
» Maupertuis, l'entreprise la plus grande, la
» plus noble, la plus utile et la plus capable
» d'illustrer une nation. La gloire est la passion
» dominante des hommes, mais leur erreur
» commune et invétérée est de la chercher

» dans la guerre, c'est-à-dire, dans le malheur
» du genre humain : il n'y a cependant de
» gloire que dans la félicité des peuples. Le
» bonheur des nations doit être le guide des
» entreprises qu'ils font pour l'acquérir : ici,
» la grandeur du sujet se trouve jointe aux
» avantages du succès ; ici, c'est enrichir l'an-
» cien monde des productions naturelles d'un
» nouveau continent ; voilà quel seroit le pro-
» duit d'une telle découverte. Quelle compa-
» raison, ajoute Maupertuis, pourroit-on faire
» entre l'exécution d'un tel projet, et la con-
» quête d'un pays ravagé par la guerre ou la
» désolation du vaincu ; et les regrets du
» vainqueur sont achetés à un prix cent fois
» plus considérable que la dépense qu'il seroit
» nécessaire de faire pour la découverte la
» plus importante ? Combien le nom d'Améric
» Vespuce est il plus assuré de vivre dans les
» siècles à venir que celui d'Alexandre ; et,
» puisque le desir de perpétuer sa mémoire
» est le grand but de l'ambition de l'homme,
» et le mobile puissant de ses actions, quel

» mortel a jamais joui d'une satisfaction égale
» à celle de ce marchand florentin, en voyant
» l'Europe donner d'un commun accord son
» nom à la moitié du globe que nous habitons? «

Lorsque l'enthousiasme porte sur des objets utiles, il procure presque toujours des effets avantageux : tel a été le produit de l'écrit de notre célèbre académicien. Si l'homme qui réfléchit y trouve quelque fois de l'exagération, il sent en même tems qu'il a dû influer puissamment sur la direction de l'esprit public sur un objet qui avoit pour but de nous faire mieux connoître le globe que nous habitons; et, en cela, les sciences et les arts lui sont redevables d'un grand bienfait. Son astronomie nautique avoit déja prouvé l'importance qu'il mettoit à la navigation et à ses progrès. L'écrit de Maupertuis, l'histoire de la navigation aux terres australes, que le président de Brosses composa dans la vue de seconder les efforts de ce célèbre académicien, et beaucoup plus encore, le voyage que Bougainville venoit de faire autour du monde, déterminèrent enfin le gouvernement à s'occuper de ces grandes recherches ; mais le choix qu'il fit du voyage de Gonneville ne fut point heureux, et il ne devoit point l'être, comme le lecteur va en juger.

Je dois lui mettre sous les yeux tout ce qui a rapport à la relation qui va fixer son attention sur un voyage où je devois être chargé de plusieurs recherches de quelque importance, puisque je devois y faire toutes les observations du ressort de l'astronomie nautique : l'instruction relative à cet objet, porte la date du 25 mars 1771, et est conçue en ces termes :

» Le capitaine Kerguélen est instruit qu'il
» y a toute apparence qu'il existe un très-
» grand continent dans le sud des îles S. Paul
» et Amsterdam, et qui doit occuper une
» partie du globe, depuis les 45 dégrés de
» latitude sud, jusques aux environs du pôle
» dans une espace immense où l'on n'a point
» encore pénétré. Il paroît assez constant ce-
» pendant que Gonneville y aborda vers l'an
» 1504, et y séjourna près de six mois pendant

» lesquels il fut fort bien traité par les gens
» du pays.

» Le capitaine Kerguelen, en partant de
» l'île de France avec la corvette qui lui sera
» donnée pour servir de découverte, fera voile
» vers ces terres ; il fera tous ses efforts pour
» les trouver et les reconnoître. S'il parvient
» à les découvrir, il cherchera un port où il
» puisse être à l'abri. Il prendra toutes les
» précautions nécessaires pour descendre à
» terre avec sûreté. Il tâchera de lier com-
» merce et amitié avec les habitans. Il exa-
» minera les productions du pays, sa culture,
» ses manufactures, s'il y en a, et quel parti
» on pourroit en tirer pour le commerce de
» la France. L'académicien Rochon, embarqué
» avec le capitaine Kerguelen, fera des ob-
» servations astronomiques, autant qu'il sera
» possible, pour déterminer la position des
» différens endroits où ils s'arrêteront. On ne
» dit rien au capitaine Kerguelen sur les pré-
» cautions qu'il aura à prendre pour faire réussir
» son voyage, et pour éviter les dangers

» auxquels il sera exposé dans des mers in-
» connues : on s'en rapporte à son zèle et à
» son expérience, et l'on est persuadé qu'il
» ne négligera aucun des moyens qui pourront
» contribuer au succès d'une entreprise aussi
» glorieuse, et dont on peut par la suite tirer
» de grands avantages. On s'en remet au capi-
» taine Kerguelen sur les lieux de relâche, et
» on lui recommande de tenir son expédition
» secrète.

» Après avoir reconnu ces terres, ou du
» moins fait son possible pour les trouver,
» le capitaine Kerguelen fera route pour la
» rivière de la Plata, pour y ravitailler et
» rafraîchir ses équipages, et il fera ensuite
» son retour en France ».

Cette instruction étoit basée sur un récit tout-à-fait vague, et sur lequel il étoit impossible au plus habile navigateur d'asseoir une direction de route qui pût faire espérer de retrouver un lieu dont on ne connoissoit ni la latitude ni la longitude. Le président des Brosses rapporte que le vaisseau de Gonneville, armé à Honfleur en juin 1503, prit la route des Indes orientales, six ans après que Vasco de Gama eut ouvert et tracé aux nations européennes le passage aux Indes, en doublant le cap de Bonne Espérance. En cherchant à dépasser ce cap fameux, que l'on nommoit alors le cap des Tourmentes, Gonneville fut assailli d'une furieuse tempête qui lui fit perdre la route : ici le navigateur ne comprend point cette manière de rendre la situation d'un vaisseau, quel que soit sa détresse ; car on connoît toujours, au moyen de la boussole, du lock et des latitudes observées, le parage où l'on se trouve, et il ne peut y avoir d'incertitude que sur la longitude. Le président des Brosses ajoute que dans une si grande perpléxité, Gonneville se décida à suivre la direction que la vue de quelques oiseaux venant de la partie du sud, lui indiqua. C'est ainsi que ce navigateur rencontra fortuitement une grande contrée à laquelle il donna le nom d'Inde méridionale, selon l'usage de ce tems, ou l'on appliquoit indistinctement la dénomination d'Inde à tous les pays nouvellement découverts. Il paroît que Gonneville n'éprouva pas dans cette contrée les rigueurs d'une latitude élevée, puisqu'il n'en fait aucune mention ; et cependant il y fit un séjour de six mois pour y réparer son vaisseau. Le capitaine compare la rivière dans laquelle il entra, à la rivière d'Orne qui coule sous les murs de Caen. Il rend le témoignage le plus avantageux du peuple hospitalier qui habite cette fertile et agréable contrée : le chef Arosca, âgé d'environ soixante ans, attachoit un grand prix à vivre en paix avec ses voisins. Son autorité ne s'étendoit que sur douze villages qui occupoient au plus l'espace de dix lieues quarrées.

Il ne fit aucune difficulté de confier à Gonneville un de ses fils nommé Essomeric, dans la vue de le faire instruire dans les arts de l'Europe. La plupart des particularités qui se trouvent dans la relation donnée dans l'histoire de la navigation aux terres australes, n'a pas besoin d'être transcrite. Ces peuples vivent de racines et de légumes, de chasse et de pêche ;

des

des manteaux de natte et de peau recouvrent leurs épaules ; un tablier attaché au-dessus des hanches leur descend jusqu'aux genoux : leurs armes sont la sagaye, l'arc et la flèche. Les hommes portent des panaches de plumes de différentes couleurs : les cheveux des femmes sont tressés et ornés de guirlandes. En général, ces peuplades passent la majeure partie de la vie à dormir et à se divertir : l'insouciance est peinte sur leur phisionomie, ainsi que l'aménité ; tous ces caractères dénoteroient que le pays visité par Gonneville, tient à l'Amérique méridionale, où des vents forcés de la partie de l'ouest ont sans doute pu le forcer d'aborder. Leurs ustensiles de cuisine en bois recouvert d'argile, les quadrupèdes et les animaux inconnus, dessinés par Le Fevre Nicole, sont des faits dignes de remarques et qui viennent à l'appui de cette opinion.

Gonneville, à son retour en France, fut pris par un corsaire des îles Gersey ou de Guernesey ; il perdit son journal et sa collection,

A son arrivée, il constata, par une déclaration devant le siége de l'amirauté, l'événement fâcheux qui le privoit du fruit de sa découverte. Ce généreux capitaine n'ayant pu obtenir de ramener Essomeric dans son pays, lui fit épouser une de ses parentes, et lui légua son bien, à la condition qu'il prendroit le nom de Paulmier. L'un des descendans de cet Essomeric étoit en 1664 chanoine de Lisieux : il avoit une grande érudition. Il raconta à Falconet, de l'académie des inscriptions, que les financiers qui avoient traité avec le Gouvernement d'un droit sur les étrangers, voulurent lui faire payer ce droit comme étant issu d'un sauvage des terres australes.

On ne peut former aucun doute raisonnable sur l'existence des terres rencontrées par le capitaine Gonneville ; mais on doit convenir que sur des renseignemens aussi vagues que ceux que je viens de donner, il étoit impossible d'espérer de les trouver : c'est l'observation que je fis au capitaine Kerguelen, dès que je connus la nature de sa mission. C'est un spectacle digne de l'étude du philosophe, que celui de ces impressions subites qui, semblables à des commotions électriques, dirigent tous les esprits vers des objets qui semblent de nature à ne devoir jamais fixer l'attention de la multitude: l'arrivée à Paris de l'insulaire *Mayoa*, plus généralement connu sous le nom d'Aoutourou, avoit produit ce phénomène ; il étoit le sujet de toutes les conversations. Rien ne prouve mieux qu'en faisant porter l'enthousiasme sur des objets intéressans, il ne manque point de produire des effets salutaires : il semble que l'homme ait bien besoin de ce véhicule pour le retirer de l'insouciance et de cette inertie qui semblent attachées à la nature humaine. On étoit, il est vrai, bien plus occupé de cet Aoutourou, qui égaloit à peine, pour l'intelligence, le commun de ces Indiens connus de tous les navigateurs, que de l'intéressant voyage autour du monde du célèbre Bougainville ; plus on étudie ce beau voyage, et plus on le trouve important. Ce navigateur a rencontré le premier les îles Salomon, de Mendanna, et la terre du S. Esprit de Quiros. Je vais m'arrêter ici sur ces deux objets qui ont trop de rapport avec le voyage que nous devions entreprendre.

Il faut bien se garder de traiter de fables, comme quelques géographes, les récits de ces intrépides navigateurs qui ont fait les premiers ces belles découvertes, que l'insouciance des gouvernemens a laissées si long-tems enfouies dans l'obscurité. Il est constant, et le savant Buache avoit prouvé dès l'année 1781, que les îles Salomon et la terre de Quiros avoient été vues par Bougainville en l'année 1768. En effet, Alvarès Mandanna fit volle de Lima le 10 janvier 1567 : il dirigea sa route à l'ouest en suivant d'abord le parallèle de douze degrés l'espace d'environ 1200 lieues ; puis, regagnant par une route un peu oblique le septième degré, il rencontra, par la longitude occidentale de 160 degrés, une île habitée qu'il nomma île de Jésus ; et, peu de tems après, une grande île qu'il nomma S.te Isabelle de l'Etoile. L'historien de la navigation aux terres australes, dit, d'après Herrera, que l'île S.te Isabelle et les îles adjacentes, sont situées entre le septième et le douzième degré de latitude sud. Elles doivent être peu éloignées de la nouvelle Guinée, et c'est l'or et les perles que l'on assure y avoir trouvés, qui leur ont fait donner le surnom d'îles Salomon. Au reste, l'air y est sain ; la terre assure, par sa grande fertilité, une nourriture abondante et salubre aux nombreux insulaires qui peuplent ce vaste archipel : on y voit des blancs, des mulâtres et des nègres.

» Les voyages des navigateurs modernes qui
» nous ont procurés, dit Buache, tant de
» connoissances sur la mer du sud, ont fait
» naître des doutes sur l'existence des îles Sa-
» lomon ; et déjà plusieurs géographes se
» sont empressés de les bannir de leurs cartes
» et de les mettre au rang des terres fabu-
» leuses. C'étoit assez l'usage autrefois de nier
» l'existence d'une terre que l'on ne trouvoit
» pas à la place que les cartes lui assignoient,
» et l'on regardoit aussi comme autant de dé-
» couvertes nouvelles, toutes les terres que
» l'on trouvoit dans des parages où les cartes

» n'en marquoient pas. Les navigateurs plus
» éclairés aujourd'hui, se bornent à conclure
» du peu de succès de leurs recherches, que
» les terres qu'ils n'ont pas trouvées, étoient
» mal-placées sur les cartes des géographes ;
» et avant d'imposer un nouveau nom à des
» îles qui ne sont pas sur leurs cartes, ils con-
» sidèrent avec attention toutes celles qui s'y
» trouvent dans les mêmes parages et aux
» mêmes latitudes. Dans le cas présent et pour
» pouvoir nier avec quelque raison l'existence
» des îles Salomon, il eût fallu les avoir cher-
» chées dans toutes les positions qui leur ont
» été assignées par les différens auteurs, et
» c'est ce qui n'a point encore été fait. J'ai
» examiné ce point de géographie, ajoute
» Buache, avec attention, et il m'a paru que
» pour quiconque n'a pas fait vœu de scep-
» ticisme, l'existence de ces îles étoit suffisam-
» ment démontrée par les relations des voyages
» de Mendanna : il m'a paru aussi qu'avec les
» connoissances que nous avons aujourd'hui
» de la mer du sud, on pouvoit établir plus

» sûrement leur position, et faciliter à d'autres
» navigateurs les moyens de les retrouver.

» Les premières cartes qui ont représenté
» les îles Salomon, s'accordent toutes à les
» placer à l'ouest et près de la nouvelle Guinée.
» C'est ainsi qu'on les trouve situées sur une
» carte de Théodore de Brie en 1596. Corneille Vitfliet qui en 1603 donna une notice curieuse des Indes occidentales, s'exprime d'une manière remarquable.

Il dit: » à droite, et près de la nouvelle
» Guinée, se trouvent les îles Salomon,
» qui sont d'une vaste étendue et en
» grand nombre, et qui ont été découvertes
» dernièrement par Alvarès de Mendanna. Ce
» navigateur fit voile de Lima au Pérou, dans
» le dessein de chercher des terres nouvelles
» et inconnues ; et après trois mois de navigation avec des vents constans de sud-est,
» il aborda à ces îles qu'il nomma îles de Salomon, plutôt par un hazard et par fantaisie
» que pour quelque cause particulière. En attendant, ajoute Buache, que nos navigateurs

» comptent les découvertes qu'ils ont faites,
» je crois pouvoir assurer que les terres des
» Arsacides de Surville, et la baye Choiseul
» de Bougainville, font partie des îles Sa-
» lomon «.

L'île Ste Isabelle offre, sous le huitième degré, un port où Mendanna fit un long séjour. L'on trouve dans l'ouvrage de Dalrimpe, intitulé, *Voyage de la mer du sud par les Espagnols et les Hollandais*, traduit depuis par *Fréville*, l'histoire du premier voyage de Mendanna par Christophe Suarez de Figueroa, imprimée à Madrid en 1656.

Cet historien dit qu'en 1567, le licencié Castro, président du Conseil et gouverneur du Pérou, fit embarquer Alvarès de Mendanna son neveu, avec le titre de général. Cette expédition avoit pour objet la découverte des terres australes : cette relation s'accorde sur les points principaux avec celle d'Herrera, mais elle renferme plus de détails. Nous y voyons que Mendanna étant dans le port qu'il nomme de l'Etoile, dans la partie du nord de l'île S.te Isabelle, fit construire un brigantin pour reconnoître plus particulièrement cette grande terre et les îles adjacentes. Il confia cette recherche à Pedro de Ortega, qui avoit sous ses ordres le premier pilote Hernan Gallego. Avec ce brigantin Ortega fit route au sud-est ; en prolongeant la côte il découvrit deux petites îles distantes de six lieues du port de l'Etoile ; elles sont sous le huitième degré de latitude australe ; des palmiers les recouvrent. Plus loin sont d'autres îles, et une grande baye entourée de huit petites îles bien peuplées. A l'est de cette baye, Ortega reconnut, à quatre lieues de distance, une île considérable que les insulaires nomment Malaita. Je dois observer ici que le capitaine Carteret rencontra en août 1767 cette île Malaita, à laquelle il donna son nom : elle est, selon ce navigateur, par 8° 26′ de latitude, et par 159° 14′ de longitude à l'est du méridien de Londres. Carteret ne vit pas la grande île S.te Isabelle ni celles qui composent l'archipel des îles Salomon ; mais il envoya un canot à terre sur une petite île qui est dans le nord de Malaita, et à laquelle il donna le nom d'île Gower. Il trouva sur l'île Gower un nombre considérable d'insulaires avec deux pirogues qu'il présuma être de l'île Malaita : il fit saisir ces pirogues, dans lesquelles il trouva cent cocos ; il s'empara de ces pirogues parce que les insulaires avoient voulu massacrer l'équipage de son canot. Ces peuples ont pour armes des sagayes, des arcs et des flèches dont les pointes sont de silex : mais une conjecture de Carteret bien digne de remarque, c'est que l'usage des armes à feu ne paroissoit point inconnu à ces peuples belliqueux.

Je reviens à la relation d'Ortega : il dit qu'il trouva, à la distance de quatre lieues de la baye, dix îlots, un port et un cap, qu'il nomma le cap noir, par la latitude de 9 degrés. A neuf lieues de ce cap, dans la direction du sud-ouest, il reconnut plusieurs îles bien peuplées, où il vit des champs clos et cultivés; les principales sont la Galera, Buenovista, Sesarga et la Florida. La Galera est ainsi nommée, parce qu'elle est entourée de brisans. Ortega descendit à la Florida qui a, dit-il, 25 lieues de circuit. Les insulaires montrèrent une grande frayeur à la vue des armes à feu; ils sont antropophages, et ils se teignent en rouge les cheveux. Un volcan, d'où il s'élève continuellement une grosse colonne de fumée, occupe le milieu de cette île dont les principales productions sont des ignames, des panais, et d'autres racines propres à la nourriture de l'homme.

Ortega trouva à l'ouest une île plus grande encore que la Florida ; il la nomma Guadalcanar : il y descendit, et il visita un village où il vit des cochons et des corbeilles pleines de gingembre : une grande rivière qui arrose ces contrées, reçut le surnom d'Ortega.

Le brigantin, en quittant Guadalcanar, dont la pointe la plus au sud est par le dixième degré de latitude, reprit la route du port de l'Etoile, où Mendanna étoit resté ; on rangea de près le cap Noir : on découvrit, à l'ouest sud-ouest de ce cap, à la distance de sept lieues, l'île

S. George, qui forme, avec l'île S.ᵗᵉ Isabelle, un canal dont l'entrée est au sud-est. Ce canal a six lieues de long sur une lieue de large ; la sortie du canal est au nord-ouest, et l'on apperçut dans cette partie un village composé de plus de trois cents habitations : on reconnut encore une baye où mille vaisseaux pourroient être commodément à l'ancre, sur un fond de huit à dix brasses. Les insulaires de l'île S. Georges donnèrent aux Espagnols des perles dont ils ne paroissoient faire aucun cas, pour racheter une pirogue qu'on leur avoit enlevée. Le brigantin, en côtoyant la partie occidentale de S.ᵗᵉ Isabelle, rencontra de grands récifs qui sont à 40 lieues de distance de l'île S. George. Des Indiens qui étoient à la pêche dans leurs pirogues, s'approchèrent du brigantin, et après avoir lancé leurs flèches contre les Espagnols, ils se sauvèrent à la hâte en dedans des récifs, où sont plusieurs petites îles dont quelques-unes sont habitées. Ortega trouva que la pointe de l'ouest de l'île S.ᵗᵉ Isabelle, qu'il place par la latitude de 7° 30', étoit environnée d'îles très-peuplées. Je dois ici observer que cette extrémité de la grande île S.te Isabelle a été reconnue par Bougainville en 1768. Cet illustre navigateur, après avoir doublé le cap de la délivrance d'une terre qu'il a le premier découverte, dirigea sa route au nord-ouest; et lorsqu'il fut parvenu au huitième degré de latitude, il donna dans le détroit qui porte à juste titre son nom. Ce détroit est formé par la partie la plus occidentale de l'île Isabelle et par l'île Bouca, nom qui dérive d'un mot que les insulaires paroissoient prononcer avec plaisir, en montrant aux Français des noix de cocos.

Le détroit de Bougainville a 4 à 5 lieues de large; une marée très-forte, dont la direction est sud-est et nord-ouest, forme, au milieu de ce passage, un raz qui le traverse et qui fait élever et briser la mer, comme s'il y avoit des roches à fleur d'eau.

Etant à peu-près au milieu du détroit, Bougainville apperçut une jolie baye dont l'apparence promettoit un bon mouillage. Il envoya des bateaux armés pour la reconnoître et la sonder. Au moment où ils sondoient, on vit paroître tout-à-coup dix pirogues sur lesquelles il y avoit environ 150 hommes armés d'arcs, de lances et de javelots. Ces pirogues sortoient d'une anse où coule une petite rivière bordée et couverte de cabanes. Lorsque les Indiens eurent enveloppé les bateaux, ils commencèrent à les attaquer en jettant des cris affreux : une première décharge ne les arrêta pas, ils continuèrent à lancer leurs flèches en se couvrant de leurs boucliers ; mais une seconde décharge les mit en fuite, et on leur prit deux pirogues. On trouva dans ces pirogues, qui sont bien travaillées, des arcs, des flèches, des lances, des boucliers, des cocos, de l'arèke, du bétel, de la chaux, divers fruits inconnus, des filets à mailles très-fines, artistement tissus ; et, ce qui fait frémir, on fut assuré, par une mâchoire d'homme à demi-grillée, que ces insulaires sont antropophages. Ceux qui attaquèrent les bateaux étoient noirs ; leurs cheveux crépus sont teints en blanc, en jaune et en rouge. Ils vont nuds, mais leurs boucliers de forme ovale, faits de joncs tournés et bien liés, les mettent à couvert des flèches. Bougainville nomma Anse des Guerriers, le lieu d'où ces intrépides insulaires sortirent pour commettre des hostilités qui auroient pu avoir les suites les plus funestes, si les principes d'humanité et de générosité qui caractérisent à un degré éminent ce navigateur célèbre, ne l'avoient pas porté à quitter ces contrées d'antropophages, qu'on a si improprement nommées terres de Salomon.

Revenons au récit d'Ortega. Le brigantin ayant côtoyé la partie occidentale de l'île Ste Isabelle, éprouva par continuation ces vents d'est-sud et d'est-sud-est ; ces vents lui avoient été favorables pour visiter la côte occidentale ; mais ils lui étoient contraires pour regagner le port de l'Etoile, où Mendanna l'attendoit. C'est fort près de la baye de Choiseul qu'Ortega prit le parti d'envoyer son canot avec sept soldats, un matelot et un insulaire de leurs amis, qui les avoit accompagnés pour informer le général des découvertes qu'il avoit faites, et des causes du retard de son retour. Le canot côtoyant le rivage, se brisa contre des récifs ; les hommes se sauvèrent : ils attendirent trois jours le brigantin, qu'ils eurent le bonheur de rencontrer ; on les prit à bord, et l'on arriva heureusement au port de l'Etoile.

Ortega assure que l'île S.te Isabelle a plus de deux cents lieues de circuit ; elle a quatre-vingt-quinze lieues de long sur vingt-cinq lieues de large : les Espagnols virent sur le rivage des tortues et des petoncles de cinq pieds de diamètre.

Sur le récit du mestre de camp Ortega, Mendanna quitta le port de l'Etoile, et vint jeter l'ancre dans la rade de Guadalcanar, que son premier pilote Gallego lui avoit indiquée. Il fit rechercher un port où il fût plus à l'abri. On en trouva un dans le voisinage d'une belle rivière qui reçut le nom de Gallego, et le port celui de la Croix. Don Fernando Enriquez, ayant sous ses ordres le premier pilote

pilote et trente soldats, fut chargé de remonter la rivière, et de reconnoître le pays adjacent ; mais, attaqué de tous les côtés par les insulaires, il se vit contraint de renoncer à cette pénible entreprise, et de regagner le vaisseau. On assure que la rivière charrie beaucoup de paillettes d'or, et on apporta de cette expédition deux poules et un coq. Ces volailles firent d'autant plus de plaisir à Mendanna, qu'elles annonçoient que le pays pourroit lui procurer les approvisionnemens de ce genre qui lui devenoient utiles En conséquence, le général envoya le brigantin, commandé par Don Fernando Enriquez, faire de nouvelles découvertes : il prit la direction du sud-est, et il reconnut la rivière Ortega, dont les bords sont couverts d'habitations. Enriquez toucha à plusieurs îles ; il reconnut plusieurs rivières, et il trouva dans certains lieux un accueil favorable, et dans d'autres une grande opposition de la part des insulaires. Dès que le brigantin eut rejoint le port de la Croix, le général Mendana quitta le mouillage, ce fut le 3 juin ; il s'étoit brouillé avec le chef de cette contrée, qui s'étoit montré l'ami des Espagnols ; ce général n'avoit pas voulu lui rendre un jeune Indien qu'on avoit enlevé ; ce refus fut suivi d'une attaque où les Espagnols perdirent neuf hommes. Mendana, pour s'en venger, ordonna de détruire la bourgade et de mettre le feu aux habitations. Je laisse aux amis de l'humanité le soin de juger la conduite du général en cette circonstance, et je le suis jusques dans le port d'une autre île encore plus méridionale, qu'il nomma S. Christophe. Cette île est étroite et monteuse ; elle est située par le onzième dégré de latitude ; Mendana descendit à terre ; les insulaires lui firent signe de se retirer ; une décharge des Espagnols mit en fuite ces Indiens qui s'avançoient sur eux en ordre de bataille, et armés de flêches, de sagayes et de sabres de bois. Mendana entra dans le village, il fit transporter à son bord des provisions d'amandes et de noix de cocos qu'il trouva dans les différentes habitations. Le brigantin reçu l'ordre de visiter l'île Sainte Catherine et l'île S.te Anne. Le sol de ces îles est fertile; elles abondent en cochons et en volailles. L'île S.te Anne est d'une forme ronde, les terres qui s'élèvent perpendiculairement vers le centre de l'île, lui donne l'aspect d'un château. Le brigantin jetta l'ancre dans un port qui est dans la partie de l'est. Les Espagnols descendirent à terre malgré l'opposition des Indiens qui se battirent avec opiniâtreté. Trois ou quatre Espagnols furent blessés, mais le feu de la mousqueterie dissipa ce nombreux attroupement qui dénotoit une population considérable.

Le brigantin ayant fait le tour de ces îles et de celle de S. Christophe, rejoignit le vaisseau de Mendaña. Son premier pilote, Gallego, lui rapporta qu'au-delà de l'île S.te Anne, il ne paroissoit point qu'il y eût d'autres terres à découvrir; mais qu'en allant à l'ouest on en rencontreroit de plus considérables. Sur ce rapport, le général tint conseil avec ses officiers: il fut décidé qu'on pousseroit plus loin les recherches et qu'on reprendroit la route du Pérou par le nord; en suivant cette route, Mendaña rencontra, par la latitude de cinq dégrés boréal, une île, où, à la vuë des Espagnols, les insulaires prirent la fuite. Ils furent surpris d'y trouver un ciseau qui avoit été fait avec un clou. Ils recueillirent quelques cordages et des noix de cocos percées, dont les Indiens se servent pour puiser de l'eau. Ils trouvèrent dans le village un coq. En quittant cette terre, ils reprirent encore la route du nord; mais par la latitude boréale de 19° 20', ils virent une petite île, ronde, basse, sablonneuse, boisée et défendue par des récifs qui la rendent inaccessible. Mendana lui donna le nom de S. François. Le savant Pingré observe, dans son mémoire sur le passage de Vénus du 3 juin 1769, que les géographes placent au nord de l'île S. François, sous le 23°, une terre qu'ils prétendent avoir été découverte par Mendana, en 1568; cependant, ajoute-t-il, Figueroa n'en parle pas, et le silence de cet auteur est une preuve bien forte contre son existence.

Mendana suivit la direction du nord-est, jusques par le trentième degré de latitude boréale; enfin il arriva le 29 janvier, après avoir essuyé une violente tempête au, port de S. Jacques, sur la côte du Mexique.

Ici finit l'extrait de ce beau voyage, qui est sans contredit un exemple frappant de l'audace et de la patience de ces anciens navigateurs qui, sans guide, ont osé braver les premiers, tous les dangers d'une mer inconnue. C'est ici sur-tout que les premiers pas sont admirables; et, comment refuser une grande renommée à ceux qui, par goût pour les recherches et les aventures extraordinaires, ont fait dans l'enfance de la navigation, de si belles choses? L'antiquité n'a rien fait de plus grand. L'intérêt et l'espérance, ces deux puissans mobiles de l'homme, l'emportent sur les menaces de cet élément redoutable, qui tout subjugué qu'il est par le marin expérimenté, met en défaut encore souvent ses connoissances; mais chacun se flatte d'échapper à la destinée qui frappe autour de lui, et le navigateur instruit redoute encore beaucoup moins les tempêtes et les ouragans, que les abords d'une contrée inconnue. C'est sur ce point que le voyage de Mendana me paroît mériter une attention toute particulière. Son archipel des îles Salomon, qui s'étend depuis le septième dégré de latitude australe jusqu'au douzième dégré, a été visité avec un tel soin par cet illustre navigateur, qu'on a peine à concevoir, et qu'on ne conçoit même pas comment on s'est permis dans ces derniers tems de révoquer en doute les relations de Figueroa et d'Herrera. La position de Lima est si avantageuse pour rechercher, au moyen des vents alisés, toutes les terres qui sont à l'ouest et dans l'intervalle des tropiques, qu'on a lieu d'être étonné que des terres si renommées par leur fertilité et leurs richesses, n'ayent pas fixé depuis l'attention du gouvernement Espagnol. Cependant une lettre de Quiros, qui avoit été le premier pilote de Mendana, à Don Antonio de Morga, lieutenant général des Philippines, lors de son second voyage, porte à croire qu'on cherchoit à cacher aux puissances étrangères des découvertes dont elles auroient pû faire leur profit. Voici mot pour mot le passage où Quiros recommande à Don Antonio de Morga, de tenir la relation qu'il lui envoye secrette. « Il convient que les îles que nous avons découvertes restent inconnues, car ces terres étant placées entre le Pérou et la nouvelle Espagne, et les Philippines, les Anglais pourroient, s'ils en avoient connoissance, y former des établissemens qui seroient d'une dangereuse conséquence pour l'Espagne ».

Le savant d'Alrimpe, dont les cartes hydrographiques sont estimées de tous les navigateurs, a transporté, on ne sait pourquoi, les îles Salomon à la place de la nouvelle Bretagne, île située entre le deuxième et le sixième dégrés de latitude, tandis qu'il est palpable que les îles de Mendana devoient se trouver entre le septième et le douzième dégrés de latitude. Les erreurs en latitude ne pouvoient même dans ces tems reculés s'élever à plus d'un demi dégré. La flèche dont on se servoit, ne comporte point une incertitude beaucoup plus grande : quant à l'erreur en longitude, elle pouvoit être d'autant plus considérable, qu'on n'avoit alors aucun moyen de redresser les erreurs inévitables de l'estime ; aussi Pingré les suppose par les 190 degrés, Bellin par le 185, Danville par le 180, De l'Isle par le 170 degré à l'est du méridien de Paris. La supposition de De l'Isle est celle qui approche le plus de leur vraie position, car elles sont par 155 degrés de longitude, d'après des observations de distance de la lune au soleil, prises à la vuë de ces terres par Shorland, ainsi qu'il est constant par les nouvelles recherches de l'ex-ministre Fleurieu, et de l'académicien Buache.

Lorsque je donnai au public, en 1783, l'extrait des voyages de Marion et de Surville, dans un ouvrage intitulé : *nouveau voyage à la mer du Sud*, j'avoue franchement que je ne vis pas dans la terre des Arsacides de Surville, les îles Salomon de Mendana. Les nouveaux noms que l'on donne à des terres peu connues, occasionnent sans doute dans les cartes et dans les relations une confusion qui est nuisible au perfectionnement de la géographie ; mais avec un peu plus d'attention je m'en serois préservé. Shortland nous apprend que ces îles se nomment Simbou. C'est la dénomination que nous croyons devoir adopter, parce qu'il est toujours préférable de les indiquer d'après le véritable nom que les insulaires leur donnent. J'étois à Pondichéry en août 1769, lorsque le bruit se répandit qu'un vaisseau anglais avoit rencontré dans la mer du sud, une île fort riche, où, entr'autres singularités, une colonie de Juifs s'étoit établie. La relation qu'on publia de cette découverte prit tellement faveur, qu'on crut dans l'Inde que le voyage de Surville, dont les principaux armateurs étoient Laws, gouverneur de Pondichéry, et Chevalier, gouverneur de Chandernagor, avoit pour but la recherche de cette île merveilleuse.

Monneron, que sa qualité de supercargue du vaisseau de Surville, rend si croyable sur tout ce qui a rapport à cette expédition, dit que Laws et Chevalier ayant destiné le S. Jean-Baptiste à commercer d'Inde en Inde, changèrent de dessein sur la nouvelle qui se répandit de la découverte d'une île de la mer du sud, par un vaisseau anglais. Ce qui en vint à leur connoissance étoit si extraordinaire, qu'il mérita toute leur attention; et considérant cette affaire sous un point de vue politique, ils ne balancèrent plus à accélérer leur armement, afin de prévenir les Anglais, au cas qu'ils voulussent, dans un second voyage, aller prendre possession de cette île. L'amour pour le merveilleux, assez ordinaire aux voyageurs, a bien pû faire grossir les avantages décrits dans la relation de cette île dont les armateurs ont eû connoissance; mais en les diminuant, il étoit naturel de penser qu'elle devoit être plus riche que les autres îles ; car on la disoit située à sept cents lieues du Pérou, par la latitude sud de 27 à 28 dégrés, qui est celle de Copiago, d'où les Espagnols tirent encore en or de grandes richesses. Surville partit de la baye d'Angeli, à l'entrée du Gange, le 4 mars 1769; il se rendit à Pondichéry qu'il quitta le 2 juin, pour suivre la route des Philippines. Sa navigation n'eut rien de remarquable jusqu'au îles

Baschy, qui ont été découvertes par Dampier, au nord de la grande île de Luçon. Il en eut connoissance le 21 août, et il prit son point de départ sur la carte du dépôt, ayant observé la latitude de l'île Baschy, de 20° 20′, et la longitude estimée environ 120 dégrés. Dans ce parage des vents alisés, ils éprouvèrent des vents d'ouest, sud-ouest, et de sud sud-ouest. Surville, au lieu de suivre la route du Gallion qui se rend de Manille à Valparaiso, prit la direction du sud-est, et c'est une forte preuve que cet officier recherchoit ou une route nouvelle, ou des terres peu connues. Ce fut le 26 août que l'on apperçut sur le S. Jean-Baptiste, la belle comète de 1769; elle se leva dans l'est quart sud-est à onze heures du soir. Le 8 septembre cette comète parut à une heure et un quart à l'est, trois dégrés nord; sa queue qui embrassoit dans le ciel un arc très-grand, étoit perpendiculaire à l'horison. Le 9 du même mois on la vit à quatre heures du matin au nord-est de la ceinture d'Orion : depuis le 9 septembre jusqu'au 23 du même mois, jour où le S. Jean-

Baptiste coupa la ligne équinoxiale par 146° de longitude estimée à l'orient du méridien de Paris, on ne cessa d'avoir des indices de terre. Jusqu'à ce moment on avoit eû des vents de la mousson du sud-ouest, mais depuis le 23 septembre jusqu'au premier octobre, le S. Jean-Baptiste éprouva des calmes et des vents contraires, avec des signes d'une terre peu éloignée. Le 5 octobre on estima qu'on devoit avoir connoissance d'Ontong-Java, île découverte par Tasman, par 4° 38' de latitude sud, et par la longitude de 151 degrés. Potier de l'Orme, officier embarqué sur ce vaisseau, présume, et ce fait est digne de remarque, que Surville vouloit aborder aux îles Salomon, pour y rétablir ses malades, se procurer des vivres et de l'eau, et y réparer son vaisseau; mais le 8 octobre, lorsqu'on découvrit une grande terre par la latitude de 7° 12', Potier de l'Orme ne vit pas que cette terre appartenoit aux îles Salomon, et il crut que l'île qu'on appercevoit étoit une continuation des terres du S. Esprit, découvertes en 1606 par Quiros.

On côtoya cette île jusqu'au 13 octobre, jour où l'on reconnut un excellent port à l'abri de tout vent; il est fermé par une multitude de petites îles; Surville y jetta l'ancre et lui donna le nom de port Praslin. Ce port est situé par 7° 25' de latitude sud, et par 152 degrés de longitude présumée. Nous pensons que ce port est le même que celui où Mendana fit un si long séjour, il est dans l'île Saint Isabelle, et Figuéroa le désigne sous la qualification de Puerto de la Estrella, ou port de l'Étoile. Fleurieu en traitant des îles Salomon, dans un ouvrage qui a pour titre, (Découverte des Français en 1768 et 1769), place le port de l'Étoile à l'est du port Praslin, par la latitude de 7° 30'; mais nous ne voyons point d'une manière évidente ce qui a pu l'engager à placer deux bons ports qui se ressemblent, à si peu de distance l'un de l'autre, lorsque des différences en latitude sont si insensibles. Le port Praslin a une forme irrégulière qui le fait ressembler à un bassin circulaire auquel on auroit laissé une petite ouverture. Ce

Ce bassin a plus d'une lieue de large sur une profondeur de la même dimension. Ce sont des îles qui forment ce bassin; l'entrée est au sud-ouest : on voit dans la partie du sud-est l'île de l'aiguade, qui forme avec l'île Marianne un autre port dans l'est. Le port Praslin est vaste et bien abrité, mais la tenue n'en est pas très-bonne. Dès que le vaisseau fut mouillé, plusieurs pirogues en approchèrent; en montrant le fond du port, ils firent connoître par signes qu'il y avoit des vivres et de l'eau. Le capitaine Surville envoya ses bateaux à terre commandés par son second; cet officier ne put ramener ses bateaux à bord sans qu'il en coûtat la vie à plusieurs matelots et à un grand nombre d'insulaires : voici ce qui se passa; l'officier se trouvant dans un endroit reserré et rempli de broussailles, ne voulut pas faire échouer ses bateaux comme les Indiens le désiroient; il jugea plus prudent d'ordonner à quatre hommes de son équipage de suivre les insulaires pour examiner le lieu de l'aiguade : on fut surpris de ne trouver dans ce lieu qu'une petite mare dont l'eau provenoit de la pluie qui étoit survenue une heure auparavant. Là, ils furent abandonnés par leur conducteur : pendant cette recherche, les Indiens faisoient leurs efforts pour s'emparer des bateaux; ils engageoient les gens de l'équipage à ramasser des noix de cocos, afin sans doute de les surprendre, mais leurs ruses furent inutiles. L'officier étoit trop sur ses gardes pour permettre, sous aucun prétexte, une séparation dont les suites pouvoient devenir fatales. Le jour baissoit ; l'officier donna ordre aux canotiers de rentrer dans les bateaux ; mais les Indiens n'eurent pas plutôt vu cette disposition, qu'ils se préparèrent au combat. Un vieil Indien, levant les yeux et les mains au ciel, leur fit une courte exhortation. Ce fut le signal de l'attaque : cent cinquante insulaires, armés de flêches et de sabres, se jettèrent sur l'équipage. Plusieurs matelots furent blessés, le sergent reçut un coup mortel, et l'officier fut légèrement atteint au bras d'une lance ; aussi-tôt l'ordre fut donné de faire feu, et après deux décharges successives où quarante

Indiens furent tués ou blessés. Les insulaires se retirèrent dans les bois. L'officier fit prendre quelques pirogues et brisa celles qu'il ne jugea pas à propos d'amener. Surville, en revenant de la chasse, apperçut dans l'îlot du nord, cinq ou six Indiens ; il voulut les arrêter à terre, mais dès qu'ils virent qu'on les approchoit, ils mirent leurs pirogues à flot. Ce capitaine disposa ses bateaux de manière à leur couper le chemin, et il ordonna de faire feu sur eux. Un des Indiens fut blessé et tomba à la mer, les autres se jettèrent à l'eau, tous regagnèrent le rivage à la nage ; on vit le blessé se traîner dans les bois. L'intention de Surville étoit de s'emparer d'un insulaire qui pût lui indiquer le chemin de l'aiguade ; il n'y parvint que par une ruse qui eût tout le succès qu'il s'en étoit promis. Il fit embarquer dans une des pirogues dont il s'étoit emparé, des matelots Caffres : deux malheureux Indiens furent pris à ce piége ; ils crurent qu'ils pouvoient, sans danger, suivre la pirogue où les Caffres qui leur ressembloient, leur faisoient signe de les suivre. Dès qu'ils qu'ils furent près du vaisseau on détacha deux canots à leur poursuite, on tira sur les deux insulaires; l'un fut tué, l'autre fut pris après s'être défendu avec beaucoup de courage.

Cet Indien, âgé de quatorze à quinze ans, se nommoit Lova Sarega; on le conduisit dans les îles de l'est, afin qu'il indiquât un lieu où il fût possible de faire l'eau dont le vaisseau avoit le plus urgent besoin. Il prit un chemin détourné ; l'on s'apperçut qu'au moyen d'un coquillage il avoit coupé une partie des liens qui le garottoient; on le ramena à bord, parce que sur ces entrefaites un soldat découvrit une aiguade. Cet infortuné jeune homme quitta le rivage en jettant des cris affreux, et en mordant la terre. Surville prit dans cet endroit l'eau qui lui étoit nécessaire, avec d'autant plus de facilité, qu'il avoit ordonné de tirer sur toutes les pirogues qui oseroient en approcher. Mais après toutes ces hostilités il fut impossible à cet officier de tirer autre chose de ce pays que du bois et des choux palmistes. Les pluies abondantes qui tombèrent pendant son séjour dans ce lieu marécageux, occasionnèrent beaucoup de maladies, et quelques gens de l'équipage y moururent du scorbut. Surville prit le parti de quitter cette terre le 21 octobre; il la nomma terre des Arsacides, et nous l'appellerons île Simbou, du véritable nom qu'elle porte selon Shortland. Si Mendana, qui le premier en fit la découverte, nous avoit transmis sa vraie dénomination, il auroit épargné bien des conjectures plus nuisibles qu'utiles aux progrès de la géographie.

Surville prolongea ces terres jusqu'au six novembre, jour où il doubla le cap le plus oriental; il reconnut plusieurs îles qui n'étoient éloignées de la grande terre que de huit à dix lieues. Celle qu'il nomma Inattendue, est par 11° 54′ de latitude sud, c'est la même que l'île Gower de Carteret; elle est basse et couverte de bois : sa configuration a ceci de particulier, qu'elle ressemble à une flèche. Le 30 novembre on découvrit par 9° 46′ l'île dite des Contrariétés, ainsi nommée à cause des calmes qui empêchèrent de la doubler aussi promptement qu'on l'eût désiré. Le S. Jean-Baptiste resta en calme devant cette île pendant trois jours ; le vaisseau fut entouré tout ce tems de pirogues. A force d'instances on parvint à déterminer un insulaire à monter à bord; dès qu'il y fut, il s'empara de tout ce qui étoit à sa convenance ; on l'obligea de restituer : il monta ensuite au mât d'artimon, avec autant d'agilité que le meilleur matelot; enfin, il engagea Surville à envoyer chercher dans le village dont il étoit le chef, des rafraîchissemens. Sur cette invitation, ce capitaine envoya à ce village sa chaloupe commandée par son second; mais les insulaires paroissant avoir des intentions hostiles, on les dissipa en tirant sur eux quelques coups de canons à mitraille. Le Saint-Jean-Baptiste après avoir doublé le cap oriental, passa devant deux îles plates et bien boisées par 10° 57' de latitude; elles ne sont qu'à trois lieues du cap Surville, l'on croit qu'elles tiennent à l'île S. Anne de Mendana. Toute cette côte se fait remarquer par une chaîne de montagnes dont les sommets sont très-élevés. En quittant ce cap, Surville fit route sur la nouvelle Zélande, où il atterra le 12 décembre.

Les avantages de commerce que l'on va chercher jusqu'aux Antipodes, sont donc, même dans notre siècle, achetés au prix de la vie des hommes. C'est en ravageant la terre que nous apprenons à la connoître ; et dans l'espérance de procurer à l'Europe quelques superfluités, nous arrosons du sang de ses habitans la terre qui les a produites. Nous oublions que le sol où vivent ces sauvages leur appartient au même titre que la terre où nous vivons est à nous. Ils sont presque sans armes, sans lumières, semblables à des enfans ; et si ces enfans, à qui l'idée de propriété est presque étrangère, ont commis quelque vol dont ils ne connoissent pas l'importance, nous employons la violence pour les forcer de nous en découvrir les complices. Si la violence nous est inutile pour acquérir cette connoissance, nous exerçons des représailles au hazard, et souvent ces représailles tombent sur ceux des sauvages qui se défient le moins de la barbarie européenne, sur ceux même qui nous ont traités avec le plus de générosité, sur ceux qui se croyent en droit de compter sur notre reconnoissance, sur ce sentiment que toutes les nations s'accordent à regarder comme sacré. Si les sauvages paroissent autour de nos bâtimens en assez grand nombre pour les inquiéter, on tire sur eux, et on les instruit du pouvoir des armes à feu en tuant quelques uns de leurs compatriotes. Si enfin, ulcérés de ces violences, ils employent la seule arme qui reste à leur foiblesse, la trahison, pour parvenir à dégoûter les Européens de continuer à troubler leur repos ; alors la vengeance est sans bornes : nous les appellons traîtres et lâches, parce qu'ils ne viennent pas attaquer de l'artillerie et des bayonnettes avec des sabres de bois et des flèches armées d'os de poissons. Les Européens sont trop puissans et les sauvages trop foibles, pour que jamais ceux-ci puissent être regardés comme les agresseurs. A la vérité, les Européens qui ont des habits presque semblables, qui ont les mêmes vaisseaux, les mêmes armes, et surtout les mêmes mœurs, leur paroissent ne former qu'une seule nation ; tous sont souvent punis les uns pour les autres ; et si on en excepte quelques navigateurs modernes, aussi recommandables par leurs vertus que par leurs talens, peu d'autres ont mérité d'être pris par les sauvages pour être d'une autre nation que leurs premiers oppresseurs.

Les Européens sont d'autant plus obligés à traiter les sauvages avec indulgence, à n'être pas seulement justes, mais à être clémens à leur égard, que ces sauvages n'ont pas les lumières nécessaires pour connoître l'étendue du mal qu'ils peuvent faire, et que, d'ailleurs, ce sont les Européens qui vont les chercher, qui les exposent eux-mêmes volontairement à faire toutes les actions cruelles qui peuvent devenir nécessaires. Ainsi, lorsqu'ils ne font que ce qui est indispensable pour se défendre, on ne peut pas dire qu'ils soyent innocens. Quels sont les bienfaits que la plûpart des voyages si vantés des Européens, ont répandus sur ces rivages éloignés ? Quelques actes tyranniques toujours vengés, soutenus par de nouveaux crimes, et dont quelques animaux utiles, quelques graines laissées par les voyageurs, ne sont qu'une foible expiation qui ne compensera de longtems ni le mal qu'ils ont fait, ni la contagion qu'ils y ont répandue.

On ne me rendroit point justice si les tristes et pénibles réflexions que la lecture de l'histoire des voyages m'a arrachées, tendoient à faire croire que je n'attache point à la connoissance du globe que nous habitons, tout l'intérêt que cette importante recherche mérite: j'ose le dire, le goût des voyages dans les contrées les plus éloignées, a été ma passion dominante, mais elle n'a pas dû m'aveugler au point de me rendre insensible à la violation des droits sacrés et imprescriptibles de l'homme. Je le dis et je le répète ; confiez à des navigateurs humains et éclairés, l'honneur et la gloire de porter vos arts, votre industrie, et toutes les connoissances qui peuvent contribuer à rendre heureux les peuples que vous allez visiter, ou, si vous ne pouvez pas atteindre ce but, renoncez à aborder à ces terres dont la férocité des habitans vous expose à n'être ni justes ni humains. Il semble que la mer familiarise l'homme avec les dangers et le mépris de la vie ; elle ajoute à son caractère, et donne à ses passions un degré d'énergie qu'il n'a pas ailleurs ; et c'est un motif de plus de faire connoître à ceux qui embrassent cet état sublime, les droits de l'homme. La cupidité a soutenu sans doute les intrépides navigateurs dans ces courses immenses, qui ne sont moins surprenantes aujourd'hui, que parce que l'instruction en a diminué les périls. Les premières navigations ont été d'autant plus étonnantes, qu'elles ont été faites sans guide, pour ainsi dire, dans des mers inconnues ; mais dans les voyages faits récemment, on devroit voir un but qui les rendroit utiles ; c'est le goût des recherches qui devroit les accompagner. La sagacité de l'homme instruit, découvre des trésors dans les pays même qui, aux yeux du vulgaire, semblent être frappés de stérilité.

J'ai récemment comparé avec attention la relation de Figueroa avec les journaux de Surville, et j'ai eu quelque peine à reconnoître l'identité de l'île Isabelle de Mendana avec les terres des Arsacides ; cependant Surville a eu de grands moyens de connoître particulièrement des terres extrêmement intéressantes. L'enlèvement de Lova Sarega devoit au moins lui procurer des connoissances précises sur les productions du pays et sur les mœurs des habitans, et lui donner la vraie nomenclature des îles qui composent ce vaste archipel ; mais il me paroît que ce navigateur n'a attaché aucun prix à ce genre de connoissances, et c'est cependant dans de telles circonstances que l'on devroit sentir le besoin de l'instruction. Il est fâcheux que ceux qui visitent des terres inconnues, ne soient pas assez instruits pour nous transmettre des renseignemens qui contribueroient au perfectionnement de la géographie, et aux progrès des arts et de l'histoire naturelle. Quoiqu'il en soit, nous allons donner ici sur Lova Sarega, les notes que nous avons recueillies dans les journaux de Monneron et de Potier de l'Orme.

Lova Sarega montra beaucoup de pénétration et de jugement, selon le rapport de Monneron, et surtout une heureuse facilité à apprendre différentes langues : ses bonnes qualités lui méritèrent l'affection générale.

Les Arsacides, ou plutôt les insulaires des îles Simbou, (car je ne puis me résoudre à donner aux compatriotes de Lova, l'affreuse dénomination des Français), sont toujours en guerre entr'eux. Les prisonniers deviennent les esclaves des vainqueurs ; la pluralité des femmes y est permise : les filles, avant l'âge de puberté, habitent la maison paternelle des époux qu'on leur destine. Ces Indiens ne connoissent pas les métaux ; leurs haches et leurs ciseaux sont faits d'une pierre fort dure qui ressemble au jade. Ils mâchent du bétel avec de la noix d'areque, mêlée de chaux ; ils y joignent une écorce aromatique dont la saveur est analogue à celle de la canelle. Ces insulaires se servent, pour s'éclairer, d'un flambeau fait avec une résine qu'ils tirent d'un arbre dont le fruit est une espèce d'amande bonne à manger ; cette résine a une odeur agréable lorsqu'on la brûle. Les forêts de ces vastes contrées renferment des sangliers et des oiseaux, dout les espèces connues sont des cataquois, des lorys et des pigeons ramiers. Parmi les productions du pays, Lova a désigné la banane, la canne à sucre, l'igname, le coco, l'anis et l'espèce d'amande ou de pistache dont nous avons déjà parlé, le caffeyer sauvage, l'ébenier, le tacamaca et d'autres arbres résineux, ainsi qu'un arbre qui fournit la teinture rouge. La nourriture ordinaire des insulaires consiste en tortues, poissons, œufs ; et une racine qu'ils nomment binaus, leur tient lieu de pain.

L'historien du voyage de Mendana dit que les habitans du port de l'Etoile, dans l'île S.te Isabelle, tiroient leur nourriture d'une racine qu'ils nomment Venaus ; et, à ce sujet, Fleurieu, auquel on est redevable d'excellentes recherches sur l'identité des Arsacides et des îles Salomon, observe que pour quiconque connoît la langue espagnole, et la difficulté de bien entendre un mot prononcé par un sauvage, Binaus, Venaus ou Benaus sont le même mot, et ne diffèrent que parce que l'un a été écrit par un Français, et l'autre par un Espagnol. Les habitans des îles Simbou, car nous ne nous permettrons plus de leur donner cette odieuse dénomination d'Arsacides ou d'assassins, ont, dans l'intérieur des terres, des villages considérables. Ils ont un souverain dont l'autorité est sans bornes : ses sujets sont obligés de lui offrir le fruit de leur pêche et les productions du pays, avant de les faire entrer dans leurs habitations ; ils seroient sévèrement punis s'ils manquoient à cet hommage. Lova Sarega ajoute que si quelqu'un avoit le malheur de marcher sur l'ombre de ce souverain, il seroit à l'instant mis à mort. Cette loi barbare porte quelques exceptions : les grands du pays et les riches propriétaires obtiennent toujours leur grace par le sacrifice d'une partie de leur fortune. Les médecins sont en grande vénération chez ces insulaires. Cet état exige dans celui qui le professe, un âge avancé. Lova Sarega préféroit les médecins de son île aux chirurgiens du vaisseau, parce qu'il trouvoit que ces derniers faisoient durer la maladie trop longtems. Ce n'est point une épigramme, mais un fait consigné dans les journaux de Monneron et de Potier de l'Orme. Nous avons trop de vénération pour un art qui exige des connoissances très-étendues, et qui rend de si grands services à l'humanité, pour nous permettre une raillerie aussi plate qu'elle est inconvenante.

Les insulaires de l'île Simbou font dans leurs pirogues des voyages qui durent dix à douze jours. Ils dirigent leur route sur le mouvement des astres, et ils commercent avec des nations moins noires que la leur. Lova assure qu'ils rapportent de leurs voyages des toiles fines chargées de dessins, dont ils se font des ceintures. Ce jeune Indien dit qu'il avoit vu arriver une pirogue remplie de noirs et de négresses, avec une femme blanche qui portoit sur son visage les signes de la plus vive affliction : les négresses étoint très-gaies, mais la femme blanche pleuroit un homme blanc, son mari ou son amant, qui avoit été dévoré par les requins en se jettant à la mer pour prendre une tortue. Cette femme accoucha de deux filles : un de ces enfans mourut ; la mère ne voulut point lui survivre, elle s'étrangla avec un petit lâcet qu'elle portoit au col, et qui lui servoit à marquer, par des nœuds, le tems de son absence de son pays : le jeune Lova s'y prenoit de même pour se ressouvenir de l'époque de son enlèvement. La femme blanche qui s'étoit étranglée, portoit des pendants d'oreilles de couleur d'or, ses cheveux étoient longs ; un seul morceau d'étoffe la couvroit depuis la ceinture jusqu'aux genoux : elle avoit la cloison du nez percée. Le père de Lova alloit fréquemment dans le pays de cette femme pour y échanger des noirs contre des blancs, et y chercher des toiles fines chargées de dessins. Ce récit est conforme au rapport de l'historien du voyage de Mendana, qui dit que dans l'archipel des îles Salomon, on trouve des noirs, des mulâtres et des blancs. Au reste, selon Monneron, les habitans de ces îles sont forts et nerveux ; ils ont les cheveux crépus et doux au toucher ; leur front est petit, les yeux médiocrement enfoncés, et leur figure porte l'empreinte de la férocité. Plusieurs conservent une petite touffe de cheveux sur le haut de la tête, d'autres les partagent en plusieurs queues : ils soupoudrent leurs cheveux et leurs sourcils avec de la chaux ou de l'ocre : plusieurs se tatouent le visage, les bras et les autres parties du corps ; ils se percent les oreilles, et ils y placent de grands anneaux d'écailles, ou des feuilles ou des fleurs ; la cloison du nez est également percée, et, par les ornemens qu'ils y mettent, le cartilage descend jusqu'au bord de la lèvre supérieure. Lova n'entendoit pas la langue des insulaires des îles de Contrariété. Ces Indiens l'invitèrent vainement par signes à quitter le vaisseau et à venir habiter leur île. Le chef, qui monta à bord du S. Jean-Baptiste, étoit de couleur bazanée comme les Malabares : il étoit nud ; une cheville de bois traversoit la cloison de son nez ; mais Potier de l'Orme nous apprend qu'il avoit au bout du prépuce une feuille d'arbre roulée en forme de tuyau, qui paroissoit servir à rejetter les urines. De l'Orme dit à ce sujet, qu'on remarqua chez ce peuple un usage qui lui est particulier, et qu'aucun voyageur ne paroît avoir observé ailleurs. *Aromatico incognitæ arboris folio partem membri virilis extremam involvunt, ita ut præputio longissimo suprà adducto dimidia folii pars prominens canalem sive tubulum viridem è virga pendentem repræsentat.* De l'Orme ajoute encore que ce chef employa des signes et des gestes très-extraordinaires pour engager ses compatriotes à imiter son exemple et à monter à bord du vaisseau. *Membrum virile sursùm deorsùmque agitans socios hoc signo admodùm insolito convocare videbatur.* Ces faits ne se trouvent que dans le journal de cet Officier, et je n'ai pu en faire mention dans l'extrait

que

que j'ai publié en 1783, du voyage de Surville.

La pirogue de ce chef étoit un chef-d'œuvre pour le fini de l'ouvrage, et pour le dessin et le poli de la marqueterie composée en bois de couleur et en morceaux de nacre incrustés avec art. Elle étoit sans voile et sans balancier, et de la même forme que celle du port Praslin, mais beaucoup mieux travaillée.

Nous ne suivrons pas plus loin Surville dans son voyage ; tout ce que nous pourrions dire de plus seroit étranger à notre sujet ; mais nous ne devons pas nous taire sur l'éloge que l'estimable Monneron a fait du jeune Lova: ce témoignage de la part d'un homme dont les sentimens de justice et d'humanité sont connus, n'est pas équivoque.

Il étoit à peine sur le vaisseau, dit Monneron, qu'on s'apperçut de la facilité qu'il avoit à apprendre notre langue ; mais ses progrès en ce genre, furent retardés par un séjour de trois mois chez les Espagnols du Pérou ; il parvint néanmoins pendant ce tems à se faire entendre assez bien dans les deux idiomes. Ce qui excita le plus son étonnement à Lima, ce fut la hauteur et la grandeur des maisons; il ne pouvoit se persuader qu'elles fussent solides, et pour s'en assurer, il essayoit d'en ébranler les murs. Sa surprise redoubloit tous les jours en voyant les occupations et les ouvrages des Européens. Surville le fit manger à sa table; il reconnut bien que c'étoit une faveur particulière, parce que le traitement des autres noirs étoit différent du sien; mais à la mort de Surville qui se noya sur la barre de Callao, il se retira de lui-même de la table des officiers, et voulut servir comme domestique.

Le seul défaut qu'on lui ait connu est un mouvement de dépit qu'on ne peut attribuer qu'à son extrême sensibilité; ce mouvement ne tournoit jamais que contre lui même et ne duroit qu'un instant; c'étoit la colère d'un enfant. Il avoit l'esprit pénétrant, il apprenoit avec facilité et avec plaisir ce qu'on desiroit qu'il sçût, il auroit appris à lire en très-peu de tems si l'on s'étoit occupé de son instruction.

On n'a eu qu'à se louer de sa probité; il aimoit assez la parure, mais il s'en détachoit sans peine; le prix et l'usage de l'argent lui étoient bien connus, cependant il n'y attachoit point une grande importance, il n'en mettoit qu'à satisfaire son appétit. On peut assurer qu'il avoit les plus heureuses dispositions, et qu'il étoit exempt de beaucoup de défauts dont l'éducation la plus soignée ne garantit pas toujours.

Le portrait que nous venons de tracer de Lova Sarega, présente, d'après Monneron, le contraste le plus frappant avec le tableau que les navigateurs s'accordent à nous offrir de la férocité des compatriotes de ce jeune sauvage. Mais ces insulaires que Surville a nommé peuples d'assassins, ont-ils pû oublier depuis Mendana, la supériorité de nos armes, et ont-ils méconnu leur impuissance à nous punir de nos injustices autrement que par ruse! La raison sans culture est-elle donc un instinct féroce, semblable à celui des animaux sauvages que l'industrie n'a pas su captiver ? Est-ce l'état continuel de guerre parmi ces peuples non civilisés qui en est la cause ?

Mais comment ce Lova Sarega, élevé parmi des antropophages, s'est-il montré doué des plus excellentes qualités ? celui qui suit sans contraintes les mouvemens de la nature, ne peut être corrompu et méchant. Voyez ces paisibles habitans des bords du Gange, ces Brames, ces Indous, est-il sur la terre un peuple plus humain ? C'est à la doctrine de Pythagore que ce peuple doit toutes ses vertus. Toute terre habitée par des hommes toujours en guerre avec leurs voisins, et qui n'estiment que l'art de s'entre-détruire, doit donner au peuple un caractère de férocité ; cependant ce caractère n'exclut pas toujours des sentimens généreux.

Il ne faut pas croire que tout un peuple soit composé de tigres qui égorgent de sang froid et sans motif des étrangers auxquels ils accordent l'hospitalité, lorsqu'ils n'ont aucune raison de les redouter. Chez les peuples civilisés, les meilleures loix, les plus sages institutions ne préservent pas toujours l'homme honnête, l'homme vertueux, d'être persécuté et tourmenté pour de vils intérêts par ces hommes plus profondément cruels que les cannibales des terres des *Arsacides*. Nous ne saurions trop le répéter, l'on ne rend les voyages utiles qu'au moyen de cette philosophie qui est indispensable pour étudier, sans préjugé, les opinions et les écarts de l'homme sauvage ; et l'on doit encore y joindre des connoissances étendues des arts, de la physique et de l'histoire naturelle.

Nous avons déjà dit que la lecture des voyages de Mendana, de Bougainville et de Surville, avoit montré à l'habile géographe Buache, l'identité des îles Salomon avec les terres découvertes par ces deux navigateurs français. Quoiqu'il eût été difficile de lui contester la solidité de son opinion, le voyage de Schorland a prouvé depuis, que le moindre doute à ce sujet, devenoit absolument déraisonnable. Le lieutenant

Schorland, commandant l'Alexandre, partit, avec un convoi, du port Jackson, de la nouvelle Hollande, le 14 juillet 1788; la saison étoit trop avancée pour qu'il prît la route du sud, cet officier ne balança pas à suivre celle du nord, en contournant la nouvelle Guinée.

Le 31 du même mois, Schorland découvrit, par 10° 52′ de latitude australe, un cap qu'il nomma cap *Sydney*. Le premier août, à la pointe du jour, les vigies signalèrent une haute montagne qui s'étendoit depuis le nordest jusqu'au nord-ouest. On rallia la terre, et on prolongea la côte. Les cimes des montagnes se montrèrent au-dessus des nuages: le sommet d'une de ces montagnes domine toutes les autres, on le croit plus élevé que le pic de Ténériffe; il peut servir au navigateur de point de reconnoissance: la latitude étoit, à midi, de 9° 58′ austral, et la longitude de 158 degrés à l'est du méridien de Paris.

En cotoyant la terre, Schorland fit une

observation de distance de la lune au soleil, qui lui montra qu'il étoit le 5 par 155 degrés de longitude à l'orient de Paris, sa latitude observée à midi, fut de 8° 44′. On découvrit le 6 un rocher qui ressembloit à un vaisseau sous voile, et l'on vit en même tems quelques pirogues qui se laissèrent remorquer par le vaisseau ; mais les Indiens refusèrent de monter à bord : cependant ces Insulaires, en montrant des écorces d'orange et de citron, et d'autres objets, donnoient clairement à entendre par signes, qu'on trouveroit en abondance des rafraîchissemens dans la grande île d'où ils venoient, et qu'ils seroient bien aises de commercer avec les Européens.

Schorland observe que les hommes de cette contrée sont forts et vigoureux ; et il en conclut qu'une telle constitution est la preuve de la salubrité et de la fertilité de cette terre. Il témoigne quelques regrets de n'avoir pu la visiter. Il en a depuis éprouvé de plus grands, en apprenant que cette île que les Indiens nommoient Simbou, étoit la fameuse île S.^{te}

Isabelle de Mendana, trouvée encore vingt ans avant lui par Bougainville et par Surville.

Fleurieu, dans le beau travail qu'il a fait sur les îles Salomon, dans un ouvrage qui a pour titre : (*Découverte des Français en 1768, 1769, dans le sud-est de la nouvelle Guinée*) a fait voir à ce navigateur anglais, que ces terres ne doivent point porter le nom de Nouvelle Géorgie, ni le détroit par où il a passé, le détroit de Schorland, mais bien celui de Bougainville. On a peine à se persuader que Schorland n'ait pas connu l'extrait que j'ai publié en 1783, du voyage de Surville, dans un ouvrage qui a pour titre : (*Nouveau Voyage à la mer du sud, commencé sous les ordres de Marion, auquel j'ai joint un extrait de celui de Surville. A Paris, chez Barrois aîné, libraire*, 1783, un vol. in-8.).

Plusieurs géographes sont surpris de ce que le second voyage de Mendana n'a rien appris sur les îles Salomon ; il n'est peut-être pas indifférent d'en rechercher la cause : l'extrait très-succinct que nous allons donner de ce deuxième voyage, d'après l'historien de la navigation aux terres australes, pourra peut-être la faire soupçonner.

Le général Alvarès Mendana ayant à son bord Isabelle Baretos son épouse, et pour pilote le célèbre Ferdinand Quiros, partit du port de Lima le 11 avril 1595 : il avoit sous ses ordres quatre bâtimens ; ce général se rendit au port de Payta pour compléter son armement. Payta est un établissement espagnol que l'amiral Anson attaqua et détruisit lors de son voyage autour du monde.

Mendana ne fit voile de la Payta que le 16 juin. Il dirigea sa route à l'ouest, en suivant à-peu-près le parallèle de dix degrés sud. Les vigies signalèrent, le 7 septembre, à la pointe du jour, une grande île à laquelle on donna le nom de S.te Croix : on avoit précédemment trouvé d'autres îles dont il est inutile pour notre objet de faire ici mention. Celle de S.te Croix peut avoir cent lieues de circuit ; une belle rade dite *Baya Gratiosa*, offre aux vaisseaux un refuge d'autant plus sûr, qu'elle est fermée par un îlot d'une extrême fertilité. Cette rade est dans la partie du nord-ouest de l'île ; on apperçoit dans le nord à quelques distances, une île beaucoup moins considérable, qui se fait remarquer par un volcan dont les éruptions sont fréquentes. Mallopé, chef de S.te Croix, permit à Mendana de s'y établir ; il étoit difficile de trouver un meilleur sol. Le pays fournit des bananiers de plusieurs espèces, des cocotiers, des amandiers, des noyers, des châtaigniers, des pommiers, le gingembre, la canne à sucre, d'excellentes racines, le fruit à pain, le rima. L'intérieur de cette île est peuplée de perdrix, de pigeons, de poules, d'oies, de cochons : on ne connoît pas dans ces lieux, ces insectes incommodes qui tourmentent les habitans de la Zône torride. La baye gracieuse de l'île de S.te Croix est cependant située sous un climat très-chaud, à-peu-près par le 10° $\frac{1}{2}$ de latitude méridionale, et le 163.e degré de longitude, à l'est du méridien de Paris. Les insulaires ressemblent pour la couleur aux Caffres ; leurs cheveux laineux sont teints de couleurs différentes; ils vont nuds, leurs corps et même leurs visages sont tatoués; la sagaye, l'arc, la flèche, le sabre de bois dur, sont leurs principales armes offensives et défensives. Quoique ces foibles instrumens de guerre ne soyent point de nature à intimider les Européens, il paroît cependant qu'ils suffirent à ce peuple belliqueux pour inquiéter et contraindre Mendana de renoncer à son établissement après la mort de Mallopé, leur chef, qui fut tué par des soldats sans qu'on en connoisse la cause. Ce chef chéri des habitans, usoit de son ascendant pour procurer aux Espagnols toutes sortes de raffraîchissemens; mais sa mort rompit toute relation. Les insulaires irrités, résolurent de la venger. Leurs efforts auroient été peut-être insuffisans sans une violente insurrection que le général ne put réprimer qu'en faisant mettre à mort trois de ses principaux officiers. Mendana ne survécut pas à de si facheux évènemens. Son épouse Isabelle Baretos, lui succéda dans le commandement de cette grande expédition. Elle donna l'ordre de quitter l'île S.te Croix ; mais on croit qu'elle voulut, d'après le vœu de son mari, se rendre à l'île S. Christophe où cet infortuné général avoit formé un établissement dans son précédent voyage. Des motifs qui nous sont inconnus firent changer cette résolution ; car on ne peut pas raisonnablement supposer que Quiros, Pilote habile, eût pu, avec les connoissances qu'il avoit, manquer un archipel aussi étendu et aussi voisin de l'île S.te Croix, que celui des îles Salomon. Ainsi, les géographes qui se sont étayés du second voyage de Mendana, pour contester les premières découvertes de ce général, ne paroissent pas avoir accordé à Quiros des connoissances assez vastes et assez étendues de l'art du navigateur. Ceux qui l'ont jugé par ses mémoires, en seront convaincus.

Lorsque l'île Sainte-Croix fut rencontrée en août 1767, par le capitaine Carteret, ce navigateur ne donna pas des renseignemens importans sur cette île célèbre qu'il se borna à nommer Egmont, quoiqu'il sçût très-bien qu'elle avoit été déja découverte très-anciennement par Mendana. Le Navigateur anglois nous peint les insulaires sous les mêmes traits que l'historien du voyage des Espagnols : il convient que l'imprudence d'un maître qu'il envoya à terre, occasionna des hostilités dont les suites furent très-funestes. Le maître et plusieurs matelots reçurent des blessures mortelles, et ce ne fut pas sans peine que la chaloupe pût échapper aux efforts que les Indiens firent pour s'en emparer; dès-lors toute relation fut interdite entre les Anglais et les insulaires. Ces derniers montrèrent une audace et une intrépidité extraordinaires.

Carteret en avouant que son isle Egmont, est l'île S.te Croix de Mendana, ne se croyoit cependant pas si près et au vent de celles de Salomon qu'il avoit cherchées; car il dit que le commodore Byron, dans son dernier voyage, avoit dépassé les limites septentrionales de cette partie de l'océan dans laquelle on prétend que les îles Salomon sont situées; et, comme j'ai été moi-même, ajoute-t'il, au-delà des limites sud, sans les avoir vues, j'ai de grandes raisons de croire (c'est toujours Carteret qui parle) que si ces îles existent, leur situation est mal déterminée dans toutes nos cartes. On a lieu sans doute d'être étonné que le navigateur Anglais n'ait pas reconnu que la longitude de ces îles n'avoit pû être fixée que d'après l'estime vague et incertaine de ces tems reculés ; et l'on sait qu'à cette époque une incertitude de trois ou quatre cents lieues en longitude n'étoit que trop commune. Lorsque le commodore Byron dépassa les limites septentrionales des îles Salomon, cet archipel lui restoit, sans qu'il s'en doutât, à six cents lieues à l'ouest. Carteret en rencontrant, peu de jours après avoir quitté S.te Croix, l'île Gower et celle qui porte son nom, ne s'apperçut pas que ces îles faisoient partie des îles Salomon. L'on doit donc sentir d'après de tels exemples, de quelle importance la fixation de la longitude est utile aux navigateurs, et combien le perfectionnement de l'astronomie nautique contribue à la bonté des cartes marines. Carteret vit la baye Gracieuse de l'île S.te Croix; il nomma l'îlot qui la ferme, île Trevanion. Les Espagnols l'avoient appelée le Jardin, à cause de sa grande fertilité : il y a aux environs, ajoute-t-il, une ville fort étendue, les habitans sembloient y fourmiller comme les abeilles dans une ruche. Lorsque le vaisseau passa par son travers, il sortit de la baye une multitude incroyable d'Indiens tenant dans leurs mains quelque chose qui ressembloit à un paquet d'herbes vertes dont ils paroissoient se frapper les uns les autres, dansant en même-tems ou courant en cercle avant d'arriver devant cette ville. Carteret ajoute qu'il avoit vu au bord de l'eau plusieurs maisons régulièrement bâties, parmi lesquelles il en avoit discerné une construite et couverte en chaume; elle étoit beaucoup plus longue que les autres : le maître la visita et il vit que les deux côtés et le plancher étoient revêtus de belles nattes ; plus loin on distinguoit un parapet de pierre de quatre pieds six pouces de hauteur, construit non en ligne droite, mais à angles, comme les fortifications. D'après ce récit, il paroît palpable que l'on apperçoit encore les vestiges des premiers établissemens des Espagnols sur cette île.

Les géographes qui ont laissé tant d'incertitude dans les cartes sur les îles Salomon, demanderont peut-être pourquoi Ferdinand Quiros ne les a pas rencontrées dans son voyage en 1606. Cette question trouvera, dans les vues que ce célèbre pilote n'a pas dissimulées, une réponse jusqu'à un certain point satisfaisante. L'on ne peut douter que Quiros avoit plus de désir de faire de nouvelles découvertes, que de suivre celles qui avoient été faites avant lui.

Quiros, après la mort de Mendana, reconduisit la flote de ce général à Manille d'où il s'embarqua sur le S. Jérôme pour Acapulco, et de-là il se rendit auprès de don Louis de Velasco, vice-roi du Pérou, afin de solliciter un nouvel armement pour continuer les grandes découvertes qu'on avoit commencées.

Quirros étoit persuadé qu'il restoit un nouveau monde à découvrir : nous allons rapporter ses propres paroles.

« L'ombre apparente de la terre sur la lune, » lorsqu'elle est éclipsée, présente la partie

» d'un cercle; il est donc prouvé que la terre
« qui jette cette ombre est d'une forme ronde.

» On a été par les 55° de l'hémisphère
» méridional en passant le détroit de Magel-
» lan; on a doublé le cap de Bonne-Espérance
» au sud de l'Afrique, et on a poussé un peu
» plus loin que le quatrième dégré. Ces deux
» pointes de la terre, ainsi que les côtés, en
» remontant vers l'équateur, sont également
» connus des deux côtés; mais cet intervalle
» immense qui sépare l'Amérique de l'Afri-
» que, et qui de l'équateur s'étend jusqu'au
» pôle austral, nous est encore inconnu.

» Le général Alvarès Mendana (c'est tou-
» jours Quiros qui parle) faisant voile en 1595,
» vers les îles Salomon qu'il disoit être situées
» entre le septième et le douzième degré de
» latitude sud, à quinze cents lieues de Lima,
» découvrit un groupe de quatre petites îles
« où le peuple étoit d'un si bon caractère
» qu'on n'en avoit jamais rencontré de sem-
» blable par la latitude de 9 à 10 degrés ;
» ce sont les marquises de Mendoça : ces quatre

» îles sont isolées de toute autre terre. Parmi
» ces insulaires on voit des blancs, des noirs
» et quelques mulâtres ; cette diversité de
» couleurs prouve qu'ils ont des communica-
» tions avec d'autres pays. Il faut donc né-
» cessairement croire qu'au sud-est et au sud-
» ouest, et plus à l'ouest, il y d'autres îles qui
» forment une chaîne ou un continent qui
» s'étend jusqu'à la nouvelle Guinée, s'appro-
» che des Philippines et des terres australes
» du détroit de Magellan, puisqu'il n'y a pas
» d'autres lieux connus d'où les peuples qui
» habitent ces îles puissent être venus, à moins
» qu'on ne veuille soutenir qu'ils ont été par-
» ticulièrement créés. De quelque côté qu'on
» les suppose partis, il faudra nécessairement
» admettre une chaîne d'île ou un continent ».

Si cette logique de Quiros n'est pas bien satisfaisante pour nous, elle doit paroître encore assez extraordinaire pour l'époque où cet habile pilote a traité un sujet qui a égaré, jusques dans ces derniers tems, plusieurs physiciens géographes. C'est à l'immortel Cook qu'il étoit réservé de résoudre cette question sur le continent austral. Ce grand homme de mer avoit reçu de la nature cet instinct sûr et prompt qui saisit d'un coup d'œil toutes les combinaisons. Cette grande sagacité lui faisoit trouver sur le champ le moyen le plus convenable pour parvenir à ses fins, et c'est en agissant lorsque la plûpart des navigateurs calcule ou délibère, qu'il s'est pour ainsi dire rendu le maître de l'élément redoutable qui fut le théatre de ses immortels travaux. L'objet de ses recherches fut de fixer les limites de l'Asie et de l'Amérique, après avoir traversé l'hémisphère austral entre les latitudes de 40 et 70 degrés, de manière à prouver l'impossibilité de l'existence d'un grand continent, à moins qu'on ne veuille le reculer et le porter au milieu des glaces, hors de la portée de tous les navigateurs. Les preuves que je pourrois donner ici sont désormais superflues ; ainsi je reprends le fil de notre narration.

Quiros obtint la permission de faire construire deux vaisseaux et une corvette. Il partit de Lima le 21 décembre 1605, faisant route à l'ouest-sud-ouest. Les historiens espagnols ne s'accordent point sur le principal objet de ce voyage : Torquemada prétend qu'il avoit pour but d'aller en Espagne par les Indes orientales, de découvrir les terres australes qui sont sur la route de Lima à la nouvelle Guinée, de reconnoître les Moluques, et toutes les terres riches en minéraux précieux et en épiceries, comprises entre la nouvelle Guinée et la Chine.

Arias ne donne pas, à beaucoup près, des vues aussi vastes à ce navigateur que Torquemada. Il limite le voyage de Quiros à l'établissement d'une colonie dans l'île de S.te Croix; il prétend qu'il n'avoit d'autre but que celui de suivre les découvertes de Mendana dont il avoit été le pilote. Quoiqu'il en soit, Quiros ne semble pas avoir voulu suivre ponctuellement la route de son ancien général : on le voit s'élever vers le sud jusqu'au 25.e degré de latitude : on le voit encore traverser et visiter plusieurs archipels, dont les navigateurs ont reconnu, dans ces derniers temps, l'existence. Enfin il rencontre, par la latitude de S.te Croix, et à peu de distance de cette île, celle de *Taumago*. Quiros dit, dans son mémoire présenté à Philippe III, inséré dans Purchass: j'ai découvert vingt-trois îles. Il en fait l'énumération. J'ai relâché dans celle appellée *Taumago*. Le chef de cette île nommée *Tamai*, vint sur mon bord. Je lui fis bon accueil ; je m'efforcai d'en tirer tous les éclaircissemens qu'il pouvoit me donner : il me nomma plus de soixante îles ; il fit plus, il m'indiqua une grande contrée nommée Manicollo. Ce chef me désigna lui-même les petites et les grandes îles par des cercles plus ou moins grands. Quant à la grande terre, il étendit les bras pour me faire comprendre son étendue. Il essaya de me donner une idée exacte des distances respectives de ces différentes îles, par le nombre des nuits qu'il falloit passer avant de s'y rendre. *Tamai* se servit de signes pour distinguer les blancs d'avec les noirs et les mulâtres. Lorsqu'il vouloit montrer que tel peuple étoit antropophage, il mordoit son bras et témoignoit de l'horreur pour ces barbares. Je lui fis (ajoute Quiros), quelques présens qu'il accepta avec reconnoissance : il nous quitta avec toutes les démonstrations de la plus sincère affection. J'allai le lendemain rendre visite à ce chef ; et pour mieux m'assurer de tout ce qu'il m'avoit dit, j'invitai plusieurs Indiens à me suivre à bord. Je leur fis les mêmes questions, et tous me confirmèrent la vérité des indications et des renseignemens que Tamai m'avoit donnés. Je jugeai convenable, en quittant l'île Taumago, d'enlever quatre Indiens. Quiros ? ce n'étoit pas sans doute pour leur témoigner votre reconnoissance de l'accueil que vous aviez reçu du chef et des insulaires ; mais vous vouliez avoir des guides et des interprètes pour les découvertes que vous projettiez, et vous n'avez pas été délicat sur les moyens. Trois de ces Indiens se sauvèrent à la nage ; le quatrième resta volontairement. Cet Indien, auquel on donna le nom de Pedro, interrogé sur son pays, dit à Mexico, en présence du gouverneur, que *Chicayna* étoit sa patrie. Cette île plus grande que Taumago, en est éloignée de quatre journées de navigation pour une pirogue du pays. Les terres de Chicayna sont basses, mais fertiles et abondantes en fruit : on y pêche des huitres perlières.

Parmi les habitans dont la couleur est assez généralement bronzée, il s'en trouve qui ont la peau blanche et les cheveux roux ; on y voit encore des mulâtres ; tous ont le corps tatoué.

L'île de Guaitopo n'est éloignée que de deux lieues de *Chicayna*, et de trois lieues de *Taumago*. Les habitans ne sont guères plus bazanés que les Espagnols. Ces trois îles sont alliées et parlent la même langue. Près de Chycayna est une autre île bien peuplée, dont le nom est *Macayraylay*. On peut, en trois jours, se rendre de Taumago à Jouofono ; cette dernière île est voisine de Pila et Mepan. Pedro avoit visité ces différentes îles, mais il parloit encore d'un grand nombre d'autres qu'il n'avoit pas vues, et particulièrement d'une grande contrée à laquelle il donnoit le nom de Pourro. Tucopia est si peu éloignée de Taumago, qu'il est facile de se rendre en cinq jours de cette première île à Manicollo. Pedro assuroit avoir été à cette grande terre avec plusieurs autres Indiens : il ne parloit qu'avec admiration de la population et de la fertilité de cette île, où il avoit vu, entr'autres particularités, une belle et vaste baye ; quatre rivières considérables y versent leurs eaux ; elle est fermée et à l'abri des vents.

D'après des renseignemens si précis, il ne fut pas sans doute difficile à Quiros de découvrir Manicollo et les îles adjacentes. Il reconnut d'abord les îles les plus septentrionales de cet archipel le 25 avril 1606. Ce navigateur nomma Manicollo et les îles qui l'environnent, *terres australes du S. Esprit*. Il jetta l'ancre dans une grande rade qui est à l'abri de tous les vents, le jour de la fête de S. Jacques et S. Philippe. Le port est à l'embouchure d'une belle rivière ; la mer y est tellement calme, que le vent n'y ride pas la surface de l'eau. On lui donna le nom de la Vera Crux, et à la rade celui de S. Jacques S. Philippe. La terre de cette contrée rapporte presque sans culture les fruits les plus délicieux. Depuis le rivage jusqu'au pied des montagnes, sa surface est couverte de fleurs, de plantes et d'arbres fruitiers. Durant le séjour que les Espagnols firent dans le port, ils tentèrent plusieurs expéditions pour se procurer des rafraîchissemens; mais ils éprouvèrent de la part des habitans, une grande résistance. Il ne faut pas s'en étonner, lorsque l'on voit dans la relation de Quiros, la manière dont ce navigateur traitoit les insulaires qui se trouvoient sur la route de son vaisseau.

Je ne m'arrêterai pas davantage sur les terres du S. Esprit. L'illustre Cook les a fait connoître, et ce grand navigateur a donné à toutes ses recherches un degré de perfection qu'il paroît bien difficile de surpasser. Cook visita ces contrées célèbres en juillet 1774, il les nomma les nouvelles Hébrides. Bougainville qui les avoit rencontrées en 1768, les désigne sous celui de grandes Cyclades. Rendons leur, dans cet ouvrage, leur véritable dénomination d'*archipel de Manicollo* ?

Quiros en quittant la baye de S. Jacques et de S. Philippe, fit voile pour le Méxique; de là il se rendit à Madrid pour solliciter l'établissement d'une colonie sur ces terres nouvelles. Il fut renvoyé au Pérou, et ce navigateur célèbre mourut à Panama.

On ne peut se lasser d'admirer les grandes découvertes de Mendana et de Quiros. N'a-t'on pas lieu d'être surpris que des voyages aussi intéressans, ayent été, pendant près de deux siècles, ensevelis dans de profondes ténèbres ? Si ces recherches paroissent moins étonnantes aujourd'hui, c'est que l'expérience a diminué les dangers de la navigation, en augmentant les lumières, et en créant les nouveaux secours que n'avoient pas les anciens navigateurs, qui erroient sans guide dans ces espaces inconnus, ayant à résister, avec des vaisseaux inférieurs aux nôtres, aux tempêtes, aux ouragans, et avoient encore à se préserver d'un péril bien plus éminent, celui de se jetter sur ces dangereux écueils dont cette vaste mer est parsemée.

Les relations anciennes et modernes des voyages dans la mer du sud, ont servi à l'ex-ministre Fleurieu à composer pour La Peyrouse, une instruction qui peut servir de modèle à tout ce qui se fera désormais. On ne connoît rien en ce genre qui puisse être préférée à ce travail, qu'il est urgent de mettre sous les yeux des navigateurs. La perte des bâtimens la Boussole et l'Astrolabe n'a pas privé totalement la géographie et la marine du fruit de cette utile instruction. Nous n'avons ici qu'à montrer ce qu'il restoit à faire à La Peyrouse, d'après le plan qu'il dit s'être tracé, dans une de ses lettres imprimées dans la relation que Millet de Mureau vient de faire paroître du voyage de cet infortuné navigateur.

En partant d'Avatcha (c'est La Peyrouse qui parle) je ferai route pour visiter les Kurilles et je prendrai le parallèle de 37° nord pour chercher la terre qu'on dit avoir été découverte en 1610 par les Espagnols. Je remonterai au nord des Mariannes jusqu'à Guahan, et de-là je me dirigerai sur les Carolines si j'ai l'espoir de pouvoir gagner le cap Choiseul de la terre des Arsacides de Surville ; si au contraire je vois à Guahan qu'en reconnoissant les Carolines je tombe trop sous le vent de la nouvelle Zélande, je dirigerai ma route le plus à l'est qu'il me sera possible ; j'arriverai à la nouvelle Zélande pour le premier février, de-là j'employerai six mois pour visiter les îles des Amis, et m'y procurer des rafraîchissemens. Je visiterai ensuite la nouvelle Caledonie, l'île S.te Croix de Mendana, et la côte méridionale des Arsacides, celle de la Louisiade jusqu'à la nouvelle Guinée, et je chercherai dans cette partie un autre détroit que celui de Cook. J'employerai les mois d'août et de septembre à visiter le golfe de la Carpenterie et la côte occidentale de la nouvelle Hollande, en combinant mes opérations de manière à arriver à l'île de France à la fin de novembre; je quitterai l'île de France en décembre 1788, et je dirigerai ma route vers le cap de la Circoncision, et de-là en France.

Le rédacteur du voyage fait cette question. « La Peyrouse auroit-il ignoré que le paral-
» lèle nord de 37° 30′ avoit été parcouru
» infructueusement sur une espace de 450
» milles vers l'est du Japon, par le vaisseau
» l'Enkastrum. Ce navigateur a dû regretter
» de n'avoir pas suivi le parallèle de 36° 30′
» à cause des indices qu'il a eû de ces terres
» anciennement découvertes. Cette terre sera
» sans doute l'objet de nouvelles recherches;
» il y a lieu d'espérer qu'on la retrouvera par
» cette latitude ».

Quoiqu'il en soit, il ne paroît pas que La Peyrouse ait ponctuellement suivi le plan qu'il s'étoit tracé. Nous le voyons faire précéder, par des recherches dans la mer du sud, celles qu'il se promettoit de faire sur les îles Salomon, quoiqu'il eût d'abord suivi une route analogue à celle de Surville. Bougainville dont le voyage offre tant d'intérêt, avoit découvert en mai 1768, l'archipel des Navigateurs, par 15° de latitude sud, et par 188° de longitude à l'orient de Paris. Ce même archipel fut visité en décembre 1786, par La Peyrouse. C'est à l'île de Mahouana, que de L'Angle et La Manon furent massacrés avec dix hommes de l'équipage des vaisseaux. Les insulaires avec lesquelles ils avoient vécu jusqu'alors en bonne intelligence, les attaquèrent avec fureur sans que la cause en soit connue. Ces deux hommes également recommandables par leurs principes de justice et d'humanité, ont péri pour n'avoir pas voulu, sur une terre étrangère, repousser la force par la force. Il n'est pas d'exemple d'une telle modération ; mais ceux qui ont connu particulièrement de L'Angle et La Manon, ne sont nullement surpris de cette excessive bonté. J'ai peu vu le naturaliste La Manon, mais j'étois intimement lié avec de L'Angle, et je dois rendre à sa mémoire un hommage éclatant. Cet officier possédoit à un haut dégré le rare talent qui distingue sur-tout l'excellent manœuvrier, le grand homme de mer. Il avoit appris à connoître toutes les qualités de son vaisseau, soit qu'il ait à combattre les ennemis, ou à lutter contre les élémens. De L'Angle n'étoit pas seulement un habile manœuvrier, il étoit en outre un excellent pilote; il joignoit les connoissances aux talens; il aimoit avec passion les sciences et les arts, et il les cultivoit autant que les devoirs de son état lui en laissoient le loisir: tel étoit cet habile marin. La marine doit des regrets à sa mémoire, et ceux qui ont vécu dans son intimité répandent sur sa tombe, les larmes de l'amitié. Aussi voyons-nous La Peyrouse, accablé de douleur, s'empresser de quitter une terre qui lui avoit été si funeste, et se rendre avec célérité à la baye de Botanique de la nouvelle Hollande. Ici, l'on va perdre les traces de la route que ce navigateur a suivie; mais ses instructions, mais le plan qu'il a tracé de sa main, ne permettent pas de douter qu'il a dû, en partant de la baye de Botanique, continuer les découvertes de

Bougainville et de Surville, et visiter ces îles fameuses de Salomon, que les Fleurieu et les Buache lui avoient désigné devoir être celles reconnues par les navigateurs français. La côte occidentale de la nouvelle Hollande est heureusement située pour ceux qui voudront entreprendre cette recherche. Le voyage de Shortland le prouve. Cependant cette mer est bien peu connue, et nous voyons une multitude d'îles et d'écueils former une longue cordillière qui doit offrir bien des dangers. Il y a donc lieu de présumer que les deux vaisseaux de La Peyrouse ont péri dans ces parages. Le capitaine George Bower, a fait une déclaration dans un procès-verbal dressé à Morlaix, qui me paroît propre à étayer cette opinion. J'étois alors résident dans cette commune, et j'aurois pû seconder utilement le Juge de paix dans la rédaction d'un acte sur un objet de marine absolument étranger à ses connoissances. Ayant fait l'extrait du voyage de Surville, mon interrogatoire auroit porté sur des faits plus instructifs et plus décisifs; mes questions auroient

auroient offert plus d'intérêt. Il falloit qu'on en mît bien peu pour que cet acte important ne vînt pas à ma connoissance : si j'en avois eû le plus léger soupçon, je n'aurois pas balancé d'offrir mes services, et je ne doute pas que j'eusse pû retirer de la déclaration du capitaine Georges Bower, des renseignemens plus positifs que ceux dont nous allons rendre compte d'après la relation du voyage de La Peyrouse.

Extrait des Minutes de la justice de paix de la ville de Morlaix.

« Géorges Bower, commandant l'Albermale, venant de Bombay à Londres et conduit à Morlaix; interrogé s'il avoit eû connoissance de La Peyrouse ? a répondu qu'en décembre 1791, il a apperçu lui-même à son retour du port Jackson à Bombay, sur la côte de la nouvelle Géorgie, ainsi nommée par Shortland, (autrement les îles Salomon de Mendana) des débris du vaisseau de La Peyrouse, flottant sur l'eau, car il croit qu'ils sont provenus d'un bâtiment de

» construction française ; il ajoute qu'il n'a
» pas été à terre, mais que les naturels du
» pays sont venus à son bord, qu'il n'a pû
» comprendre leur langage, mais que par leurs
» signes il avoit appris qu'un bâtiment avoit
» abordé dans ces parages ; il dit que ces natu-
» rels connoissent l'usage de plusieurs ouvrages
» en fer, et que leurs pirogues sont supérieu-
» rement travaillées. Lorsque les naturels du
» pays étoient à son bord, il n'avoit eu encore
» aucune connoissance de ces débris ; mais
» qu'en suivant la côte, il les apperçut à l'aide
» d'un grand feu allumé à terre, le 30 décem-
» bre à minuit. Selon Bower, les Indiens
» habitans de cette côte, sont d'une stature
» robuste et d'un caractère doux : ici Bower
» se trompe, et il n'est pas encore bien instruit
» lorsqu'il avance que Bougainville, le lieutenant
» Shortlland qui avoit sous ses ordres l'Alexandre
» et le Friendship, La Peyrouse et lui Géorges
» Bower, étoient les seuls Européens qui
» eussent navigué dans ces parages ; il a reconnu
» en la possession des Indiens, des filets de

» pêche dont les fils étoient de lin, et dont la
» maille étoit de fabrique Européenne. Bower
» ajoute qu'il a conservé un morceau de filet,
» par curiosité, d'après lequel il sera facile de
» juger que la matière et la main-d'œuvre
» proviennent d'un vaisseau Européen. Le cli-
» mat de cette contrée est très-chaud. Les
» Indiens vont nuds, et par leurs signes on
» s'est assuré qu'ils avoient vû des vaisseaux ».

D'après cet exposé, dont je puis certifier l'authenticité, il est assez vraisemblable que la Boussole et l'Astrolabe ont fait naufrage sur les côtes des îles Salomon; et si un tel malheur leur est arrivé, ne se pourroit-il pas qu'une partie de l'équipage de ces bâtimens ait trouvé un lieu de réfuge sur ces terres dont les Espagnols nous ont fait connoître l'abondance et la fertilité ? Cette lueur d'espérance, quelque foible qu'elle soit, seroit encore plus que suffisante pour engager les anglais à recommander à leurs navigateurs qui fréquentent ces parages depuis les établissemens qu'ils ont faits dans la partie occidentale de la Nouvelle Hollande, de prendre des renseignemens sur un évènement qui peut avoir une influence majeure sur ces contrées éloignées, si des hommes aussi justes et aussi bons que La Peyrouse et ses compagnons d'infortune, étoient parvenus à y former un établissement. Rien n'est impossible en ce genre, et n'avons nous pas été témoins de faits plus extraordinaires ? je n'en citerai qu'un. Le vaisseau l'Utile, capitaine La Fargue, fit naufrage en 1761, sur un écueil de la mer des Indes, connu sous le nom d'île de Sable ; cet écueil situé au nord de l'île de France, sous le 16° de latitude sud, n'a pas un quart de lieue de circuit ; c'est une île plate et stérile que la mer recouvre presqu'entièrement dans les fortes marées. Le capitaine La Fargue et les gens de son équipage, trouvèrent cependant un réfuge sur cet affreux désert ; ils se procurèrent au moyen d'un puits de quinze pieds de profondeur, de l'eau potable. On y construisit, des débris du navire, une chaloupe sur laquelle les blancs s'embarquèrent et eurent le bonheur d'aborder sans accident à S.te Marie, île de Madagascar. Les noirs restèrent sur l'écueil en attendant qu'on vint à leur secours. Sous le prétexte de la guerre on ne voulut pas, à l'Isle-de-France, risquer d'envoyer un petit bâtiment pour délivrer et retirer ces malheureux naufragés, d'un lieu où, selon toute probabilité, ils devoient périr de faim et de misère. Cette conduite peu humaine, dictée par une politique machiavélique, sera généralement désapprouvée par les hommes qui ont quelques sentimens d'humanité et de justice. Quoiqu'il en soit, ce ne fut qu'à l'année 1776, qu'on ramena à l'Île de France, sept négresses et un négrillon, qui avoient résisté pendant quinze années à toutes les rigueurs d'une position qu'il est impossible de rendre. On a sçu par ces négresses, que les noirs avoient construit, sur la partie la plus élevée de l'île, une case qu'ils avoient recouverte avec des écailles de tortue de mer. Les débris du vaisseau avoient servi à la construction de cette habitation qui n'étoit pas même à l'abri de la fureur de la mer dans les tempêtes. Des plumes d'oiseaux, liées avec art par les femmes, leur servoient de couvertures. J'en reçus un échantillon de mon parent, Lanugny Tromelin, capitaine de la Dauphine, qui ramena à l'Isle-de-France ces naufragés. Ce brave officier, dans le tems, me dit que quatre-vingt noirs ou négresses avoient péri, les uns de misère, les autres en essayant de se sauver sur des radeaux. Les sept négresses qui ont échappé à tous les maux réunis de la faim et du plus cruel abandon, ont ramené un petit enfant qui se ressentoit de l'extrême foiblesse de sa mère. Elles ont rapporté qu'elles avoient vu, pendant leur longue captivité, cinq vaisseaux, dont plusieurs avoient fait d'inutiles efforts pour aborder l'écueil. Le petit navire, la Sauterelle, fut celui qui leur donna le plus d'espérance d'être enfin délivrées des angoisses qu'elles éprouvoient depuis si long-tems. Ce bâtiment mit son canot à la mer, l'officier avoit ordre de se rendre sur l'île; mais des récifs et une barre effroyable ne lui ayant pas permis d'aborder, un matelot, nageur intrépide, se précipita dans la mer, et gagna la terre où il fut forcé de rester, car le canot disparut et la Sauterelle continua sa route. Ce matelot, victime de son intrépidité et de son humanité, resta quelque tems sur cette terre de désolation; il eut d'une négresse l'enfant dont nous venons de parler; mais au lieu d'attendre patiemment du secours du gouvernement de l'Isle-de-France, qui ne pouvoit manquer d'être informé de son sort, il conçut le fol espoir de pouvoir se rendre sur un misérable radeau, avec trois noirs et trois négresses, à la grande île de Madagascar, qui est éloignée de cent lieues de ce dangereux écueil. On doit des regrets à la mémoire de cet homme courageux, et le capitaine de la Sauterelle aura eu sans doute à se justifier de n'avoir point fait de plus grands efforts pour sauver ces infortunés.

Je ne me permets point de réflexions sur un fait dont les causes me sont inconnues ; je sais que le capitaine de la Dauphine, éprouva les plus grandes difficultés à retirer de l'île de Sable, les sept négresses qu'il a conduites à l'île de France.

D'après un tel exemple, suivi de beaucoup

d'autres de même genre, qu'il est inutile de rapporter, il seroit prudent de conserver au moins quelqu'espoir, et j'ose dire qu'il seroit barbare de n'en point conserver sur le sort des équipages de la Boussole et de l'Astrolabe, naufragés sur des côtes peu connues et peu fréquentées. Les talens de la Peyrouse, sa grande prudence, les ressources de tout genre qu'il aura sçu déployer dans les terribles situations où il s'est trouvé, tout ce que nous connoissons enfin de ce marin justement célèbre, nous donnent une grande confiance dans les moyens qu'il aura employés, soit pour tenter de sauver l'équipage des dangers d'un naufrage, soit pour se soustraire à la férocité des peuples chez lesquelles il aura été forcé de se réfugier. Les hommes dans l'état de la nature ne sont point, j'ose le croire, des monstres et des assassins, et lorsqu'un appareil imposant de forces supérieures ne les effraie, il n'est pas consolant de penser qu'ils violent envers les étrangers les lois naturelles de l'hospitalité. La bonté reconnue du caractère de Lova Sarega, milite encore en faveur de ces insulaires, qui pour être d'intrépides guerriers ne sont peut-être pas dépourvus de tout sentiment d'humanité.

Ceux qui croyent à l'inutilité de cette recherche, et à l'improbabilité du succès, diront peut-être, que le général Dentrecasteau guidé dans son voyage par des notes très-instructives de l'ex-ministre Fleurieu, a cherché inutilement les traces de nos infortunés navigateurs. J'en conviens, cependant je vois, par l'extrait fidèle de ce voyage, que Dentrecasteau reconnut, le 17 juin 1793, l'île des Pins de la nouvelle Calédonie. Je le vois prolonger ensuite une partie des îles Salomon. Le journal ne dit pas qu'il ait eu de communication avec les habitans, ou du moins le journal que j'ai sous les yeux, garde à cet égard le silence le plus absolu; cependant il rapporte que le 15 juillet on eut des relations avec les habitans de l'île Bouca, île située, comme nous l'avons déja dit, au nord-ouest du détroit de Bougainville, par 5° 7′ de latitude sud, et 152° de longitude à l'orient de Paris. Dentrecasteau peu satisfait de cette première recherche, relâche aux Moluques, après avoir suivi les côtes de la nouvelle Irlande, et reparoît de nouveau dans la mer du sud : là, il débute par visiter les terres australes du Saint-Esprit de Quiros, puis l'île de Sainte-Croix de Mendana ; enfin, l'archipel des îles Salomon. Il parcourt de nouveau cet important archipel depuis le 25 mai jusqu'au 6 juin.

Nous voyons que dans ce parage une pirogue armée de sept hommes eut la hardiesse d'attaquer l'Espérance; mais nous ne trouvons point que dans cette seconde recherche Dentrecasteau ait eu des relations avec les insulaires. La mort presque subite de cet officier, arrivée le 20 juin 1793, priva les vaisseaux la Recherche et l'Espérance, d'un chef qui joignoit à une grande expérience, des connoissances et des talens distingués. Il jouissoit, à juste titre, de la confiance et de l'amitié de tous ceux qui avoient le bonheur de servir sous ses ordres, et il est difficile qu'après tant de fatigues et de dangers, la perte de cet officier ne fît prendre la résolution de mettre fin à des recherches qui avoient été jusqu'alors infructueuses pour l'objet principal qu'on s'étoit proposé. Il auroit peut-être eu plus de succès si la déclaration de Géorges Bower avoit pu lui être connue.

Ici je m'arrête, et je vais tracer d'une manière succinte le voyage de Kérguelen. J'ai dit, et je le répète ; il a été fâcheux qu'on ait choisi pour guide dans cette entreprise, le voyage aux terres australes de Gonneville. Ce n'étoit point sur des renseignemens aussi vagues qu'on devoit se porter à chercher les traces d'un navigateur qui n'a fixé ni la latitude ni la longitude, ni même l'air de vent de la route qu'il a suivie. C'est l'observation que je fis au capitaine Kerguelen, dès qu'il m'eut communiqué ses instructions. Je ne pus me rendre à l'Orient qu'après avoir reçu de Ferdinand Berthoud son horloge marine N.º 8; elle ne me fut remise à Paris que le 13 avril 1771 ; j'arrivai à l'Orient le 30 du même mois : le vaisseau le Berryer que montoit le capitaine Kerguelen, étoit déja sous l'île de Groas. Il appareilla le premier mai à une heure du matin. Sur le champ l'horloge marine fut mise en échappement, et je m'assurai, par des hauteurs absolues du soleil, de l'heure vraie du vaisseau.

Je ne ferai point l'énumération des observations que j'ai faites pendant le cours de mon voyage ; elles sont cottées et paraphées dans un double registre qui a servi à prouver la marche uniforme et régulière de cet excellent garde-tems. Le 17 mai nous eûmes connoissance de l'île de Ténériffe : une brume épaisse nous déroboit la vue du pic dont Borda a fixé l'élévation à 1900 toises. Le naturaliste La Manon nous apprend, dans le voyage de La Peyrouse, que le mercure de son baromètre descendit sur le pic à 18 pouces 4, 3 lignes, pendant qu'au bord de la mer il se tenoit à 28 pouces 3 lignes. Le thermomètre de Reaumur indiquoit $24°\frac{1}{2}$ au-dessus de la congelation; ce qui donne 1878 toises, lorsqu'on néglige la correction du thermomètre dont on a omis de nous faire connoître le degré sur le sommet du pic. J'observai le lendemain 18 à midi, la latitude de 28° 7′, et la longitude, par le moyen des distances de la lune au soleil, de 18° 33′ à l'orient de Paris, au même moment où le sommet du pic fut relevé à l'ouest-nord-ouest, distance estimée de dix lieues. Il est évident que ces observations avoient la précision requise à la sûreté de la navigation; car on sait que le pic est sous la latitude de 28° 13′, par 28° 52′ de longitude. Je reconnus que l'horloge marine éprouvoit un retard de 12 secondes par jour sur le tems moyen, depuis notre départ de l'Orient. Ferdinand Berthould n'avoit pas eu l'occasion de m'adresser une table des variations de son garde-tems pour les divers degrés de température. Le capitaine Kerguelen vouloit se rendre des Canaries à la vue du cap de Bonne-Espérance, afin de s'assurer de la marche et de l'exactitude des observations, et de reconnoître les déviations que pouvoit éprouver l'horloge marine dans cette longue traversée; mais cet officier n'ayant aucune confiance à ces moyens dont tous les navigateurs un peu instruits reconnoissent l'excellence, se laissa guider dans sa route par une estime incertaine, et n'eut pas même la sonde du banc des Eguilles, qui s'étend à quarante lieues au large de ce cap.

En traversant l'ouverture du canal de Mozambique nous éprouvâmes des orages violens; la foudre tomba fort près de notre vaisseau, et ces accidens ne sont que trop communs dans ces parages ; plusieurs vaisseaux ont été foudroyés en traversant ce canal, et ils en auroient été préservés, s'ils avoient fait usage du paratonnerre. Les sciences donnent aux hommes des moyens de conservation, mais leur insouciance leur fait souvent négliger des objets du plus grand intérêt.

Quoiqu'il en soit, les courans violens influèrent sur notre route à un tel point, qu'étant, le 8 août, par la latitude de 30° 58′, la longitude observée différoit de plus de six degrés de la longitude estimée. J'en avertis le capitaine Kerguelen, et je lui prouvai qu'il étoit impossible qu'il ne tombât sous le vent de l'île de France, s'il persistoit à croire à l'infaillibilité de son estime. Nous étions déja dans les parages des vents généraux, et nous commencions à en ressentir les effets : il falloit donc revirer de bord, et aller chercher dans le sud des vents variables, afin de s'élever de quelques degrés dans l'est. Cette manœuvre forcée par les circonstances, attira au capitaine quelques désagrémens qu'il voulut rejetter sur moi. Je les repoussai publiquement, en lui disant qu'il étoit physiquement impossible que des observations bien faites de distances, puissent laisser une incertitude d'un degré sur la longitude ; j'ajoutai : je puis répondre de vous faire atteindre à peu-près à l'air de vent l'île de France, sans que vous preniez connoissance de Rodrigues : si je n'y parviens pas, je serai aux yeux de tous les hommes instruits, l'astronome le plus incapable de remplir la mission dont le gouvernement m'a chargé. Certes je suis bien éloigné de chercher à me prévaloir ici du succès de ma prédiction ;

mais l'éclat qu'elle eut, n'a pas peu contribué aux progrès de l'astronomie nautique parmi les navigateurs.

Le vice-amiral Rosily, que ses connoissances ont porté à l'importante place de chef du dépôt des plans et cartes marines, a été témoin oculaire de ce fait : il certifiera que, sans mes observations, le Berryer manquoit l'île de France, et tomboit sous le vent de celle de la Réunion. Ce fut le 19 août, avant le lever du soleil, que les vigies annoncèrent la vue de l'Isle-de-France, où l'on mouilla dans le port du nord-ouest à une heure après midi, sans qu'il y eût d'erreur sensible dans la longitude que j'avois assignée : il est vrai que le garde-tems de Ferdinand Berthould me fut d'une grande utilité, en conservant l'heure à bord avec un degré de précision extraordinaire : les seuls écarts que l'on pouvoit lui supposer, tenoient peut-être à la correction de température dont la table ne nous étoit pas parvenue. Nous reconnûmes qu'elle retardoit par jour, sur le tems moyen,

de

de 21 secondes par vingt-quatre heures.

Dès que je fus arrivé à l'île de France, j'allai visiter l'intendant de la colonie, le célèbre Poivre, mon ami particulier. Je lui rendis compte de mon voyage et de l'objet de ma mission. Je lui fis sentir combien il m'étoit pénible de continuer à voyager avec un officier qui ne sentoit pas le prix de l'instruction, et qui s'efforçoit à éloigner ceux qui servoient sous ses ordres, de toute application aux connoissances qu'il leur importoit le plus d'acquérir. Je ne me permettrai pas d'en dire davantage ; cet officier n'est plus : il a d'ailleurs été sévèrement puni pour la conduite qu'il a tenue dans les recherches dont il étoit chargé : il me suffit d'assurer que Poivre entra dans mes vues ; la lettre qu'il m'écrivit le prouve.

A l'île de France, le 14 septembre 1771.

J'ai reçu votre réponse du 10 de ce mois, à la lettre que je vous avois écrite pour vous annoncer le départ de Kerguelen. Les raisons qui vous ont déterminé à ne pas faire cette campagne par la détention de vos instrumens que j'ai inutilement demandés à cet officier, et les autres motifs que vous allégués dans votre lettre, m'ont paru raisonnables, et je vous promets d'en rendre compte au ministre. Connoissant votre zèle pour le bien du service et pour tout ce qui peut contribuer à la perfection et à l'utilité de la navigation, j'ai pensé que vous ne vous refuseriez pas à faire la campagne intéressante du tour du monde de Marion. Cet officier m'a témoigné le plus grand empressement de vous avoir, et j'en sens si vivement l'utilité, que je me joins à lui pour vous engager à ne point laisser échapper une occasion qui se présente de mettre à profit vos connoissances astronomiques. Ce voyage, qui est presque tout en longitude, a plus besoin qu'un autre d'une personne qui sache la déterminer dans une campagne d'un aussi long cours, et dans des mers presque inconnues. Je vous prie en conséquence de vouloir bien me mander quelles peuvent être vos résolutions à cet égard. Le fruit que l'on doit naturellement tirer de vos recherches, sera digne de l'approbation du ministre, et vous devez être bien persuadé que dans le compte que je lui rendrai, je n'oublierai pas le zèle que vous avez témoigné. Je ne puis, en mon particulier, que vous exhorter à faire ce voyage. Il est bon que je sois prévenu de votre résolution, afin de vous faire préparer un logement commode. *Signé* POIVRE.

Le capitaine Kerguelen quitta le Berryer, vaisseau de 64 pièces de canon, pour prendre le commandement de deux bâtimens plus appropriés à la nature de ses recherches. Il partit sur la Fortune accompagnée du Gros Ventre, le 13 septembre il avoit le dessein de se rendre à Pondichery par la route proposée par Grenier dans la belle saison. Il rencontra au nord de l'île de France, un banc par la latitude sud de 7° 16', qu'il nomma banc de la Fortune. Il y mouilla la nuit, les vents le favorisèrent jusqu'à Ceylan ; mais la mousson du nord-ouest ne lui permit pas d'atteindre Pondichery, et il fut forcé de retourner à l'île de France, où il arriva le 8 décembre sans rapporter aucuns renseignemens intéressans.

Le capitaine Kerguelen ne fit pas à l'île de France un long séjour ; il voulut profiter de la belle saison pour aller à la recherche des terres australes. Il partit le 16 janvier 1772, pour chercher dans le sud, à une latitude élevée, ces terres, objets de la curiosité des savans qui s'occupent de la théorie de la terre, et qui s'épuisent en conjectures sur sa formation. Kerguélen ne fut pas beaucoup plus heureux dans ce nouveau voyage que dans le précédent ; cependant il découvrit le 12 février, une petite île qui est située par 60° de longitude estimée sous le cinquantième degré de latitude sud. Le lendemain il vit des terres plus élevées, situées dans le sud de Rodrigues, il les jugea faire partie du continent austral ; mais le capitaine Cook a prouvé depuis, que cette assertion étoit sans fondement. Au reste, ces terres sont frappées de la plus effrayante stérilité ; la neige et tous les frimats en rendent, même dans le fort de l'été, le séjour insupportable aux habitans de la zône torride. Nous ne croyons donc devoir y arrêter le lecteur, et nous quittons, avec Kerguelen, ces îles misérables et inhabitées, pour retourner à l'île de France où, le 16 mars, son vaisseau la Fortune jetta l'ancre, laissant le Gros Ventre, capitaine S. Allouant, continuer les recherches qu'il avoit commencées, sans lui donner d'autres ordres que celui de se rendre à la Nouvelle Hollande, et à d'autres lieux indiqués, en cas de séparation.

Kerguelen de retour en France, présenta au gouvernement sa découverte : on fut convaincu que cet officier avoit reconnu le continent austral, et l'on ordonna en conséquence l'armement du vaisseau le Roland de 64 pièces de canon, et de la frégate l'Oiseau, dont on donna le commandement au capitaine Rosnevet, qui jouissoit, dans la marine, de la réputation d'habile navigateur. Des vaisseaux de cette force ne convenoient, sous aucun rapport, à une expédition de cette nature ; mais on vouloit mettre de l'ostentation à la continuation d'une découverte à laquelle on paroissoit attacher la plus haute importance. L'instruction que reçut Kerguelen porte, qu'il fera route pour le cap de Bonne-Espérance; il pouvoit y séjourner le tems nécessaire pour reposer son équipage ; il devoit y remplacer les vivres consommés, et se rendre ensuite à l'Isle-de-France. En partant de cette île, il avoit ordre de diriger sa route pour se rendre aux terres australes, et de tâcher, en passant, de voir s'il y a quelque port à l'île Noutegat: après cette vérification, qui devoit être faite très-rapidement, pour ne pas perdre un tems réservé pour des objets plus importans, cet officier devoit continuer sa route, et la diriger vers la baye à l'entrée de laquelle il avoit déclaré s'être séparé du Gros Ventre; en déterminant la longitude de cette terre, le ministre lui prescrivoit de faire lever le plan exact des côtes, des rades, des ports, des havres, des rivières, de leur cours, et des parties de l'intérieur du pays où il aura pu pénétrer; enfin d'examiner l'endroit le plus propre à un établissement, d'en former un s'il le juge convenable: le capitaine Kerguelen devoit s'élever à l'est, en suivant le parallèle de 40 à 60 degrés, en côtoyant les terres australes, et en débarquant dans tous les lieux où il y auroit des observations quelconques à faire; et s'il étoit obligé de s'écarter de quelques points apparens, il lui étoit prescrit d'y revenir lorsque le tems seroit plus favorable. Il devoit laisser de côté les terres de Diemen, la Nouvelle Zélande, et les routes tenues par les précédens navigateurs. Il lui étoit défendu expressément d'aborder dans aucun port de la mer du sud; mais, pour lui procurer les secours dont il pourroit avoir besoin après une si longue navigation, il s'adressera au gouverneur de Buenos-Aires, qui a des ordres de lui fournir tout ce qui pourra lui être nécessaire.

Kerguelen arriva à l'île de France le 29 août 1773; il obtint que la corvette la Dauphine lui servît de conserve. Il quitta l'île de France le 18 octobre, ayant sous ses ordres le Roland, l'Oiseau et la Dauphine. Ce ne fut que le 14 décembre qu'il reconnut une île située sous le quarante-neuvième degré de latitude, et le soixante-sixième degré de longitude à l'est du méridien de Paris. Depuis ce jour jusqu'au 6 janvier 1774, on reconnut plusieurs îles, et on mit à terre dans une baye qui est par la latitude de 48° 21′, et par la longitude de 66° 47′ ; l'aiguille aimantée déclinoit vers le nord-ouest de 30 degrés. Ce fut au fond du port où coule une petite rivière d'eau douce qui se jette à la mer, qu'on déposa l'acte de prise de possession de ces îles que Cook nomma dans son troisième voyage, terres de Désolation. Le 18 le capitaine Kerguelen abandonna ces parages, où il avoit croisé pendant trente-cinq jours. Il se rendit à la baye d'Antongil, île de Madagascar. Les îles australes dont nous venons de parler, ne méritent pas qu'on s'y arrête ; d'ailleurs, le capitaine Cook nous les a fait connoître dans la relation de son troisième voyage autour du monde.

Je ne crains pas qu'on me fasse le reproche de tracer avec trop de rapidité les deux voyages

de Kerguelen aux terres australes, puisque ces recherches n'offrent au lecteur que la vue de rochers stériles et de montagnes couvertes de neige ; la terre est remplie de joncs et de ces plantes grasses qu'on nomme fucoïdes ; elle n'est habitée que par des oiseaux de mer, des pinguoins, et de lions marins. Cook y trouva une prodigieuse quantité d'herbe marine, de l'espèce de celle que Bank distingue par le nom de *funes giganteus* : il y en a, dit il, d'une énorme grandeur, quoique sa tige ne soit pas plus grosse que le pouce. L'on a vu que l'on ne trouvoit pas de fond à vingt-quatre brasses sur plusieurs des bas-fonds où elle croît ; et comme cette herbe ne végète pas perpendiculairement, il faut qu'elle ait 60 brasses de longueur et davantage ; car elle paroît élevée de plusieurs brasses au-dessus de la surface de l'eau. Cook trouva l'inscription que Kerguelen avoit fait déposer dans une bouteille attachée par un fil d'archal à la pointe d'un rocher. Cette inscription, écrite sur du parchemin, est conçue en ces termes :
(*Ludovico decimo quinto, Galliarum regi, et D.*

de Boynes, *regi à secretis ad res maritimas, annis 1772 et 1773*). Cook, en mémoire de son séjour dans ce havre, écrivit sur l'autre côté du parchemin : *Naves Resolution and Discovery de rege magnæ Britanniæ, Decembris 1776.*

Il n'est pas, dit Anderson, de champ plus stérile pour un naturaliste, que cette terre aride; la verdure que l'on voit à quelque distance du rivage, et qui flatte de l'espoir de trouver quelque herbage, trompe l'attente. Cette couleur agréable est produite par une seule petite plante assez semblable au saxifrage qui pousse en larges touffes le long des montagnes : on voit encore une autre plante assez multipliée dans les endroits humides ; elle est haute de deux pieds, et ressemble assez au chou lorsqu'il monte en graine. Près des ruisseaux se trouvent deux autres petites plantes que l'on mange en salade ; l'une, très-piquante, ressemble au cresson ; l'autre, plus douce, est remarquable en ce qu'elle est hermaphrodite. Près des bords de la baye, il croît une herbe grossière, que l'on donne aux bestiaux. Enfin tout le catalogue des plantes de ces terres, ajouté Anderson, n'excède point seize ou dix-huit : en y comprenant quelques espèces de mousse et une superbe espèce de plantes qui croît sur les rochers et surpasse en hauteur tous les autres végétaux, tout le pays ne fournit pas un arbuste. Quittons ces terres que l'on a regardées un moment comme un cap avancé du continent méridional. Le capitaine Cook nous a prouvé que ce continent n'existe pas, et que la terre en question est une île d'une médiocre étendue, que sa stérilité pourroit faire nommer, dit cet illustre navigateur, terre ou île de Désolation ; si l'on ne craignoit d'ôter à l'officier Français qui en a fait la découverte, l'honneur de lui faire porter son nom ; il est donc très-superflu de s'y arrêter plus long-tems ?

On prendra sans doute plus d'intérêt au voyage du capitaine Marion, dont j'ai publié la relation en 1783. L'intendant Poivre m'avoit fait l'honneur de me consulter sur les instructions à donner à ce navigateur, que je devois accompagner. Le célèbre Commerson, qui avoit suivi Bougainville dans le voyage autour du monde, m'étoit adjoint dans ce travail. Certes, les découvertes de Bougainville dans la mer du sud, ouvroient un champ vaste aux recherches de Marion. Cet officier étoit spécialement chargé de ramener l'Indien Mayoa, plus connu sous le nom d'Aoutourou, à Othaiti, c'est-à-dire, à cette île de la mer du sud, découverte par Quiros, qui la nomma *la Sagittaria*. Ainsi, dans le projet que nous conçûmes, les grandes Cyclades, ou la terre australe du S. Esprit de Quiros, la Louisiade et le détroit au nord-ouest de la baye de Choiseul, de l'île S.te Isabelle de Mendana, fixèrent particulièrement notre attention : Commerson desiroit surtout qu'on le mît à portée d'examiner avec soin les productions de ces terres qu'il avoit le desir de visiter : il voyoit, dans cette recherche, des avantages incalculables pour le progrès de l'histoire naturelle. Ce savant avoit bravé tous les dangers d'une mer inconnue, pour aller recueillir des plantes nouvelles dans ce fameux détroit de

Magellan, et dans cette vaste mer du sud, alors peu fréquentée par les navigateurs européens. Ce n'étoit pas seulement les périls inséparables d'une longue navigation qui avoient familiarisé cet infatigable navigateur avec le mépris de la vie, c'étoit bien plus ses travaux dans ces climats rigoureux, et dans ces montagnes entourées de précipices, qui bordent ce long passage de la mer du nord à la mer du sud. Malgré ses fatigues, et quoique sa santé fut épuisée, son zèle pour les progrès des connoissances, lui donnoit assez de force pour entreprendre ce nouveau voyage; mais on y trouva des obstacles qu'il n'étoit pas en son pouvoir de surmonter, et quelque tems après la botanique eut le malheur de le perdre. Sa riche collection, fruit de ses veilles et de ses pénibles recherches, fut perdue par l'insouciance de ces hommes qui sont plus qu'indifférens aux progrès des sciences. Ma plume se refuse à les nommer, parce que je crois qu'on ne sera plus désormais exposé à voir traiter avec tant de mépris des connoissances auxquelles

les gens éclairés de toutes les nations attachent un grand intérêt.

L'intendant Poivre parut satisfait du plan que nous lui présentâmes. Le capitaine Marion devoit se rendre à Madagascar pour y completter ses approvisionnemens : il devoit prendre son point de départ de cette île, pour aller chercher le cap de la Circoncision de Lauzier Bouvet, et le continent austral en se rendant aux terres de Diemen qu'il importe de visiter. Après avoir doublé l'extrêmité du sud de la nouvelle Hollande, on dirigera la route dans la mer du sud, de manière à prendre connoissance de la nouvelle Zélande. Cette grande île qui embrasse plusieurs climats, offrira un vaste champ aux recherches des naturalistes, et l'on pourra y prendre les approvisionnemens nécessaires pour se rendre à l'île d'Othaïti, lieu où l'on déposera Mayoa avec tous ses outils aratoires : on observera de chercher sous le 21° l'île que l'on assure avoir été rencontrée par les Anglais ; les renseignemens donnés à ce sujet à l'intendant Poivre, paroissant jusqu'à un certain point fabuleux, il ne faut pas perdre un temps précieux à cette recherche, ni faire à Othaiti un séjour très-long : on aura soin, en dirigeant la route sur les grandes Cyclades, c'est-à-dire, sur la terre australe de Mendana, de suivre un parallèle différent de celui qui a déja été parcouru, afin de découvrir des terres nouvelles ; mais en visitant la Louisiade et le détroit de Bougainville, il est essentiel d'y faire les observations de tout genre que des contrées si vastes et si avantageusement situées, méritent. On soupçonne que le géroflier et le muscadier se trouvent à la nouvelle Guinée, ainsi qu'aux Moluques ; mais on est bien assuré de se procurer des plants de ces arbres précieux dans les îles adjacentes ; et à cet égard, les instructions secrettes de l'intendant Poivre, mettront le capitaine Marion en état de remplir d'une manière utile à la colonie de l'île de France, cette partie importante de sa mission.

Tel est le précis du projet de voyage que nous offrîmes au capitaine Marion. Cet officier parut l'accueillir, et nous demanda avec instance au gouverneur de l'île de France, dont les principes et les vues ne s'accordoient malheureusement pas avec ceux de l'intendant. On en jugera par la lettre dont je vais donner copie.

Isle de France, le 14 octobre 1771.

Je viens de recevoir une lettre du capitaine Marion, par laquelle il m'annonce avoir fait de nouvelles tentatives auprès du général, pour lui faire accepter les offres de zèle que vous avez témoigné à mon invitation, pour faire le voyage de la mer du sud. Je vous avoue que les oppositions du général à votre départ, me causent la plus grande peine, parce que je sens combien il seroit agréable au ministre d'apprendre que vous avez fait ce voyage, et tout l'avantage des observations intéressantes que vous seriez à portée de faire.

Je vous demande, avec la plus grande instance, de voir de nouveau le général, et d'obtenir de lui son agrément pour votre embarquement. Je rendrai compte au ministre de ce

dernier

dernier effort de votre part, comme de tous ceux que vous avez déja faits. Je souhaite bien ardemment que le général réponde à vos bonnes dispositions, et je vous aurai en mon particulier la plus grande obligation de tout ce que vous aurez pu faire pour le déterminer à vous accorder la permission d'embarquer, sans laquelle je sens qu'il n'est pas possible que vous puissiez quitter l'île de France. Mandez-moi, je vous prie, quel aura été le fruit de cette tentative de votre part, qui sera la dernière, puisque le capitaine Marion est au moment de son départ. *Signé*, POIVRE.

Mes instances furent inutiles; le gouverneur me voyoit avec déplaisir préférer le voyage du capitaine Marion, à celui de son camarade Kerguelen : il ne me pardonnoit pas mon attachement pour l'intendant, dont l'instruction, l'amabilité et la philosophie l'avoient rendu, sous tous les rapports, le modèle d'un bon administrateur, et l'ami sincère de tous ceux qui cultivoient les sciences. Le gouverneur rendoit sans doute intérieurement hommage aux vertus et aux talens de l'intendant, mais il se plaisoit à entraver ses opérations ; il blâmoit hautement tous les efforts qu'il faisoit pour rendre la colonie agricole, et pour y introduire, à ce qu'il prétendoit, la culture des épiceries, en dépit du traité d'Utrecht.

Il seroit fastidieux de tracer ici ces insipides querelles qui divisoient, par un principe machiavélique trop généralement adopté, des administrateurs qui auroient dû au moins se réunir pour le bonheur commun des contrées confiées à leurs soins ; mais une telle union n'étoit point chose commune. Quoiqu'il en soit, je n'ai qu'à m'applaudir des entraves que j'ai trouvées à mon départ. L'infortuné Marion et 34 de ses compagnons, furent massacrés à la nouvelle Zélande ; il est très-probable que j'aurois éprouvé le meme sort. Le lieutenant Crozet, qui servoit en qualité de second sur le vaisseau de Marion, me remit son journal dont je publiai l'extrait en 1783. Le lecteur ne trouvera pas déplacé que je retrace ici de nouveau cet intéressant voyage, en supprimant dans la partie nautique, tout ce qui n'est pas indispensablement nécessaire.

Les deux bâtimens le Mascarin et le Castries, sous les ordres du capitaine Marion, firent voile de l'île de France le 18 octobre 1771, pour se rendre au fort Dauphin, île de Madagascar, où l'Indien d'Othaity Aoutourou mourut de la petite vérole. Il avoit sans doute porté, de l'île de France, le germe de cette maladie. Cette épidémie y faisoit, à l'époque de son départ, les plus cruels ravages. Le principal objet de cette expédition ne devant plus avoir lieu par cet événement, il n'y eut que le seul desir de faire des découvertes qui déterminèrent Marion, qui étoit un des principaux armateurs, à continuer ce voyage à ses propres dépens; un zèle aussi louable trouve, sans doute, peu d'imitateurs.

J'ai connu particulièrement Aoutourou, je l'ai vu à l'Isle-de-France en 1769, au moment de son arrivée d'Otaity. Il paroissoit alors s'efforcer à rendre par des gestes les sentimens qu'il éprouvoit, sans chercher à les déguiser.

Son séjour à Paris l'avoit changé; il étoit devenu non-seulement plus dissimulé, mais encore il avoit acquis jusqu'à un certain point l'art de flatter les hommes dont il sentoit avoir besoin. On le voyoit s'étudier à amuser leur oisiveté par des caricatures qui prouvoient qu'il n'étoit pas sans quelque sagacité. Ceux qui l'ont fréquenté, ont vu avec peine que la reconnoissance n'atteignoit point le fond de son cœur, quoiqu'il cherchât à exprimer ce délicieux sentiment par des démonstrations dont on auroit pu être dupe, si on ne l'avoit vu souvent s'égayer aux dépens de ceux qui lui témoignoient le plus d'intérêt. Cet Indien étoit d'une frivolité qui passoit toute mesure; lorsqu'on la lui reprochoit, il disoit que dans son pays, l'homme étoit né pour rire et se divertir; aussi n'avoit-il point porté son attention vers les arts utiles: il sembloit les dédaigner, parce qu'il n'avoit jamais fréquenté en France que des hommes qui traitent avec indifférence et même avec une sorte de mépris, tous ceux qui se livrent à la pratique des arts les plus nécessaires à la richesse et à la prospérité des Nations. Ainsi, cet Indien n'auroit apporté dans son pays que les vices d'une grande ville, sans lui procurer aucune lumière sur notre industrie. Après la mort d'Aoutourou, le capitaine Marion fit voile pour le cap de Bonne-Espérance, où il compléta en peu de jours les provisions des deux vaisseaux pour une campagne de dix-huit mois. Le 20 décembre 1771 il dirigea sa route au sud, dans le dessein de découvrir le continent austral. Il rechercha inutilement les îles de Dina et de Marseven : il ne fut pas plus heureux pour le cap de la Circoncision, que Lozier Bouvet avoit prétendu avoir découvert en 1737 ; mais le 13 janvier 1772 il vit distinctement une terre qui s'étendoit de l'ouest-sud-ouest à l'ouest-nord-ouest. Cette terre est située par 46° 45′ de latitude sud, et par 34° et demi de longitude à l'est du méridien de Paris : Marion suivit ce parallèle à-peu-près jusqu'au quatre-vingt-dixième degré de longitude observée. Il rencontra plusieurs îles qu'il ne put visiter, parce que les deux vaisseaux s'étant abordés à l'instant de la sonde, il fallut s'occuper à les réparer. Le Castries fut sur-tout fort endommagé : on ne put donc descendre à terre qu'à l'île la plus occidentale, qui est située par 46° 30′ de latitude australe, et par 43 degrés de longitude à l'est du méridien de Paris. Marion nomma cette terre île de la prise de possession : la bouteille qui renfermoit cet acte, en usage de tems immémorial dans la marine de toutes les Nations, fût placée sur le sommet d'une pyramide élevée de cinquante pieds au-dessus du niveau de la mer. Elle fut formée par de gros blocs de pierre entassés les uns sur les autres. Cette île exposée aux ravages continuels des vents orageux d'ouest, n'est habitée que par des loups marins, des pingouins, et des oiseaux de mer. Ces animaux qui n'avoient jamais été troublés dans leurs affreux déserts, n'étoient nullement effrayés par la vue des hommes ; les femelles des oiseaux couvoient leurs œufs paisiblement, les animaux nourrissoient leurs petits, les loups marins continuoient leurs sauts et leurs jeux ; tous se laissoient prendre à la main. Crozet rapporte qu'il vit un pigeon blanc qu'il soupçonna appartenir à quelques terres voisines, qui produit des grains propres à la nourriture de ces oiseaux ; car l'île qu'il visitoit paroissoit aride et couverte de joncs et de cristes marines : les rochers étoient revêtus de mousse et de lichen, et le rivage garni d'un espèce de joncs d'un pied de hauteur. Le goémon qui bordoit la côte portoit de larges feuilles et étoit d'une grosseur extraordinaire. La forme de cette île est ronde, on peut l'appercevoir, à cause de sa grande élévation, à la distance de vingt lieues. Le sommet des montagnes y est toujours couvert de neige. Le mois de janvier dans l'hémisphère austral répond au mois de juillet de l'hémisphère boréal, et cependant Marion ressentit dans le fort de l'été un froid violent dans ce parage, qui est situé au milieu de la Zone tempérée. La vue d'une glace d'une énorme grandeur, de la neige et des vents violens ne laissent aucun doute sur la rigueur du climat où sont situées quelques îles stériles qui ne méritent pas de fixer plus long-tems l'attention. Marion abandonnant enfin ce parallèle, fit route pour la terre de Diémen, qu'il reconnut le 3 mars, par la latitude de 42° 56 minutes, et par la longitude de 126° 20′; les deux vaisseaux jettèrent l'ancre dans une baie qu'Abel Tasman nomma baie de Frédéric Henri. La vue de la terre promettoit infiniment par la beauté du paysage qu'elle offroit. Il est, sans doute, peu de contrée qui mérite plus l'examen des naturalistes que le grand continent de la Nouvelle Hollande, dont les navigateurs n'ont fait, jusqu'à présent, que prolonger les côtes. L'établissement des Anglois, au port Jackson, nous fera peut-être connoître l'intérieur de ce pays avantageusement situé, pour renfermer dans son sein et sur sa surface des productions variées et bien susceptibles de contribuer au perfectionnement de l'Histoire Naturelle. Marion envoya à terre ses canots et ses chaloupes armées; quelques officiers, des soldats, des matelots descendirent d'abord sur le rivage, sans aucune opposition de la part des habitans. Les Indiens se présentèrent de bonne grace, ils ramassèrent du bois, et firent un espèce de bûcher, avec invitation à l'officier qui commandoit le détachement d'y mettre le feu ; l'officier accéda à cette demande sans prévoir quel pouvoit être le but de cet usage. Les Indiens ne parurent point surpris, ils restèrent auprès du bûcher entourés de leurs femmes et de leurs enfans, sans donner aucune démonstration d'amitié et d'hostilité. Les hommes étoient armés de bâtons pointus, et de quelques pierres de forme tranchante, semblables à des fers de hache : les femmes portoient leurs enfans sur le dos, au moyen de cordes de jonc. Ces sauvages, hommes et femmes, sont absolument nuds, leur taille n'a rien de remarquable; mais leurs cheveux, semblables à la laine des caffres, noués par pelotons, et soupoudrés avec de l'ocre très-rouge, contribuent, avec leurs petits yeux, de couleur bilieuse, leur bouche très-fendue, et le nez écrasé, à leur donner une figure hideuse. La couleur noire de leurs cheveux fait ressortir la blancheur de leurs dents ; plusieurs d'entr'eux portent sur l'estomac des espèces de gravures mal dessinées. Leur poitrine est large, leurs épaules sont effacées, leur taille est d'autant plus svelte, qu'ils sont en général sans embonpoint ; leur langage est très-dur, ils semblent tirer les sons du fond du gosier. On tenta de les gagner par de petits présens, mais ils rejettèrent avec dédain tout ce qu'on leur présenta, même le fer, les miroirs, les mouchoirs et la toile. On leur montra des poules et des canards, en leur faisant entendre qu'on désiroit en acheter. Ils prirent ces bêtes qu'ils témoignèrent ne pas connoître, ils les jettèrent avec un air de colère. Sur ces entrefaites, le capitaine Marion se rendit à terre ; un sauvage se détacha de la troupe et vint lui offrir, comme aux autres, un brandon de feu pour allumer un petit bûcher. Marion se conforma à cet usage, fermement persuadé qu'il servoit à prouver à ces Indiens ses intentions pacifiques ; il fut fort surpris de voir que l'acceptation de ce brandon étoit une vraie déclaration de guerre. Car, dès que le bûcher fut allumé, les sauvages se retirèrent précipitamment sur une monticule, d'où ils lancèrent une grêle de pierres, dont Marion et un autre officier furent blessés ; on leur tira sur-le-champ quelques coups de fusil, et tout le monde se rembarqua. Les canots et les chaloupes côtoyèrent la baie, dans le dessein de débarquer dans un lieu découvert, et par conséquent à l'abri de toute attaque ; alors les sauvages envoyèrent leurs femmes et leurs enfans dans les bois, et suivirent les bateaux le long du rivage. Lorsque Marion voulut débarquer, ils essayèrent de s'opposer à sa descente ; un d'entr'eux jetta un cri effroyable, et aussitôt toute la troupe lança ses bâtons pointus et ses javelots ; un noir domestique fut blessé à la jambe par un de ces javelots de bois, qui n'étoient point sans doute empoisonnés, puisque cette blessure fut promptement guérie. On se vengea de cette attaque par une fusillade qui en blessa plusieurs et en tua un. Ils s'enfuirent aussitôt dans le bois faisant des hurlemens affreux. Dans leur fuite précipitée, ils portoient ceux de leurs camarades, qui étant blessés ne pouvoient les suivre. Marion les fit poursuivre par un détachement de quinze hommes, et l'on s'empara à l'entrée du bois de l'un de ces sauvages qui avoit reçu une blessure dont il mourut. Cet homme avoit cinq pieds trois pouces, sa poitrine étoit entaillée comme celle des caffres de Mozambique : il paroissoit aussi noir qu'un caffre, mais en lavant ce cadavre, on reconnut que la peau de ces sauvages étoit rougeâtre, et que ce n'étoit que la crasse et la fumée qui les faisoient paroître aussi noirs. Le capitaine Marion expédia deux détachemens, commandés par des officiers, pour chercher de l'eau et des arbres propres à faire des mâts pour le Castries. Cette recherche fut sans succès, on fit deux lieues sans trouver, ni habitans, ni arbres propres à la mâture, ni eau douce. On resta cependant six jours dans la baie de Frédéric Henri, sans cesser de chercher de l'eau dont on avoit un extrême besoin. La terre en cet endroit est sablonneuse comme celle du cap de Bonne-Espérance : elle est couverte de bruyères et de petits arbres, dont le grand nombre étoit dépouillé de leurs écorces par les sauvages, qui se servent de ces écorces pour faire cuire leurs coquillages. On rencontroit par-tout des traces de feu, et la terre étoit recouverte de cendre. On remarqua au milieu des arbres dépouillés de leurs écorces, et brûlés au pied, une espèce de pin un peu moins élevé que les pins de France : ce pin étoit bien conservé ; apparemment que les sauvages en retirent utilité, puisqu'ils les maltraitent moins que les autres arbres ; il y a apparence qu'en s'éloignant davantage de la mer, et en pénétrant un peu plus dans l'intérieur des terres, on parviendroit à trouver des forêts de ces pins susceptibles à être employés à la mâture des vaisseaux.

Dans les endroits qui n'étoient point brûlés, la terre étoit recouverte de gramen, d'oseille, d'alleluia et de fougères, semblables à celles d'Europe. On a peu vu de gibier, on présume que le feu que les sauvages font dans ce lieu doit le chasser dans l'intérieur des terres ; cependant les chasseurs apperçurent un chat-tigre et plusieurs trous de garenne ; ils tuèrent des corbeaux, des merles et des tourterelles, et une perruche à bec blanc, dont le plumage différoit peu de celui du perroquet des Amazônes. Cette chasse rapporta encore plusieurs autres oiseaux de mer, des pélicans et un oiseau noir à bec et à pattes rouges, dont Abel Tasman fait mention dans son journal. La pêche ne fut pas moins abondante que la chasse; on prit des merluches, des vieilles, des raies, des bars, des chats de mer, des poissons rouges de la forme des grondins, des écrevisses, des homars, des crables et des huîtres. Les amateurs d'Histoire naturelle ramassèrent des étoiles, des oursins, des peignes épineux à longues écailles, des rouleaux, des olives, des cornets et plusieurs autres coquilles d'une rare beauté.

Le climat de cette partie méridionale de la Nouvelle-Hollande n'est pas tempéré : on ne conçoit point comment les sauvages résistent sans vêtemens au froid que l'on éprouvoit à la fin de l'été. On fut aussi surpris de ne trouver dans ce lieu aucune trace de maison; car on ne peut pas regarder comme des habitations des abats-vents formés par des branches d'arbres entrelacées grossièrement; cependant on vit auprès de ces abats-vents des traces de feu, et un tas considérable de coquillages, ce qui donne lieu de croire que ces sauvages se nourrissent de moules, des pinnes marines, des peignes et d'autres coquillages de même nature. Le lieutenant Crozet assure avoir déterminé la position de la baye de Frédéric Henri. Il dit que ses observations lui donnèrent pour longitude de cette baye 143° à l'orient de Paris, et pour latitude 40° 50'. Cependant l'astronome William Bayley, embarqué sur l'Aventure avec le capitaine Furneaux, assigne à cette partie de la Nouvelle Hollande une longitude différente : les observations de ce savant astronome, placent la baye de Frédéric Henri par 145° 14' de longitude à l'est du méridien de Paris.

Les géographes préféreront sans doute la détermination de Bayley à celle du lieutenant Crozet. On a cependant lieu d'être surpris de trouver dans des observations de cette nature, une aussi grande différence. Il faut donc que l'instrument qui a servi à l'officier françois soit défectueux, ou le calcul qu'il a fait de la réduction de la distance apparente en distance vraie étoit-il défectueux?

Marion voyant qu'il perdoit son tems à chercher de l'eau sur une terre aussi sauvage que ses habitans, se décida à faire voile pour la Nouvelle Zélande; il savoit qu'il y trouveroit de l'eau et les bois nécessaires pour remâter le vaisseau le Castries, et pour radouber le Mascarin qui faisoit beaucoup d'eau. Il quitta le 10 mars la Nouvelle Hollande, et il attera le 24 du même mois à la Nouvelle Zélande.

Cette grande île avoit été découverte en 1642 par Abel Tasman. Le navigateur Hollandois n'en avoit reconnu, pour ainsi dire, qu'un point. C'est un hasard singulier qu'un vaisseau anglois et qu'un vaisseau françois aient abordé en même-tems à cette île peu éloignée des Antipodes de France et d'Angleterre. Surville étoit dans une baie qu'il nomma de Lauriston, tandis que Cook relevoit les deux pointes qui forment

forment l'entrée de cette même baie où les français étoient à l'ancre, et qu'il nommoit de son côté la double baie. Il est encore étonnant que Cook n'ait pas appris des habitans de la Nouvelle Zélande, dont il entendoit assez bien la langue, l'arrivée d'un bâtiment français à cette côte. Je crois devoir tracer ici la route qu'à suivi Marion d'après la carte de la Nouvelle Zélande, qui a été dressée par le célèbre navigateur anglais, aidé des deux astronomes Wales et Bayley qui l'accompagnoient. Ce fut à la haute montagne d'Egmont qu'attera Marion : le pic de cette montagne est situé par 39° 6′ de lattitude, et par 172 dégrés de longitude à l'orient du méridien de Paris. Le journal de Crozet place cette montagne remarquable à 6 ou 7° plus à l'ouest, ce qui fait craindre qu'il y auroit peu de prudence à ajouter une grande confiance aux observations astronomiques du navigateur français.

Marion prolongea la partie du nord de la Nouvelle Zélande, et vint jeter l'ancre dans le port que Cook nomme sur sa carte, la baie

II. Partie. Y

des îles. Les naturels du pays donnent le nom de Moutouaro à l'île qui en forme l'enceinte. On y fit transporter les malades, et on y établit un corps-de-garde; cette île est couverte de bois et on s'y procure facilement toute l'eau dont on peut avoir besoin. A peine les vaisseaux furent mouillés qu'il vint quantité de pirogues chargées de poisson. Les insulaires nous firent entendre qu'ils l'avoient pêché pour nous : à l'approche de la nuit, les pirogues se retirèrent et laissèrent à bord des vaisseaux huit ou dix sauvages qui y passèrent la nuit. Le lendemain ils vinrent en plus grand nombre sans armes, avec leurs femmes et leurs enfans. En arrivant dans le vaisseau ils crioient, *Taro*, c'est-à-dire, donnez-nous du biscuit de mer. On leur en donna, mais avec économie, car ils étoient en si grand nombre et d'un tel appétit, qu'ils auroient bien promptement consommés les vivres des deux vaisseaux. On leur troquoit pour des verroteries et des morceaux de fer leur poisson : dans les premiers jours, ils se contentoient de vieux clous de 2 à 3 pouces. Par la suite, ils devinrent plus difficiles, ils en voulurent de 4 à 5 pouces. Leur objet en demandant des cloux étoit d'en faire des ciseaux pour travailler le bois; c'étoit les matelots qui leur rendoit le service de les aiguiser sur la meule, et de leur faire prendre la forme qu'ils désiroient. Ce léger service étoit toujours récompensé par quelques poissons qu'ils mettoient en réserve pour cet objet. Ils mirent fort peu de tems à apprendre le nom des officiers; on ne laissoit entrer dans la chambre de conseil que les chefs, les femmes et les filles: ces chefs étoient faciles à connoître, des plumes d'aigrettes ou d'autres oiseaux, plantées dans leurs cheveux, les distinguoient des autres insulaires. Les femmes mariées se reconnoissoient aussi à une espèce de tresse de jonc qui leur lioit les cheveux au sommet de la tête; les filles les laissoient tomber négligemment sur le cou: les sauvages s'étoient empressés à faire connoître ces marques distinctives, en donnant à entendre, par des signes très-expressifs, qu'il falloit respecter les femmes mariées, mais que les filles jouissoient d'une pleine et entière liberté, et qu'on pouvoit en disposer. Il étoit impossible, en effet, d'en trouver d'un plus facile accès. Marion fit passer cet avis parmi les équipages des deux vaisseaux français, afin de conserver la bonne harmonie qu'il avoit établi entre les sauvages et les français. La facilité de se procurer des filles fit qu'il n'y eut jamais de plainte concernant les femmes.

On distingue parmi ces insulaires trois espèces d'hommes, dont les véritables Indigènes sont d'un blanc tirant sur le jaune. Leur taille commune est de cinq pieds neuf à dix pouces, leurs cheveux sont lisses et plats; les autres sont des nègres et des mulâtres, à en juger par leur teint basané et par leurs cheveux crépus. En général ces trois espèces d'hommes sont beaux et bien faits, la tête d'une belle forme, de grands yeux, le nez aquilin, la bouche d'une belle proportion; les dents belles et blanches, le corps bien musclé, les bras nerveux, les mains fortes, la poitrine large, la voix très-forte, peu de ventre, les cuisses et les jambes un peu grosses, les pieds larges et les doigts des pieds bien écartés. Cette race d'homme paroît en général flegmatique et peu portée aux plaisirs de l'amour. Il est vrai que le sexe n'est pas propre à inspirer ce sentiment. Les femmes ont la taille fort épaisse, les cuisses et les jambes grasses, et la figure sans aucune espèce d'agrément.

Lorsque le capitaine Marion eut fait connoissance avec ces insulaires, les chefs l'engagèrent à venir visiter leur village, il se rendit sans difficulté à cette invitation, ayant la précaution d'amener un détachement de soldats armés. Il parcourut d'abord une partie de la baie, il compta vingt villages où il y avoit un nombre de maisons susceptibles de contenir quatre cents personnes. Marion descendit à plusieurs villages où il y fut reçu avec des démonstrations d'amitié de la part des habitans qui étoient sans armes, entourrés de leurs femmes et de leurs enfans : ces insulaires parurent reconnoissans des petits présens qu'il leur fit.

Description des villages de la baie des îles.

Les villages de cette partie septentrionale de la Nouvelle Zélande sont tous placés sur des pointes de terre escarpées et avancées sur la mer. Marion eut de la peine à y monter; les insulaires étoient souvent obligés de lui donner la main et de le soutenir, ainsi que ceux qui l'accompagnoient. Partout où la pente du terrein étoit douce, on l'avoit rendue escarpée à main d'hommes : arrivé au sommet de la monticule, on rencontroit une première palissade formée de forts pieux, solidement enfoncés. Ces pieux ont six ou sept pieds de haut; la terre est gazonnée au pied de cette palissade, défendue par un fossé large d'une toise, et profond de six ou sept pieds; enfin, une seconde palissade semblable à la première, sert de clôture au village : les portes d'entrée ne se correspondent point. Dès qu'on a passé la première enceinte, il faut, par un chemin resserré, aller chercher l'entrée de la seconde palissade par une porte très-étroite. Les habirans des villages ont encore, du côté où ils peuvent être attaqués, une espèce d'ouvrage avancé, également bien palissadé et entourré de fossés. En dedans du village, à côté de la porte d'entrée, ils montent par une pièce de bois taillée, en forme d'échelle, sur un cavalier formé par des pièces de bois de vingt-cinq pieds de haut, solidement enfoncées en terre. Ces pièces de bois ont vingt pouces ou deux pieds d'équarissage, ils soutiennent l'échaffaud. Ces forts sont dans tous les tems bien pourvus de javelots et d'amas considérables de pierres. Sur l'indice du moindre danger, les Indiens établissent sur les postes avancés des sentinelles: les cavaliers peuvent contenir quinze ou vingt guerriers; les ouvrages avancés défendent le fossé et la porte extérieure; on y peut placer quatre ou cinq cents hommes.

L'intérieur du village est composé de deux lignes de maisons, rangées de file des deux côtés des palissades. Chaque maison a de plus un appenti qui lui sert de cuisine : c'est sous cet appenti que les insulaires prennent leur nourriture; ils ne mangent point dans leur habitation. Une place d'armes plus ou moins grande, selon l'étendue du terrain, occupe dans toute la longueur et dans toute la largeur, l'espace qui sépare les deux files de maisons. Cette place d'armes est plus élevée d'un pied que le sol des habitations.

Les terres rapportées qui ont servi à la former, sont tellement tassées et unies, qu'on n'y voit point un brin d'herbe: toute la place est tenue avec une extrême propreté. Près la porte du village est le magasin d'armes; plus loin est placé le magasin des vivres, et de suite est un angard où l'on enferme les filets et les instrumens qui servent à la pêche, ainsi que les matières premières nécessaires à leur fabrication. Des poteaux placés de distances en distances sont disposés d'une manière commode pour sécher les provisions, avant de les enfermer dans le magasin. Au centre de la place d'armes, on remarque une pièce de sculpture en bois fort grossièrement travaillée. Cette pièce sculptée offre une figure hideuse, qui permet à peine d'y voir une tête, des yeux, une bouche semblable à la gueule d'un crapeau, d'où sort une langue d'une longueur démesurée : toutes les autres parties du corps sont encore plus informes. Cette figure grotesque que l'on prendroit pour un Priape, fait partie d'un gros pieu fixé dans la terre. Le chef du village conduisit Marion au magasin; cet arsenal renfermoit, avec profusion, différentes espèces d'armes : tels que des assommoirs ou massues de bois dur, des haches de bois, des casses-têtes, des lances, des sagayes, des frondes et des javelots, les uns taillés en langues de serpent, les autres affilés en pointe, faits avec des os de baleines. Dans le même magasin, qui à quatre toises de long sur deux de large, on voit à côté de ces instrumens de destruction, des amas d'outils nécessaires à la construction de leurs pirogues et de leurs habitations : ce sont des herminettes et des ciseaux de jade et de basalte. Le magasin des vivres étoit rempli de sac de patates, de fagots de racines de fougères, de tronçons de gros poissons cuits, enveloppés de feuilles de fougère, des testacées cuits, tirés de leur coquille, enfilés par des brins de jonc et suspendu au haut du magasin; enfin, d'un grand nombre de grosses calebasses, remplis d'eau douce pour l'approvisionnement du village.

Le troisième magasin est destiné à recevoir des pagayes, des pirogues de guerre, et à la fabrication des filets de pêche. On y voit des amas d'hameçons de toutes grandeurs, des pierres taillées pour tenir lieu de blomb, et des morceaux de bois léger pour supléer au liège. Dès que les grands filets sont achevés, on les porte à l'extrêmité du village, où chaque filet placé est en forme de seine et sous des angars séparés sur la pointe la plus avancée; du côté de la mer, on pratique des lieux communs de propreté. Les maisons particulières sont petites, ells n'ont que sept à huit pieds de long sur cinq à six de large; celles des chefs sont plus grandes, l'on y remarque quelques morceaux de bois sculptés. La charpente de ces petites habitations est faite de pièces de bois équarries et bien assemblées par tenons et mortaises, chevillés; au lieu de planches pour former les parois, ils emploient des paillassons bien travaillés, ils en mettent deux ou trois les uns sur les autres, afin d'être garanti du vent et de la pluie; le toît est également formé de paillassons faits avec une espèce de joncs qui croît dans les marécages. Chaque habitation n'a qu'une porte d'environ trois pieds de haut sur deux de large; on la ferme en dedans au moyen d'une bascule de bois, semblable à celle qui sert à fermer les barrières; au-dessus de la porte est une petite fenêtre de deux pieds en quarrés; elle est garnie d'un treilli de jonc. Dans chaque habitation on trouve un lit formé de planches bien assemblées, couvertes de feuilles sèches, de fougères, de la hauteur de huit pouces : la fumée du feu que l'on fait dans les cases pour en chasser l'humidité, ne s'échappe que par la porte et par la fenêtre.

Nourriture des habitans du nord de la Nouvelle Zélande.

La base de la nourriture du peuple de la

Nouvelle Zélande, est la racine d'une espèce de fougère, absolument semblable à la nôtre, avec la seule différence qu'en quelques endroits celle de cette île a sa racine plus grosse, plus longue et sa palme plus élevée. Il faut la faire sécher pendant quelques jours au soleil, en la tenant suspendue en l'air. Lorsqu'on veut la manger, on la présente au feu pour la griller légèrement, on la broie ensuite entre deux pierres, pour en obtenir une espèce de farine, qui sert aux Indiens de pain, sans levain, qu'ils mangent avec les poissons, les coquillages et la viande. Ces Indiens se nourrissent encore de patates et de calebasses; ils paroissent faire cas d'une gomme de couleur verte, extraite d'un arbre, dont le nom nous est inconnu; ils emploient pour cuire leurs alimens un petit four souterrain qui leur sert à faire rougir des pierres plates, sur lesquels ils étendent leurs poissons et leurs viandes; ils les couvrent quelquefois d'une seconde pierre platte. Ces insulaires sont grands mangeurs, on les a vus souvent dévorer le suif dont les plombs de sonde sont garnis. Ce suif est pour eux un met délicat; ils sont très-friands de sucre, de thé et de café, mais ils montrent une grande répugnance pour le vin et les liqueurs fortes. Ils n'aiment pas le sel, ils n'en font aucun usage, ce sont de grands buveurs d'eau. En les voyant ainsi altérés, on attribue à la nourriture sèche, de la racine de fougère, cette soif presqu'inextinguible.

Des vêtemens et costumes des habitans de la partie du nord de la Nouvelle Zélande.

Les hommes et les femmes de cette partie du monde portent sur les épaules un manteau attaché au col, au moyen d'une tresse. Ces manteaux sont de toile grossière, sans couture. Ils ne couvrent que les épaules, les reins, et laissent découvert la poitrine et le ventre. Outre ce manteau, ils font usage d'une espèce de pagne qui leur enveloppe les cuisses et leur tombe jusqu'au molet de la jambe. Ce second vêtement est comme le premier, commun aux hommes et aux femmes. C'est une ceinture large de quatre doigts qui attache cette pagne autour des reins : plusieurs de ces ceintures sont de jonc, artistement tressés. Le manteau pour la pluie est d'une étoffe hérissée de longues filasses, qui garantit de l'humidité.

Les chefs portent des habillemens d'un tissu plus fin, leurs manteaux sont fabriqués avec des lannières de peaux de chiens, adroitement rapprochés les unes des autres, de façon à ne paroître former qu'une seule peau bariolée avec une symmétrie qui ne déplaît pas à l'œil : ils mettent le poil en dehors quand il fait chaud, et dans les tems froid le poil appliqué sur la peau lui conserve sa chaleur naturelle. Les chefs ont imaginés un moyen bien bisarre de se faire reconnoître : ils se tatouent le visage et les fesses de la manière la plus bisarre. Ils se font sur les joues et jusqu'au nez des desseins par de petites piqûres, dans lesquelles au moment où le sang coule, ils incrustent dans l'épiderme du poussier de charbon, ce tatouage ne s'efface plus. Ces chefs, selon qu'ils sont plus ou moins guerriers, s'étudient à inventer des desseins qui leur donnent un air plus effrayant. Ces dessins sur le visage sont très-variés, mais sur les fesses, c'est toujours une ligne spirale très-nette, dont le premier point partant du centre de la partie la plus charnue en embrasse successivement toute la circonférence; ils ont également à chaque jarret deux petites gravures noires en forme d'une S. Les chefs paroissent fiers et glorieux de porter sur le corps ces diverses décorations; ils se plaisent à les montrer et à les faire admirer.

Les hommes ont les oreilles percées comme les femmes; plusieurs les ornent de coquillages brillans et bien dépouillés, de la couleur du burgau : d'autres y mettent des plumes et des petits os de chien. On en rencontre qui portent au cou des morceaux de jade d'un assez beau vert; plusieurs de ces jades sont gravés, et les femmes ont des colliers en forme de chapelets, composés de morceaux de dentales blanches et de tuyaux vermiculaires noirs, ou de petits noyaux noirs très-durs, d'un fruit inconnu. Les jeunes femmes peignent de noir leur lèvres afin, sans doute, de faire ressortir par-là la blancheur de leurs dents; les hommes et femmes font usage d'huile de poisson pour leur cheveux, qu'ils soupoudrent avec de l'ocre rouge pulvérisé.

Industrie des habitans de la Nouvelle Zélande.

L'industrie des peuples de la Nouvelle Zélande ne se réduit à se procurer une nourriture frugale, un logement qui les met à l'abri des injures du tems, et des vêtemens assez chauds pour supporter la rigueur d'un climat, plus froid que la position de cette contrée ne semble le comporter; mais ils mettent de l'art à se fortifier et à se garantir de leurs voisins.

J'ai dit que la base de la nourriture des insulaires étoit la racine de fougère: cette racine s'enfonce très-profondément dans la terre; il faut pour l'arracher une espèce de bêche pointue semblable à un levier, aiguisé par une extrémité, qui entre en terre au moyen d'une traverse de bois servant d'appui au pied. Cette espèce de bêche ressemble assez à une échasse, dont les sous-pieds seroient placés à la hauteur de deux pieds et demi environ. Deux hommes se réunissent avec ces leviers pour enlever la motte qui renferme la racine. Ces peuples ont un commencement d'agriculture; ces grosses calebasses qui contiennent jusqu'à douze pintes d'eau viennent dans le même champ où ils plantent des ignames, des patates et quelques racines bonnes à manger : ils cultivent encore d'autres racines, et une espèce de roseau, qui étant parvenu à maturité, leur donne, pour la fabrication de leurs vêtemens, une filasse propre à faire leur toile et leurs cordes; ils battent ces plantes à filasses après le rouissage, pour en détacher les parties ligneuses. Ce sont des coquilles de mer dentelées qui leur servent à peigner la filasse; ils ont une espèce de rouet pour tordre le fil et un moulinet très-simple pour le doubler; enfin ils ont un métier qui leur sert à faire de la toile d'un tissu serré et d'un bon usage.

On ne sauroit calculer la distance infinie qu'il y a entre cette industrie brute des sauvages et

II Partie.   Z

celle qui, chez les nations éclairées, sert leurs besoins et leur luxe. On ne peut se figurer la peine et la perte de tems que cause aux sauvages l'imperfection de leurs métiers ; il faut peut-être avoir vu l'insuffisance et les efforts fatigans de cette industrie de l'homme, sortant, pour ainsi dire, des mains de la nature, pour sentir ce que nous devons de reconnoissance à ceux qui, par leurs travaux, ont de siècle en siècle, perfectionné nos arts. Voyageurs instruits de toutes les nations, vous devez vous faire un devoir de porter votre industrie et de faire connoître aux peuples que vous visités, vos arts, si vous voulez devenir les bienfaiteurs du genre humain, et vous rendre utiles. De grandes contrées n'attendent peut-être que quelques idées nouvelles pour sortir de ces épaisses ténèbres qui vous les font regarder comme peuplées de bêtes féroces. Rappelez-vous ce que vous étiez vous-même dans les tems, dont le souvenir n'est pas encore perdu ; craignez d'y retomber en dédaignant les sciences et les arts. Les sauvages de la Nouvelle Zélande sont dans un état continuel de guerre; leurs villages palissadés, entourés de fossés, établis sur des lieux escarpés, prouvent qu'ils craignent des ennemis, et qu'ils sont au moins sur la défensive. Cet état de guerre a dirigé leur industrie vers la fabrication de plusieurs espèces d'instrumens propres à détruire leurs semblables. Leurs assommoirs sont de bazalte, et quelqu'un de jade ou d'os de baleine; leurs javelots, et leurs piques se fabriquent avec un bois dur et pesant; leurs trompettes de guerre rendent un son désagréable, à-peu-près semblable à celui des cornemuses des bergers. Tous ces instrumens sont sculptés et travaillés avec soin. Au reste, cet équipage de guerre n'est pas redoutable pour des hommes armés à l'Européenne. Une compagnie de fusiliers qui ne manqueroit pas de munitions, et qui auroient à se venger de ces peuples, pourroient aisément les soumettre ou les exterminer.

Outre ces instrumens destructeurs, l'industrie des sauvages leur a donné deux ou trois espèces de flûtes, dont ils tirent, par le souffle des narines, des sons assez doux, mais discordans. Ils dansent quelquefois le soir au son de ces flûtes.

Les bateaux ou pirogues de la Nouvelle Zélande sont construits d'un bois de cèdre, dont le pays est couvert. Le bois est d'une excellente qualité, à peine est-il plus lourd que le sapin de Riga. Indépendamment des bateaux qui appartiennent à des particuliers, chaque village possède en commun deux ou trois grandes pirogues de guerre destinées pour l'attaque. On en a mesuré qui avoit soixante pieds de long sur six de large et quatre de creux ; le fond est d'un seul tronc d'arbre creusé : l'on attache des planches sur chaque bord pour augmenter la capacité de la pirogue : on calfate les joints que l'on recouvre d'un enduit résineux. Toutes les pirogues, sont peintes à l'huile de poisson. Ces bâtimens de guerre ont leur poupe et leur proue relevées et chargées de sculpture. Les pagayes sont contournées pour ajouter par l'élasticité de la palle à la force du coup qui frappe le fluide.

Ce qui étonne le plus dans l'industrie des

sauvages pour la construction de leurs grandes pirogues et dans leurs ouvrages de charpente, c'est qu'ils ne font point usage de fer et d'acier: ils suppléent en quelque sorte par des pierres dures, taillées en forme de fers, de haches, de ciseaux, d'herminettes. Les pierres qu'ils emploient à cet usage sont principalement le jade et le basalte; c'est assurément l'enfance de l'art, que de remplacer le fer et l'acier par des matières si différentes de ces métaux. Au reste, cette industrie est commune à tous les sauvages connus dans les différentes parties du globe; et les instrumens des insulaires de la Nouvelle Zélande sont exactement les mêmes que ceux qui ont été trouvé chez les peuples de la Nouvelle Hollande, de la Nouvelle Guinée et des îles de la mer du sud ; enfin, chez tous les habitans de l'Amérique, lors de la découverte de cette partie du monde. Il paroît qu'avant la découverte du fer, de l'art de le fondre et de l'employer à tous nos usages, les anciens habitans de la terre, les pères de toutes les nations les plus avancées aujourd'hui dans les arts, ont commencé par faire usage des outils de pierre taillés, et ils se sont servis long-tems de ces instrumens grossiers.

J'ai dit que les habitans de la Nouvelle Zélande se nourrissent de coquillage: ce sont les femmes et les filles qui vont les ramasser autour des rochers. Pour cette pêche, elles s'enveloppent d'un tablier de jonc fait en forme de paillasson; elles attachent à leur ceinture un panier où elles enferment les coquillages qu'elles portent à leur village; ce sont elles qui font tous les travaux domestiques, et sans doute les soins pénibles auxquels elles sont assujéties les rendent difformes, puisque les jeunes filles sont bien faites et même d'une figure assez agréable. En général les femmes paroissent bonnes mères, on les voit caresser leurs nourrissons, mâcher la racine de fougère et la dépouiller de ses filamens pour la donner à leurs enfans. Ses femmes seules se mêlent de la cuisine, elles vont chercher dans les champs les fagots de racine de fougères; elles transportent l'eau dans les calebasses du bas des montagnes au sommet des villages; elles préparent les mets et les servent aux hommes sans en manger avec eux; enfin elles sont dans cet état d'avilissement les servantes plutôt que les compagnes de leurs maris.

Les hommes ne connoissent d'autre chasse que celle du filet et du lacet coulant : ils y prennent des cailles, des canards sauvages, des pigeons ramiers d'une très-grosse espèce, et diverses autres oiseaux. Ils sont encore adroits dans l'art de prendre du poisson, et certes dans ce genre d'industrie ils se montrent au moins aussi habiles que les Européens.

Religion des peuples de la Nouvelle Zélande.

Ces peuples ont dans leur langue un mot qui exprime la divinité. Ils l'appelent *Ea-Touœ*, c'est-à-dire, le chef invisible qui secoue la terre. Cette dénomination ne doit pas surprendre ceux qui savent que ces contrées sont assises sur des volcans. Les hommes ont des idées plus ou moins grandes de la divinité, à raison de leur lumière et de leur moralité, et ce n'est pas chez des nations sauvages et féroces qu'il faut s'attendre à trouver, sur la religion, des idées qui méritent quelques attentions. Cependant lorsqu'on interroge sur ce sujet les Indiens de la Nouvelle Zélande, ils lèvent les yeux et les mains au ciel, avec des démonstrations de respect et de crainte, qui indiquent qu'ils reconnoissent un Être suprême. On a remarqué que lorsque ces insulaires venoient coucher à bord des vaisseaux, ils avoient l'habitude de se recueillir vers le milieu de la nuit et de réciter quelques prières, en les psalmodians et en se répondant les uns les autres. Cette prière duroit ordinairement huit à dix minutes : toutes les fois que l'on faisoit à bord la prière aux équipages, ils prenoient l'attitude des matelots et sembloient s'unir à eux dans ce pieux exercice. On a tout lieu de croire que ces figures grotesque que l'on trouve au centre de tous ses villages, sont des simulacre de leurs démons tutélaires ; il en est de même de celles qu'ils ont dans leurs maisons, et qui occupent toujours un lieu distingué. Ces figures sont si hideuses, qu'on seroit tenté de les regarder comme des images d'un être malfaisant : et en effet, presque tous les hommes cherchent à fléchir, par des sacrifices et par des supplications, l'auteur des maux qu'ils éprouvent sur la terre, sans penser à témoigner leur gratitude au suprême architecte de cet Univers, dont la grandeur est incommensurable aux yeux des hommes les plus éclairés. Gardons le silence sur un objet aussi sublime, il faut être ridiculement présomptueux pour oser entreprendre de traiter un sujet autant au-dessus de la portée de notre foible intelligence.

Remarques générales sur les habitans de la Nouvelle Zélande.

Une terre habitée par des hommes qui sont toujours en guerre, et qui n'estiment que l'art de détruire leurs semblables, ne sauroit être bien peuplée ; aussi paroît-il qu'il n'y a, à la Nouvelle Zélande, que les bords de la mer où l'on trouve des villages où la population soit un peu considérable; l'intérieur de ces contrées fertiles et salubres est presque désert. Un peuple qui se bat souvent, et dont le vainqueur mange le vaincu, est le peuple le plus destructeur qui puisse exister. Ces hommes féroces aiment néanmoins la danse, et leur danse est souvent lascive et toujours bruyante : ils s'agitent si lourdement, qu'il sembloit que le tillac avoit à peine la force de résister sous leur pas. Leur danse est accompagnée de chants guerriers ou de chansons galantes. Quelques personnes du vaisseau ont cru reconnoître que ces sauvages avoient des goûts qui choquent la nature, même dans l'usage de leurs femmes. Les deux sexes ne connoissent pas la pudeur, et quoiqu'ils soient à demi vêtus pour se garantir du froid, ils se mettent, hommes et femmes, dans l'état de nature, sans y attacher aucune idée impudique.

Les hommes paroissent, en général, d'une grande indifférence pour les femmes; mais ils montrent pour leurs enfans de l'attachement. Le chef Tacouri amenoit quelquefois sur le vaisseau de Marion, son fils âgé d'environ 14 ans, qu'il paroissoit aimer tendrement : cet enfant étoit d'une jolie figure.

Lorsque leurs enfans meurent, ils en portent le deuil pendant plusieurs jours : ce deuil consiste à s'égratigner le visage et toutes les parties du corps pour rendre d'une manière ostensible l'excès de leur douleur; ils s'assemblent dans la maison du défunt, pour pleurer et jeter des cris de désespoir; ils racontent ses actions et redoublent de hurlemens à la fin de chaque récit. On ne voit pas grand nombre d'enfans parmi ces insulaires; il faudroit les avoir fréquentés plus long-tems pour connoître leurs lois, leurs usages et leurs mœurs. En les voyant tous, grands, robustes et bienfaits, Croizet soupçonne qu'ils ne conservent pas les enfans qui viennent au monde faibles ou difformes. Il remarque encore qu'ils parviennent à une grande vieillesse sans perdre leurs cheveux, et il observe que leurs dents s'usent plus quelles ne se gâtent. On ne voit parmi les deux sexes aucune trace de mal vénérien; la petite vérole est inconnue dans cette île; mais ses peuples sont mal-propres et se lavent rarement; cependant on n'apperçoit sur leur peau aucune tache.

Nos voyageurs n'ont pas été peu surpris de trouver à ces antipodes d'une partie de l'Europe, trois espèces d'hommes tout-à-fait distinctes, des blancs, des noirs et des jaunes. On présume que les blancs sont les indigènes, et on suppose que les noirs tirent leurs origines de la Nouvelle Guinée : la peau jaune ou cuivrée, des derniers, les classent dans la race des Chinois. Toutes ces suppositions auroient de la peine à soutenir un examen un peu approfondi; quoiqu'il en soit, la couleur des blancs de la Nouvelle Zélande est en général celle des peuples méridionaux de l'Europe; on en rencontre qui ont les cheveux rouges : on y a vu un grand jeune homme, bien fait, de cinq pieds onze pouces, qu'on auroit pris pour un français, par la couleur de son teint et par les traits de son visage; on y a trouvé encore une fille de quinze ans aussi blanche que les femmes françaises.

On a remarqué que dans presque toutes les

îles qui s'étendent depuis Formose et îles Philippines jusqu'à la Nouvelle Zélande, dans ces vastes Archipels qui occupent un espace de plus de quinze cent lieues en longueur entre les mers de la Chine, des Indes, de l'Afrique d'un côté, et celles de l'Amérique de l'autre, on rencontre par-tout un mélange prodigieux d'hommes de différentes couleurs, des blancs, des nègres et des basanés. Les côtes de Formose sont habitées par des Chinois, l'intérieur de l'île par des noirs à demi-sauvages; les côtes de Luçon et de la plupart des autres îles Philippines, par des colonies Malaises, et l'intérieur de ces contrées étoit habité par de vrais sauvages indigènes. Il en est de même de Borneo, où l'on trouve des nègres à laine, ainsi qu'aux Moluques, à la Nouvelle Guinée, à Timor, à la Nouvelle Hollande, et enfin à la Nouvelle Zélande.

La masse de terre de la Nouvelle Zélande se présente comme une grande montagne qui auroit fait autrefois partie d'un vaste continent. Les différens pics les plus élevés de cette montagne étoient couvers de neige. La côte occidentale de cette île n'offre à la vue aucune plaine. Elle est escarpée dans toutes ses parties; les terres sont hachées, sans enfoncement, sans havres, sans ports, on n'y découvre de la mer aucune embouchure de rivière, et de ce point de vue cette grande contrée ne paroît pas habitée.

La côte orientale de la Nouvelle Zélande qui regarde la mer, est bien plus morcelée, on y voit une multitude d'îles, d'îlots, de rades et de ports; il semble que tout les ruisseaux qui descendent des montagnes ont leurs cours de ce côté; plusieurs de ces ruisseaux en se réunissant forment des rivières qui ont leurs embouchures dans cette partie orientale. On y voit encore des plaines bien boisées et d'un aspect agréable: les prairies sont au fond des vallons, elles sont arrosées par une multitude de ruisseaux qui serpentent selon le mouvement d'un terrain couvert de fleurs, dont l'émail et les couleurs ont plus d'éclat et de variété que celles de nos plus belles prairies. Ces lieux agrestes semés sans art et sans simétrie intéresse plus la vue que les pays les mieux cultivés. En parcourant ces contrées vraiment pittoresques, on y rencontre à chaque pas des traces de volcan, de la lave mêlée de scories, du basalte, de la pierre ponce, des blocs de ces verres noirs qu'on sait n'être qu'une fusion de matières vitrifiables au feu de volcan, des terres cuites sous forme friable, comme le tripoli qui n'est qu'une ardoise ou schiste calcinée. Les mêmes feux souterrains qui ont autrefois brûlé et vitrifié tant de matières différentes et hétérogènes à la Nouvelle Zélande n'auroient-ils pas aussi, par quelques fortes secousses, détaché cette île du continent de la Nouvelle Hollande ? Toutes les îles de la mer du Sud, les terres qui de la Nouvelle Zélande remontent vers l'équateur, et celle qui depuis l'équateur s'étendent jusques vers le Japon ; enfin cette vaste partie de notre globe qui a plus de 1500 lieues d'étendue du nord au sud, ressemble à des débris : par tout on y trouve des traces de volcans éteints ou enflammés rapprochées les unes des autres ; cet énorme espace paroît être le séjour du feu ;

c'est-là que la nature a placée ses formidables atteliers de destruction, dont les efforts depuis des siècles, et de nos jours, changent la face de cette partie de la terre ; c'est-là que ces explosions terribles la font trembler sans cesse et la morcèlent par des affaissemens ; c'est dans ces contrées que la terre chancèle sous les pieds de ces malheureux habitans, et ce n'est pas sans raison que l'habitant de la Nouvelle Zélande, ainsi que les insulaires de la mer du sud, s'accordent à nommer la divinité, *celui qui secoue la terre.*

Dans cette vaste partie de la terre, si longtems ignorée de notre Europe, et si peu connue aujourd'hui, combien de révolutions physiques occasionnées par des volcans, par des tremblemens de terre, ont fait disparoître de nations entières ; combien de peuples ont abandonné leur territoire à la mer, qui les couvrent aujourd'hui comme la ville de Callao ce port de l'opulente ville de Lima, fut subitement englouti par ce redoutable ébranlement dans la nuit du 28 octobre 1747 ? On assure que depuis quelques années il se découvre sur la côte du Pérou un rocher assez considérable, qui n'est composé que d'un amas immense d'ossemens humains pétrifiés, comme si la mer avoit couvert autrefois un vaste cimetière, dont les cadavres pétrifiés sous les eaux se découvrent aujourd'hui sous la forme d'un rocher. Est-il donc surprenant que les peuples qui habitent des contrées agitées par des révolutions aussi terribles, ressemblent par leur ignorance à des êtres à peine sortis du chaos.

Productions de la Nouvelle Zélande.

Il ne faut pas se flatter d'obtenir des navigateurs des renseignemens bien précis et bien étendus sur la nature des productions des contrées qu'ils visitent. Ils ont si peu de ressources dans les ports pour cultiver cette partie si intéressante de l'instruction, qu'il ne faut s'en prendre qu'au peu d'importance qu'on a attaché jusqu'à ce jour à cette étude qui mettroit les marins en état de rendre aux sciences, aux arts et au commerce, les services les plus signalés. Je dois

II Partie. A a

le dire, le répéter, il étoit de mon devoir d'en faire sentir l'utilité, et l'on sait que je l'ai fait. Depuis sept ans je sollicite, dans le premier port de France, une institution si salutaire. J'ai également montré, avec la dernière évidence, l'utilité d'un institut de marine pour remplacer l'académie; mais ce que je dois dire encore et que je n'ai pas dit, c'est qu'il faut un courage plus qu'humain pour supporter tous les dédains, tous les dégoûts que les amis des arts et des sciences éprouvent quelquefois de ceux même qui ont le plus d'intérêt à acquérir des connoissances, ou du moins à mettre à profit celles qu'on s'empresse de leur communiquer; de sorte que l'on est forcé d'avouer que si Paris est le paradis des savans, les villes où l'instruction est négligée en sont le purgatoire. L'expression n'est pas trop forte pour quiconque est pénétré de l'influence majeure des lumières, de la force et la prospérité d'une grande Nation. L'amiral Bruix qui a su, par des talens supérieurs et par une réunion de connoissances que nul ne peut lui contester, réunir tous les suffrages, me mandoit à son avénement au ministère : J'espère que désormais vous cesserez de prêcher dans le désert, et le principal arsenal des forces maritimes de la République aura enfin un Observatoire, projetté depuis plus de trente ans, et vivement desiré de tous les navigateurs instruits. Il est difficile d'y avoir mis plus de zèle, et d'avoir donné des ordres plus précis, et cependant ses efforts ont été inutiles. On n'a pas senti comme lui que le rétablissement de notre marine dans un état de splendeur, tiendra toujours à l'instruction. C'est la seule base solide de ce grand édifice, et tous les sacrifices d'hommes et d'argent sont inutiles si on cherche à le faire poser sur d'autres fondemens.

Je reviens à mon sujet : dans le voisinage des terres qui environnent le port des îles de la Nouvelle Zélande, on trouve fréquemment des blocs de marbre blanc, du marbre rouge jaspé. Ces productions paroissent prouver qu'il y a des dépôts calcaires de la mer autour du noyau de l'ancienne terre, puisqu'on y trouve du granite, dont la base est du gabbre à lames plus ou moins noires, parsemé de feld-spath. On y voit encore du quartz cristalisé, du silex, des agathes calcédonieuses et mamelonnées, des géodes cristalisées, des débris de crables pétrifiés, de l'ocre d'un très-beau rouge, du jade d'un beau verd à demi transparent, plus foncé que les jades connus dans les autres parties du monde. Enfin, des coquilles nacrées du plus bel orient, telles que l'oreille de mer que Forster nous a fait connoître. Les fontaines y ont la propriété de former des pétrifications en découlant du rocher.

Les forêts offrent une assez grande variété d'arbres, parmi lesquels ont distingué un très-beau myrthe fort odorant, qui s'élève à 30 à 40 pieds; le gayac, le sassafras, différens arbres de bois rouge, dont une espèce ressemble au bois de natte à petites feuilles; enfin, un beau cèdre à feuilles d'olivier; ce cèdre a plus de cent pieds de tige, depuis la terre jusqu'à la naissance de leurs branches. Le diamètre de cet arbre si élevé et qui domine toutes les forêts, est d'environ cinquante-deux pouces. Cette espèce de cèdre est très-résineux; la résine qui en découle est blanche et transparente; elle rend lorsqu'on la brûle une odeur analogue à celle de l'encens. Son bois est très-propre, par son élasticité, à faire des mâts de vaisseaux. Les forêts sont dans beaucoup d'endroits embarrassées d'arbrisseaux épineux et de liane, dont une très-commune s'élève à la hauteur des plus grands arbres; d'autres parties de ces forêts où les bois sont moins fourés pourroient plus aisément être soumises à l'étude d'un habile naturaliste; mais il ne s'en trouvoit pas dans cette expédition, et tout ce qu'on a pu recueillir de notions se bornent au petit nombre de renseignemens que je viens de donner.

On peut y ajouter qu'en juin et juillet, qui sont les mois les plus froids de cette partie australe du globe, aucun arbre n'avoit perdu ses feuilles; les forêts étoient aussi vertes qu'elles le sont en France au fort de l'été. On éprouvoit cependant de tems à autre des gelées, et même l'eau des marais étoit souvent glacée de l'épaisseur de deux ou trois lignes. La surface de la terre n'offroit de neige que sur le sommet des montagnes les plus élevées. Ce sont les vents d'est et de nord-est qui donnent dans cette île de la pluie : elle tombe par fois avec abondance, à en juger par les marres et les marais dont l'île est couverte dans les bas-fonds. Ces marais sont pleins de joncs et de gladioles; on recueille dans le voisinage du cresson d'eau, du céleri de très-bon goût, l'alleluia qui a l'acide de l'oseille, une espèce d'épinards ou de morelle d'un bon goût, une mauve assez haute, dont les sauvages tirent une filasse soyeuse, très-belle, une tithymale à feuilles de cyprès qui ressemble à un arbrisseau, le solanum à pomme jaune et sans épines; différentes sortes de bruyères, une immortelle dorée. La majeure partie de ces productions se trouve sur les hauteurs et les pentes des côteaux, au milieu des terres pierreuses qui ne sont ni brisées, ni labourées. Ces peuples sont de très-mauvais cultivateurs, ils témoignoient beaucoup de surprise de voir les Européens manger, avec plaisir, les plantes anti-scorbutiques.

Les Français formèrent, pendant leur séjour sur l'île de Moutouaro, un jardin où ils semèrent plusieurs espèces de légumes, des graines apportées du Cap de Bonne-Espérance, du bled, du millet et du mays, ainsi que des noyaux et des pepins, des fruits d'Europe. Tout prospéroit dans ces terres vierges, et le blé sur-tout poussoit avec une vigueur incroyable. Dans les lieux où l'on étoit forcé de remuer la terre pour faire un chemin nécessaire au transport des mâts, on trouvoit une terre noire et végétale sans aucun mélange jusqu'à la profondeur de cinq pieds et au-dessous une terre semblable, mêlée de pierrailles et de petits cailloux transparens. On a appris à ces insulaires à semer le blé et les autres grains nourrissiers, et quantité des fruits dont on leur faisoit voir les noyaux et l'usage de ces végétaux pour la nourriture de l'homme; mais ces leçons n'ont pas paru leur faire une vive impression. On a rencontré dans les différentes courses de l'argille propre à faire de la poterie. Le maître canonier fit monter un tour de potier, sur lequel il tourna, en présence des insulaires, des vases, des écuelles et des assiettes; il fit plus, il les fit cuire devant eux, et le succès de ces ouvrages pourra dans la suite devenir utile à ce peuple.

Les chiens de ces contrées sont des espèces de renards domestiques, tous noirs ou blancs, très-bas sur leurs jambes, les oreilles droites, la queue épaisse, le corps allongé, la gueule très-fendue, mais moins aiguë que celle du renard, le même cri, car ils n'aboient pas comme nos chiens : ici ces animaux ne sont nourris qu'avec du poisson. Il paroît que les sauvages ne les élèvent que pour les manger, ainsi que les rats qui sont de la même espèce que les nôtres.

Des canards sauvages, des sarcelles et des poules bleues, semblables à celles de Madagascar, couvrent la superficie des marais. De très-beaux pigeons ramiers de la grosseur d'une jeune poule, dont le plumage d'un bleu changeant et doré est magnifique, habitent les forêts avec des loris et des perroquets très-gros, dont le plumage noir, bariolé de bleu et de rouge, mérite de fixer l'attention du naturaliste. Les terrains découverts sont peuplés de grives noires à huppes blanches, d'étourneaux, d'alouettes, de cailles, de merles de différentes couleurs, des lavandières et des culs-blancs.

Sur les bords de la mer on rencontre des corlieux, des bécassines de mer, des cosmorans, des aigrettes blanches et noires, des envergures, des foux-blancs, dont les ailes sont noires, que les marins nomment manche-de-velours, des goëlettes grises et blanches, et un oiseau d'un très-beau noir de la grosseur de la bécasse de mer, ayant les pattes et le bec d'un rouge vif. Dans les premiers jours de l'arrivée des vaisseaux de Marion, ces oiseaux se laissoient approcher, au point qu'on pouvoit les assommer à coups de pierre, et même à coups de bâtons.

La partie de la côte de la baye des îles est très-poissonneuse ; on y pêche d'excellens barbots, des bars, des congres, des maquereaux, des vielles de différentes couleurs, des morues, deux espèces de poissons rouges comme l'écarlate de la grosseur de la morue. A quelque distance de la côte on trouve des baleines et des marsoins blancs; on ramasse, dans les rochers qui bordent cette côte, des coquillages, des crables et des homars.

Massacre du capitaine Marion, et des gens qui l'accompagnoient à la Nouvelle Zélande.

La fin tragique du brave capitaine Marion et de ceux qui l'accompagnoient ne peut se passer sous silence. Cette tâche qui me rappelle les souvenirs si déchirans m'est imposée ; il faut que je la remplisse, mais il faut aussi que je dise la vérité.

J'écarterois donc dans les journaux que j'ai sous les yeux toutes réflexions qui ne sont fondées que sur des conjectures ; il faut à des hommes justes et éclairés des faits pour asseoir un jugement aussi important. Il s'agit ici de la solution d'une grande question. L'homme naturel est-il un enfant méchant : Hobbes le prétend, pour moi j'avoue franchement qu'avant les crimes, dont j'ai été avec toute la France le témoin, j'avois de l'espèce humaine une opinion plus consolante. Je croyois que l'homme naturel étoit sans vice et sans vertu, je lui supposois une insouciance et une appatie générale, je ne le croyois point susceptible d'aucune prévoyance. J'avois reconnu dans ceux que j'ai étudiés une sorte d'éloignement pour toutes les connoissances qui exigent de la réflexion. Sobres, agiles, je les voyois passer la plus grande partie de leur vie à dormir et l'autre à se divertir. Le sauvage ne paroît pas comprendre comment on peut s'inquiéter de l'avenir. J'ai cru long-tems, et je me fais honneur d'en faire l'aveu, que l'homme de la nature étoit un être bon, sensible, compatissant. J'attribuois ces qualités à cette organisation qui nous porte invinciblement à secourir ceux que nous voyons souffrir; c'est à cette salutaire constitution, qui éteignant pour ainsi dire dans chaque individu, l'amour de lui-même, remplace à la fois parmi les peuples, non civilisés, les lois et les vertus. C'est elle encore qui détourne le sauvage robuste d'enlever à l'enfant, au vieillard impotent, sa subsistance, lors même qu'il est forcé à s'exposer à des fatigues et à des dangers pour se la procurer. Je croyois et je crois encore que ce sentiment naturel, involontaire est heureusement indépendant de l'éducation. J'ai peut-être étendu ce principe au-delà de ses limites, en me persuadant que l'homme est tellement constitué au moral et au physique, que celui qui a le malheur de penser à lui est toujours dans un état de maladie morale ou physique. En effet, l'homme qui a constamment joui d'une bonne santé, l'homme qui n'a jamais éprouvé de chagrins ne paroît attacher que peu ou point de prix à l'avantage qu'il a à cet égard sur presque tous ses semblables. Nos maux sont dans nous, et nos plaisirs ne se trouvent réellement que dans les sensations que nous font éprouver des objets extérieurs. Telle est notre organisation : ceux qui ont observé le sauvage avec le plus d'attention, conviennent qu'il borne ses soins et ses desirs à ce qui est strictement nécessaire à sa subsistance. Il jouit en paix des dons de la nature, il supporte en silence les maux inséparables de l'humanité. La conduite de l'homme civilisé est-elle plus raisonnable ? L'opulence et l'oisiveté entraînent le riche dans ces vaines et fausses jouissances, qui finissent par attirer sur lui toutes sortes d'infirmités. Des passions effrénées, des goûts frivoles et souvent pervers, le détournent de la route du bonheur. Il s'en écarte en le cherchant, car le vrai bien être ne peut exister qu'en nous même, et dans le bon emploi que nous faisons de notre raison. Le pauvre n'est pas moins malheureux que le riche, quand il est réduit à regarder avec des yeux d'envie toutes les superfluités du luxe, et qu'il dédaigne l'innocence et le travail. Il résulte de ces excès de luxe et de misère, dans les nations civilisées, des maux incalculables, lorsque les ressorts de la société viennent à se rompre, et la France a présenté, à l'Univers étonné, le spectacle le plus épouvantable et le plus horrible que l'on puisse concevoir pendant la durée du régime anarchique.

Nous n'avons pas besoin d'aller aux Antipodes de l'Europe pour trouver des monstres à figure humaine, et des cannibales ; nous en avons parmi nous qui ont surpassé en scélératesse tout ce que l'histoire nous offre de plus hideux.

Je dois faire précéder le massacre de Marion à la Nouvelle Zélande, par l'article du journal de Monneron, qui montre que Surville avoit commis des hostilités impardonnables dans le voisinage de la baye des îles, dès le mois de décembre 1769.

Voici l'article de ce journal qui a rapport au séjour que fit le capitaine Surville à la Nouvelle Zélande. Cet officier reconnut cette grande île le 12 décembre 1769, par la latitude australe de 35° 37' : les vents ne lui permirent pas de trouver un mouillage avant le 17, jour où il jette l'ancre dans une baye qu'il nomma *Lauriston*, du surnom du gouverneur Laws. Le lendemain Surville descendit à terre, le chef du village vint au-devant de lui sur le bord du rivage. Les insulaires étoient épars de côtés et d'autres ; ils tenoient à la main des peaux de chiens et des paquets d'herbes qu'ils haussoient et baissoient alternativement, dans l'intention, sans doute, de lui rendre hommage : c'est ainsi que se passa en espèce de salutation la première entrevue : le jour suivant la réception fut bien différente, les indiens étoient en armes et par troupes. Le chef étoit venu dans sa pirogue au-devant de Surville, pour l'engager, par signe, à l'attendre sur le bord du rivage, parce que les indiens étoient dans de vives alarmes sur la descente à terre d'une grande partie de l'équipage de son vaisseau. Surville se conforma à ce qu'il desiroit à cet égard ; mais lorsque le chef lui fit la demande de son fusil, il s'y refusa. Le chef, sans se rebuter du peu de succès de sa première demande, pria cet officier de lui prêter son épée, pour la montrer aux gens de son village. Le capitaine ne fit aucune difficulté de lui remettre cette arme : le chef, satisfait, accourut la montrer aux insulaires qui paroissoient attendre avec inquiétude le dénouement de cette entrevue. Le chef harangua à haute voix, et avec chaleur, ce nombreux attroupement ; et dès ce moment il s'établit entre les insulaires et l'équipage du vaisseau, un commerce qui procura des vivres et des secours de toute espèce aux malades. Ce chef demanda à Surville la permission de l'accompagner à bord de son vaisseau pour en examiner la construction : ce capitaine y consentit, mais dès que le canot commença à s'éloigner de la côte, le cri des femmes et les alarmes des Indiens déterminèrent Surville à le ramener promptement à terre, où cet officier fut témoin de l'affection sincère de ce peuple envers leur chef.

L'illustre Cook côtoyoit alors la Nouvelle Zélande, il releva même la baye où étoit Surville, sans se douter qu'un vaisseau français eût abordé avant lui à cette île alors peu connue. On lit dans sa relation, du second voyage de Cook : *lorsque je prolongeais* (en décembre 1769) *sur l'Endeavour, dit ce navigateur, la côte de la Nouvelle Zélande, le capitaine Surville étoit mouillé dans la baye Douteuse,* sans que j'en eus par les insulaires aucune connoissance.

Surville éprouva une tempête, dont il est mention dans le journal de Cook, qui lui fit
perdre

perdre ses ancres; son vaisseau courut de grands dangers; mais cet habile marin savoit, dans ces grandes circonstances, déployer avec un sang-froid imperturbable toutes les ressources de son art. Aussi avoit-il la confiance de son équipage à tel point qu'il n'étoit pas intimidé à la vue des plus éminens dangers.

Au commencement de la tempête, la chaloupe où étoient les malades tenta inutilement de gagner le vaisseau. Elle ne put pas même revenir au village, elle fut jettée dans une anse qu'on nomma pour cette cause, *anse du Réfuge*. Elle fut obligée d'y rester tout le tems de la durée du coup de vent. Naginoui, chef de ce village, accueillit et reçut les malades dans sa maison. Il leur prodigua tous les rafraîchissemens qu'il fut en son pouvoir de leur procurer; sans vouloir accepter aucun salaire de ses soins généreux. Ce ne fut que le 29 qu'il fut praticable à la chaloupe de se rendre au vaisseau; la tempête avoit fait perdre à Surville le canot qui étoit amarré derrière le vaisseau; il le vit échoué sur le rivage de l'anse du Refuge. Ce capitaine l'envoya chercher; mais les Indiens plus alertes s'en emparèrent et le cachèrent si bien, que toutes les perquisitions furent inutiles; on soupçonna que les Indiens avoient coulé ce canot dans une petite rivière que l'on remonta, et que l'on descendit à différentes reprises. Surville irrité de la perte de son canot, fit signe à quelques Indiens qui étoient auprès de leurs pirogues de s'approcher. Un d'entr'eux accourut, il fût arrêté et conduit à bord; les autres moins confians prirent aussitôt la fuite. On poursuivit cette hostilité en s'emparant d'une pirogue et en brûlant toutes celles qui étoient sur le rivage. On mit le feu aux maisons et au village; et après avoir ainsi porté l'effroi et la désolation dans ces contrées, Surville quitta la Nouvelle Zélande, sans prévoir que cet injuste châtiment auroit les suites les plus funestes pour les Européens qui auroient le malheur d'y aborder. Infortuné Marion, voilà la vraie cause de votre mort et du massacre des Français qui vous ont suivis. Ne cherchons pas d'autres motifs, il est bien douloureux pour nous d'être encore forcés de les agraver. Notre qualité d'historien nous impose le devoir de tout dire, et cette tâche est cruelle lorsqu'elle peut servir à accuser d'injustice et d'ingratitude un habile navigateur et un marin d'une haute distinction. Il faut donc que je fasse connoître au lecteur que l'Indien qui fut arrêté, étoit le chef *Naginouni*, qui avoit reçu les malades dans sa maison avec autant d'humanité que de désintéressement, et encore dans une circonstance infiniment critique; car la tempête qui dura trois jours avoit mis le vaisseau à tout moment dans le danger de se perdre à cette côte. On auroit sans doute pu connoître plus particulièrement, par ce chef, les productions et les mœurs des peuples de la Nouvelle Zélande. Mais on ne trouve dans les journaux du Saint Jean-Baptiste, que la date de sa mort, à la vue des îles de Jean-Fernandès, le 12 mars 1770. Le journal de Potier de l'Orme, que nous avons sous les yeux, nous apprend qu'il commandoit la chaloupe où étoient les malades avec le chirurgien Duluc, lorsque *Naginouni* offrit si généreusement sa maison pour y déposer les malades et leur donner tous les secours que cette contrée pouvoit offrir. Après avoir fait un bel éloge de l'humanité de ce chef, qui passoit pour avoir dans le pays une grande autorité, il ajoute : *Je fus très-surpris de voir que l'Indien qu'on conduisoit à bord, pieds et mains liés, étoit ce chef, qui à mon arrivée à l'anse de Refuge, m'avoit fait apporter du poisson seché, sans exiger de paiement, avec l'air du monde le plus compatissant. Cet infortuné ne m'eut pas plutôt reconnu, qu'il se jetta à mes pieds, les larmes aux yeux, en me disant des choses que je n'entendois pas, et que je pris pour des prières, d'intercéder en sa faveur et de le protéger, parce qu'il m'avoit rendu service dans une circonstance où j'en avois le plus grand besoin. Je fis pour cet homme tout ce qui étoit en mon pouvoir pour lui montrer qu'on ne vouloit pas lui faire mal. Il me serroit dans ses bras et il me montroit sa terre natale qu'on le forçoit d'abandonner. Heureusement pour moi le capitaine le fit mener dans sa chambre de conseil, car il me faisoit peine de voir cet homme alarmé du sort qu'on lui préparoit.* On conçoit qu'il devoit être très-inquiet, car lorsqu'il fut plus rassuré, il apprit à Potier de l'Orme que lorsqu'ils font des prisonniers, ils les saisissent par la touffe de cheveux qu'ils portent sur le sommet de la tête, et les tuent d'un coup de leurs assommoirs sur la tempe. Ils partagent entr'eux par morceau le cadavre pour en faire un horrible festin. Ces cannibales sont extrêmement voraces. Naginouni dévoroit, non-seulement tout ce que l'on lui offroit, mais il alloit encore auprès des matelots, sollicitoit et mandioit les restes de leurs vivres. Il paroissoit cependant regretter sa nourriture primitive, la racine de fougère : on a remarqué qu'il avoit les dents très-petites, et qu'il éprouvoit une grande difficulté à rendre le son de l's.

Je reviens au compte que le lieutenant Crozet rend, dans son journal, du massacre de Marion à la Nouvelle Zélande.

Peu de jours après l'arrivée du Mascarin et du Castries, au port des Isles, Marion fit diverses courses le long des côtes et dans l'intérieur du pays, afin de rechercher des arbres propres à faire des mâts pour le vaisseau le Castries : les insulaires l'accompagnoient partout. Ils lui indiquèrent une forêt de cèdres supérieurs en beauté et en hauteur à ceux du Liban. Cet arbre a la forme pyramidale, ses rameaux toujours verds retombent vers la terre en forme de panache, et procure une ombre délicieuse. Son bois est léger, rouge et odoriférant, il est supérieur aux pins et aux sapins : on en voit dans les forêts de 130 piéds de haut sur 24 à 30 pieds de circonférence. Les constructeurs font un cas particulier de ce bois, parce qu'il est incorruptible. La forêt dont nous venons de parler, n'étoit qu'à deux lieues dans l'intérieur des terres, et à portée d'une baye qui n'étoit éloignée que d'environ une lieué et demie des vaisseaux. Marion forma un établissement à cet endroit : il envoya sous des tentes les deux tiers de ses équipages, avec les haches et les autres outils nécessaires, non-seulement pour abattre les arbres et faire les mâts, mais encore pour ouvrir un chemin pour en faciliter le transport au bord de la mer. Cet établissement correspondoit avec un poste placé sur le rivage. Les vaisseaux y envoyoient tous les jours leurs chaloupes avec des provisions pour les charpentiers, et ceux qui travailloient dans les bois. La forge où l'on travailloit les cercles de fer destinés à la nouvelle mâture du Castries, étoit établie sur l'île de Moutouaro, à côté des tentes des malades. Tous ces postes étoient commandés par des officiers; mais les jeunes gens de l'équipage, attirés par les lubriques caresses des filles, s'enfonçoient dans les terres, parcouroient les villages, et se faisoient suivre à la chasse par les insulaires. Ces indiens les portoient sur les épaules pour traverser les marais et les ruisseaux avec la même facilité qu'un homme fort porte un enfant. Il leur est arrivé quelquefois de s'écarter fort loin, de parvenir chez des Indiens d'un autre canton, et d'y trouver des villages beaucoup plus considérables que ceux qui avoisinent la baye des îles. On y a trouvé des hommes plus blancs, qui ont bien reçus les Français. Enfin, la confiance parvint à ce degré, que les Français traversoient de nuit les forêts et les lieux les plus dangereux, sans d'autres escortes que celle des insulaires, qui les aidoient dans tous les passages périlleux. Marion ordonna même de désarmer les chaloupes et les canots lorsqu'ils alloient à terre.

Il est cependant à remarquer que les habitans de la baye des Isles, qui l'année précédente avoient vu, à leur côte, le bâtiment de Surville et celui de Cook, n'aient laissé appercevoir aucune trace des échanges qu'ils avoient obtenus, et des rapports qu'ils avoient eus avec des vaisseaux Européens. Ce silence étoit d'un fâcheux présage, et cachoit des vues funestes; mais Marion ne pouvoit les soupçonner, et le souvenir de l'événement arrivé à Abel Tasmau dans la baye, qu'il nomma des Assassins, avoit été totalement effacé par les bons traitemens qu'il éprouvoit. Comment ce brave capitaine se seroit-il défié de ces caresses, qui portoient sur tous les points l'empreinte de la loyauté?

On le connoissoit dans cette contrée comme chef des deux vaisseaux, on le suivoit à terre avec des démonstrations de joie ; les femmes, les filles et les enfans l'entouroient et lui faisoient toutes sortes de caresses, tous l'appeloient par son nom. On savoit qu'il aimoit le turbot, on lui en apportoit tous les jours de très-beaux. Enfin, dès qu'il témoignoit désirer quelque chose, les Indiens se disputoient le plaisir d'aller au-devant de ce qui pouvoit lui être agréable. Si nous avions quitté, à cette époque, l'île de la Nouvelle Zélande, nous eussions peint, (c'est le lieutenant Crozet qui parle), ces sauvages, comme le peuple le plus affable, le plus humain, le plus hospitalier de la terre. D'après nos relations, les philosophes panégyristes de l'homme naturel eussent triomphé de voir les spéculations de leurs cabinets confirmées, par le récit des voyageurs qu'ils eussent prônés comme très-dignes de foi ; mais nous eussions été les uns et les autres dans l'erreur.

Attaché depuis mon enfance au métier de la navigation, je n'ai jamais pu jouir de ce loisir heureux qui permet l'étude et les contemplations par lesquelles se forment les philosophes;

mais j'ai parcouru une partie du globe, et partout j'ai vu que lorsque la raison n'étoit pas aidée et perfectionnée par de bonnes lois, et par une bonne éducation, tant parmi les hommes naturels que parmi les animaux, elle étoit la proie de la force et de la trahison. J'ai vu que la raison, sans culture, n'étoit qu'un instinct brutal et plus féroce que celui des bêtes.

Pendant que nous avons vécu avec ces hommes naturels dans une espèce de confiance, j'ai cherché à connoître leur caractère. Je m'étois rendu familier avec plusieurs chefs, avec des vieillards et des jeunes gens, ils l'étoient devenus facilement avec moi. Chaque jour je pouvois sonder leur inclination : j'ai compris qu'ils n'avoient que des idées foibles d'un être suprême et de quelques êtres invisibles et subalternes; qu'ils avoient quelques frayeurs de ces derniers, et qu'ils les prioient souvent. Ces prières avoient pour objet d'être les vainqueurs et les meurtriers de leurs ennemis. Chaque famille se regardoit comme indépendante et étrangère aux autres; ils n'avoient d'autre loi, d'autre police et presque d'autre instinct que ce qu'il en falloit pour leur propre conservation. Ils étoient plus satisfaits du sucre, du pain, de la viande que nous leur donnions, que des présens plus utiles pour eux, de haches et d'autres outils. J'ai taché, *c'est toujours Crozet qui parle*, de piquer leur curiosité, je les ai même quelquefois agacés pour connoître les mouvemens de leurs ames ; je n'ai trouvé dans ces hommes naturels que des enfans méchans, d'autant plus dangereux qu'ils sont plus forts que le commun des Européens les plus robustes. Je les ai vus, passant dans un quart-d'heure de la joie la plus imbécille, à la tristesse la plus noire, de la tranquillité à la fureur, et revenir subitement à un rire immodéré. Je les ai vus tour à tour, et sans presque d'intervalle, doux, caressans, puis durs et menaçans. Jamais ils ne sont long-tems dans la même assiète, mais toujours dangereux et traîtres. D'après ces observations, répétées pendant trente-trois jours, je m'étois toujours défié d'eux, et je voyois avec peine mon ami Marion prendre, dans ces cannibales, la confiance la plus entière, dont il a été, comme on va le voir, la victime.

Le 12 juin, Marion descendit à terre dans son canot, armé de douze hommes, deux officiers, Vaudricourt et le Houx; un volontaire et le capitaine d'armes l'accompagnoient avec Tacouri, chef du plus grand village, un autre chef et 5 à 6 insulaires. Marion avoit le projet d'aller manger des huitres, et de donner quelques coups de filet au pied du village de Tacouri. Il ne revint pas, contre son ordinaire, coucher à bord. Cette absence ne causa aucune inquiétude, tant la confiance dans l'hospitalité du chef Tacouri étoit grande. On imagina que Marion et les seize hommes qui le suivoient, avoient couché à terre dans les cabanes que l'on avoit dressées, afin d'être plus à portée le lendemain d'aller visiter dans l'intérieur des terres, l'attelier où l'on travailloit à la mâture du Castries.

Duclesmeur, capitaine du vaisseau le Castries, ayant le 13 envoyé sa chaloupe à terre pour faire de l'eau et du bois pour la consommation journalière de son vaisseau; il apperçut, quatre heures après le départ de la chaloupe, un homme qui nageoit vers les bâtimens. Cet officier lui envoya, sur-le-champ, un canot qui l'amena à bord. On apprit par cet homme que la chaloupe du Castries ayant abordé le rivage à sept heures du matin, les insulaires s'étoient présentés sans armes pour porter sur leurs épaules ceux qui craignoient de se mouiller. Les matelots s'étoient ensuite dispersés pour ramasser la provision de bois; mais les insulaires, armés de casse-têtes, de massues et de lances, tombèrent à l'improviste sur ces malheureux matelots et les avoient massacrés. Il ajouta qu'il étoit le seul qui eût échappé à cette horrible boucherie, qu'il avoit eu l'adresse de s'enfuir et de se cacher dans des broussailles, quoique blessé par deux coups de sagayes, et qu'il avoit heureusement gagné le rivage sans être apperçu (1).

―――――――――――――――――――

(1) Ce brave homme se nomme Yves Thomas, il est à Brest à la caserne aux matelots, maître d'équipages, mais sans moyens de faire subsister sa femme qui est à l'Orient, dans la plus profonde misère. Cependant, ce même homme a les certificats les plus honorables, il s'est distingué depuis dans plusieurs combats dans l'Inde, et c'est pour le récompenser de son courage qu'on le fit maître d'équipage, et qu'on lui accorda une pension de 300 francs.

Ce récit, que je tiens de ce courageux marin et auquel il jugea nécessaire de joindre beaucoup de détails déchirans, que nous croyons devoir supprimer, jetta la consternation à bord des vaisseaux. On craignit, et on n'avoit que trop de raison de craindre que Marion et les gens de sa suite n'eussent éprouvé le même sort que les onze hommes de la chaloupe. On expédia aussitôt du Mascarin, une chaloupe armée, commandée par un officier et un détachement de soldats. L'officier reconnut que la chaloupe du Castries et le canot de Marion étoient échoués sous le village de Tacoury. Une troupe d'insulaires armés de sabres et de fusils entouroient ces embarcations. L'officier voulant arriver à tems au poste de la mâture, ne s'arrêta pas à reprendre ses bateaux : il se conforma à l'ordre qu'il avoit reçu d'y porter promptement du secours. Le lieutenant Crozet avoit passé la nuit à ce poste important, et dès qu'il fut informé des tristes événemens qui venoient de se passer, il fit cesser les travaux, rassembler les outils et les armes. Tout ce qui ne pouvoit pas être emporté fut enterré sous les décombres des baraques que l'on brûla, pour cacher sous les cendres les effets que l'on vouloit dérober aux recherches des insulaires.

Crozet quitta ce poste important, soutenu d'un fort détachement et de matelots armés; il traversa plusieurs troupes des insulaires, dont les différens chefs lui répétoient souvent ces tristes paroles : *Tacoury maté Marion*. Il fit près de deux lieues jusqu'au bord de la mer sans être inquiété par les sauvages. Il donna l'ordre aux matelots, qui portoient les effets, de s'embarquer les premiers, puis s'adressant à un chef, il lui fit signe, d'un air menaçant, de s'asseoir ainsi que ceux qui l'accompagnoient. Quoique les sauvages furent au nombre de mille, cet ordre fut exécuté avec docilité. Cette précaution n'étoit pas inutile, car dès que le lieutenant Crozet se mit dans l'eau pour entrer le dernier dans la chaloupe, les insulaires se levèrent ensemble, jettèrent le cri de guerre et lancèrent sur la chaloupe des pierres et des javelots. On ne voit pas dans le journal de cet officier qu'il fit faire feu sur cet attroupement. Les sauvages voyoient tomber leurs chefs et leurs camarades avec une stupidité incroyable ; ils ne comprenoient pas sans doute comment des armes qui ne les touchoient point, comme leurs casse-têtes et leurs massues, pouvoient les atteindre à de si grandes distances. A chaque coup de fusil ils redoubloient leurs cris et leurs menaces. Après en avoir fait tuer beaucoup, je fis ramer vers le vaisseau, et les sauvages ne cessèrent pas leurs cris jusqu'à notre arrivée. Dès que je fus arrivé à bord du Mascarin, dit encore Crozet, j'expédiai aussitôt la chaloupe pour aller relever le poste des malades sur l'île de Moutouaro.

Les malades furent heureusement ramenés sur les vaisseaux ; les sauvages rodèrent toute la nuit aux environs du poste ; mais voyant qu'on faisoit bonne garde, ils n'osèrent rien entreprendre. Nous n'avions pas encore notre provision de bois et d'eau, j'envoyai à l'île de Moutouaro en chercher ; il y avoit sur cette île un village d'environ 300 insulaires. Je donnai ordre à l'officier d'attaquer les habitans s'ils paroissoient

paroissoient disposés à commettre des hostilités, de brûler le village et de chasser les sauvages de l'île, afin d'assurer l'Aiguade. Mes ordres furent ponctuellement exécutés ; le chef Malou, maître du village, qui étoit un de ceux avec lesquels nous avions vécu le plus familiérement, étoit présent avec cinq chefs des villages voisins ; il s'agitoit et il excitoit de la voix les jeunes guerriers qui l'entouroient à fondre sur le détachement que j'avois envoyé ; mais nos soldats en ordre de combat, s'arrêtèrent à la portée du pistolet de la porte d'entrée du village. Là, ils commencèrent à faire feu : aussi-tôt les guerriers prirent la fuite pour gagner leurs pirogues ; le détachement les poursuivit la bayonnette dans les reins, tua cinquante sauvages et mit le feu au village, et par ce moyen les Français restèrent les maîtres de l'île. J'avois recommandé à nos officiers de faire leurs efforts pour nous amener quelques Indiens en vie, et de tâcher de prendre, de préférence, des jeunes gens des deux sexes ou des enfans. J'avois même promis aux soldats et aux matelots 50 piastres pour chaque insulaire qu'ils pourroient m'amener vivans; mais ces insulaires avoient eu soin de mettre en sûreté, avant le combat, leurs femmes et leurs enfans. Nos soldats tentèrent d'arrêter et de lier des blessés qui ne pouvoient fuir; mais ces cannibales étoient enragés, ils mordoient comme des bêtes féroces; d'autres rompoient, comme des fils, les cordes avec lesquelles on les lioit; il n'y eut pas moyen d'en avoir un seul. Cependant le vaisseau le Castries n'avoit encore ni mât de beaupré, ni mât de misaine : il n'étoit plus possible d'aller chercher dans la forêt la belle mâture de bois de cèdre que l'on avoit préparée pour ce vaisseau : il fallut faire cette mâture de bois d'assemblage que l'on avoit dans les vaisseaux.

Depuis le jour où Marion avoit disparu, on voyoit des vaisseaux, les mouvemens perpétuels des sauvages, qui s'étoient retirés sur les montagnes. Ils avoient toujours les yeux dirigés sur nous, et nous entendions la voix de leurs sentinelles qui se répondoient les uns aux autres avec des cris d'une force surprenante. La nuit ils faisoient des signaux par le moyen du feu.

Je donnai l'ordre à des officiers de confiance d'aller au village de Tacoury et d'y prendre des renseignemens sur le massacre de Marion et de ses compagnons d'infortune, afin de pouvoir constater la mort de cet officier par un procès-verbal, et de terminer leur expédition par mettre le feu au village et d'enlever les grandes pirogues de guerre qui étoient échouées au pied du village, de les amener à la Remorque ou de les détruire. Ces ordres furent ponctuellement exécutés. Tacoury s'étoit enfui ; on le vit de loin et hors de la portée du fusil s'éloigner, portant sur les épaules le manteau de Marion, qui étoit de deux couleurs, écarlate et bleu. Le village étoit abandonné, il n'y restoit que quelques vieillards assis sur le seuil de leur maison : on trouva des preuves irrécusables du massacre des Français, qui furent dévorés par ces cannibales. Nous épargnerons à la sensibilité de nos lecteurs des détails qui nous soulèvent le cœur, et qui sont inutiles à notre narration ; mais ce qui ne peut se passer sous silence, c'est l'incendie du village et le massacre de quelques vieillards. Nous ne trouvons pas la conduite du lieutenant Crozet à l'abri de tout reproche : nous voulons bien cependant faire porter la majeure partie des rigueurs inutiles qu'il a exercées sur l'extrême affection qui l'attachoit à son brave capitaine ; mais ses perquisitions n'ont pas réussi à l'éclairer sur la cause du massacre des Français ; ils ont pu avoir des torts envers ces insulaires, et il est difficile qu'il n'en aient pas eu : d'ailleurs, lorsqu'on a sous les yeux le tableau de la conduite de Surville à l'égard de ce peuple ; les cruels événemens dont nous venons de faire le triste récit, n'ont rien qui surprennent. La majeure partie des voyageurs accable d'injures ces sauvages, au lieu de les plaindre d'avoir connu les Européens, qui, en échange de l'hospitalité qu'ils ont reçue, ont presque tous exercé un pouvoir arbitraire et tyrannique indistinctement sur tous les pays qui se sont trouvés sur leur route, comme s'ils ne connoissoient d'autres droits que celui du plus fort sur les contrées qu'ils visitent ; comme si leur imprévoyante conduite ne devoit pas, tôt ou tard, amener sur la tête de ceux qui ont le malheur d'aborder aux mêmes rivages les plus terribles calamités. Sans doute notre éducation et nos principes nous donnent pour les cannibales une horreur difficile à rendre; mais si je dois me féliciter d'avoir échappé à leurs dents meurtrières par un pitoyable abus d'autorité de la part d'un agent du gouvernement, qui se plaisoit à contrarier les vues sages de son collègue Poivre, mon bonheur n'a pas été d'une bien longue durée. J'ai vu ma patrie dévorée par des tigres mille fois plus cruels que les cannibales, et cet affreux spectacle est infiniment plus affligeant, sans doute, pour tout homme qui a quelques sentimens de justice et d'humanité, que celui de ces antropophages qui ne dévorent que les cadavres de leurs ennemis. Quel est celui qui, au milieu des malheurs de son pays, pourroit attacher de l'intérêt à son existence ? J'ai vu périr, au sein de sa famille, le vertueux la Rochefoucault, par les mains infâmes d'assassins soudoyés. Je le demande à la France entière, n'étoit-il pas le modèle que l'on citoit d'un homme de bien ? J'ai été plus à portée que personne de connoître ses éminentes qualités ; je crois impossible d'avoir plus fait de sacrifices, de s'être plus constamment occupé du bonheur de sa patrie, avec un désintéressement et une abnégation absolue de tout ce qui lui étoit personnel, que cet homme illustre dont la mémoire est si chère et si révérée de tous ceux qui ont vécu dans son intimité. Cet exécrable assassinat a été, pour ainsi dire, le signal d'un massacre universel. Les hommes les plus recommandables ont été égorgés, incarcérés ou forcés de se dérober à la poursuite de ces forcenés, qui ont couvert de deuil la surface de la France et de ses colonies.

L'académie des sciences, qui s'étoit acquise, par ses travaux, une grande célébrité parmi toutes les nations éclairées, a vu périr sur l'échafaud Malsherbes, Saron, Lavoisier et Bailly, tous quatre membres distingués de cette illustre compagnie, dont on avoit déjà, à cette époque désastreux, creusé le tombeau. Réfugié dans une petite commune du Finistère, j'ai échappé, comme par miracle, aux fers de ces bourreaux ; mais j'ai vu tomber sous la hache de ces cannibales le respectable père du brave Moreau, le jour même que ce général remportoit une éclatante victoire. Si j'ai regretté de n'avoir pas cultivé l'utile talent de rendre, avec énergie, les sentimens que j'éprouve, c'est lorsque j'ai dû parler des maux de ma patrie, de la perte de mes amis et de mes savans collègues.

Qu'on n'attende pas de moi désormais d'autres détails sur les cannibales de la Nouvelle Zélande, ce sont des agneaux, lorsqu'on les compare aux tigres qui nous ont déchirés. D'ailleurs, le journal de Crozet qui m'a servi à la rédaction du voyage de Marion, imprimé en 1783, n'est pas sur tous les faits d'une scrupuleuse exactitude. Cet officier ne prit pas, comme on le dit, le commandement de l'expédition après la mort de Marion ; ce fut Duclesmeur, capitaine du Castries, qui vû l'état de détresse de ses vaisseaux, prit le parti de terminer ce voyage en se rendant directement aux Philippines. Il ne quitta la baye des îles que le 14 juillet, et il eut connoissance le 6 août d'une chaîne d'îlots qui sont au nord des îles de Roterdam et d'Amsterdam. En faisant route au nord, il découvrit le 12 du même mois une île qui ne se trouve sur aucune carte. Elle est située par 16° de latitude méridionale et par 182° de longitude estimée. La variation de l'aiguille aimantée y fut trouvée de 8° 30′ nord-est; l'île parut au vaisseau sous la forme d'un pic aride, escarpée et entourée de rochers. On regrette qu'on n'ait pas tenté d'y aborder; elle peut avoir cinq lieues de circuit. Le 20 septembre, les deux vaisseaux atteignirent, sans événemens remarquables, les Mariannes, où ils firent quelque séjour dans le port d'Angana; de-là ils gagnèrent, le 5 décembre, la baye de Manille, principal établissement des Espagnols aux Philippines. Le Castries, après avoir été réparé dans ce port, et le Mascarin, revinrent à l'Isle-de-France sans avoir rapportés de ce long voyage les productions nouvelles dont l'intendant Poivre vouloit enrichir la colonie qui étoit confiée à ses soins, et qui faisoit l'objet de sa sollicitude.

De l'Isle-de-France.

L'Isle-de-France fut découverte par Mascarenhas : l'origine de cette colonie est liée aux premiers établissemens des Français sur la grande île de Madagascar. Ses ports l'ont fait juger utile à servir d'entrepôt au commerce de l'Inde, et sa situation a présenté les avantages d'un arsenal isolé. Il ne m'appartient pas de juger du degré d'importance de cette colonie pour soutenir, en tems de guerre, les possessions Françaises dans l'Inde ; mais lorsqu'on la considère sous ce rapport, l'on doit juger qu'il n'est pas indifférent d'étudier les routes que l'on doit suivre pour s'y rendre dans la belle saison et dans l'arrière saison. L'on a déjà vu que c'étoit le principal but de mon second voyage aux Indes, et l'intendant Poivre n'a rien négligé pour me mettre à portée de le remplir. Il m'a procuré tous les journaux qui pouvoient m'éclairer sur cet objet. Je ne rendrai compte de mes travaux, à cet égard, qu'à la suite de mon voyage, parce que les discussions qu'ils entraînent n'intéressent que les navigateurs. L'Isle-de-France est à peine perceptible sur la carte de l'océan. D'après les mesures du savant astronome Lacaille, sa superficie ne renferme que 433 mille arpens. La partie du sud-est offre à la vue une chaîne de montagnes, dont le pic plus élevé est de 424 toises au-dessus du niveau de la mer. La partie du nord-ouest est beaucoup plus unie, on y trouve un bon port par la latitude de 20° 10′, et par la longitude de 55 degrés à l'est du méridien de Paris. C'est-là le chef-lieu de la Colonie, les administrateurs y résident. La ville est formée de maisons de bois qui n'ont qu'un rez-de-chaussée. Chaque maison est isolée et entourée de palissades; les rues sont bien alignées : cette ville est bâtie au fond du port à l'ouverture d'un vallon resserré, qui n'a qu'un demi quart de lieues de large sur la profondeur de trois quarts de lieue. Ce vallon est formé par une chaîne de hautes montagnes, aujourd'hui dépouillées d'arbres et même de buissons. Les flancs de ces montagnes sont couverts de squines, dont les sarmens ligneux se sèchent par le soleil brûlant de la zone torride, au point de prendre feu à la moindre étincelle, et d'occasionner par-là, tous les ans de grands incendies qui consument quelquefois les bois qui les avoisinent, et qui rend le paysage très-désagréable à la vue. Le couronnement des montagnes qui forme alors ce triste vallon est terminé par un roc élevé, qu'on nomme le Pouce, dont le sommet est élevé au-dessus du niveau de la mer de 416 toises. Quelques arbres recouvrent encore ce morne, et il en sort un ruisseau qui traverse la ville. L'eau n'en est pas potable. En 1734, la Compagnie des Indes se détermina à former de ce port des établissemens considérables. Ce soin fut confié au célèbre Mahé la Bourdonnais : cet homme né pour commander aux hommes, car il savoit les connoître et s'en faire obéir, montra dans ces contrées éloignées qu'il étoit aussi bon administrateur qu'habile marin et qu'intrépide général. On lui doit, et on ne doit qu'à lui, les aqueducs, les ponts, les hôpitaux et les principaux magasins ; enfin, presque tout ce qui existe aujourd'hui d'utile est l'ouvrage de cet homme de génie. La Bourdonnais avoit des connoissances des arts mécaniques, les plus communs et les plus nécessaires aux besoins de la colonie. Souvent à la pointe du jour on le voyoit à la tête des travailleurs mener la brouette, manier la truelle. D'après cet exemple, il étoit difficile qu'on se dispensât de seconder ses vues, et tout ce qu'il conçut pendant les douze années qu'a durée son administration, et tout ce qu'il entreprit eut toujours un plein et prompt succès.

C'est encore à la Bourdonnais qu'on est redevable du choix du port du nord-ouest pour le lieu du principal établissement. Un homme moins éclairé auroit peut-être préféré le port du sud-est qui est beaucoup plus vaste et beaucoup plus commode ; mais les avantages d'un port sous le vent sont aux yeux d'un marin d'un avantage inappréciable, sur-tout dans le parage des vents généraux. Ces ports sont d'ailleurs plus susceptibles de défense, puisqu'il faut, dans ce cas, touer les vaisseaux pour les faire entrer dans le port.

Lorsque Mascarenhas découvrit l'Isle de France, la terre étoit couverte de bois jusqu'au sommet des montagnes ; mais dans les premiers tems quelle fut habitée, on ne faisoit les défrichemens que par le feu. Il eût été sans doute plus sage de laisser des lizières de bois de distance en distance. Les pluies qui, dans les pays chauds sont si nécessaires pour fertiliser la terre, ne tombent presque plus sur les terreins défrichés ; car ce sont les forêts qui retiennent les nuages et pompent l'humidité. Les défrichemens opérés sans règle et sans mesure dans le voisinage du port, l'ont encombré au point que, depuis long-tems les vaisseaux ne peuvent plus mouiller à l'abri des efforts de la grosse mer et des vents violens. Ainsi, en brûlant ces forêts, en abattant ces grands arbres qui empêchoient la terre de s'ébouler, la crête des montagnes s'est dépouillée de cette terre végétale qui remplit aujourd'hui les vallons. Lorsque le port n'étoit pas encombré, les vaisseaux trouvoient un refuge assuré contre les tempêtes et les ouragans, qui dans l'arrière saison désolent ces contrées. Ainsi, l'on a été au moment d'être privé, par un défaut absolu de prévoyance et pour l'intérêt passager de quelques colons, d'un port que l'on regarde comme le seul boulevard de nos forces et comme l'entrepôt le plus commode de notre commerce dans les mers de l'Inde. Poivre avoit trop de sagacité pour ne sentir vivement les fautes que l'on avoit commises ; il accueillit un plan qui lui fut présenté par Tromelin, officier d'un rare mérite. Il fit plus, il fit sentir au ministre de la marine l'urgente nécessité de s'en occuper. Cet officier proposa de détourner les eaux des torrens qui se jettent dans le port avec les encombres qu'ils entraînent, et de creuser dans le terrein vaseux du trou Fanfaron le bassin spacieux qui peut mettre à l'abri dans le tems des ouragans plusieurs vaisseaux. Il falloit encore creuser dans la vase un canal pour les y conduire. Je dois dire que cette opération a été exécutée et a eu tout le succès qu'on pouvoit en attendre, mais je dois en même-tems être extrêmement réservé sur les éloges que l'on doit à ce travail, parce que l'officier qui en conçut le plan et qui l'a heureusement exécuté est mon plus proche parent et mon intime ami. La colonie lui a témoigné sa gratitude, et son nom, lié à celui de Poivre, sera long-tems prononcé dans cette île avec la vénération que l'on doit au talent. Pour bien juger de l'importance de ces travaux, il faut avoir éprouvé les effets des ouragans. C'est un météore dont il n'est pas facile de se faire une idée exacte. Un ouragan est presque toujours accompagné de tonnerre et de tremblemens de terre ; l'atmosphère est en feu, le vent soufle avec une extrême violence de toutes les parties de l'horizon. Un ouragan est une espèce de trombe qui semble menacer d'une entière subversion la partie de la terre sur laquelle elle pèse ; il se concentre en produisant de violens tourbillons. C'est du moins sous cette forme que ce redoutable météore apparoît aux navigateurs, et souvent les vaisseaux restent en calme à peu de distance des lieux où ces impétueux orages éclatent et font leur destructives explosions : lorsque la vîtesse du vent excède cent cinquante pieds par seconde, tout cède à sa force ; les plus gros arbres sont déracinés, les maisons les plus solidement bâties sont renversées ; ni la pesanteur des ancres, ni la force des cables, ni la bonne tenue du fond ne sont plus capables d'assurer le mouillage ; le vent les jette à la côte et les brise lorsqu'ils ne peuvent pas se faire un lit sur la vase. J'ai vu le grand mât d'hune du vaisseau le Mars, de 64 pièces de canon, rompu au ras du chouquet, quoiqu'il fût amené. Ce fait qui ne peut être bien apprécié que par des marins, leur prouvera que je n'exagère pas en portant la vîtesse du vent à 150 pieds par seconde dans les vigoureuses bourasques qui ont eu lieu en mars 1771 à l'Isle-de-France, lors du second ouragan dont j'ai été encore témoin oculaire. Cet ouragan ne fut pas, à beaucoup près, aussi terrible que le premier, qui eut lieu un mois auparavant. Nous allons nous attacher à en rendre compte ; la descente subite et extraordinaire du mercure, dans mon baromètre, en février 1771, me surprit au point de communiquer mes inquiétudes aux administrateurs de

la

la colonie. Il étoit alors quatre heures du soir : l'intendant Poivre invite le capitaine du port de se rendre chez lui. Cet officier avoit vu l'ouragan de 1761, il dit qu'il y avoit des indices plus certains de l'approche d'un ouragan que la variation du baromètre. Vingt-quatre heures avant l'orage les noirs devoient, selon lui, descendre de la montagne et l'annoncer. L'observation du coucher du soleil étoit encore un moyen de prévoir la tourmente. Les instances de Poivre et mes observations ne purent pas obtenir de ce marin obstiné, qu'il prît la moindre précaution. Il nous fallut attendre le coucher du soleil; cependant le mercure descendoit toujours avec rapidité dans le tube du baromètre, et le capitaine du port s'applaudissoit d'avoir trouvé dans la beauté du coucher du soleil, la confirmation de ses préjugés. Il nous prenoit en pitié de mettre de l'importance à la variation d'un instrument qu'il n'avoit peut-être jamais consulté de sa vie. Celui qui s'attacheroit à montrer les pertes que des chefs ignorans et présomptueux ont causées, ne feroit pas un tableau sans intérêt et sans utilité.

Quelle dut être la surprise du capitaine de port, lorsqu'il fut forcé de reconnoître son erreur? L'orage éclata à sept heures du soir; avant neuf heures tous les vaisseaux furent jettés à la côte, à l'exception de la flûte l'*Ambulante* et d'une petite corvette nommé le *Vert Galand*. L'ambulante fut chassée dans un tourbillon en pleine mer, et la corvette qui étoit attachée par une amarre fut engloutie dès qu'on l'en eût détachée.

L'Ambulante sans voiles, sans gouvernail et sans vivres, ayant à bord un détachement du régiment Irlandais, de Clare, erra pendant plus de douze heures au gré des vents qui lui firent contourner l'île. Enfin, les tourbillons jettèrent ce bâtiment, comme par miracle, sur le seul endroit de la côte, où dans une tourmente aussi affreuse, les hommes pouvoient à peine se sauver. Ce qui ajoute encore à l'horreur de ces grandes calamités, c'est l'impossibilité physique de se secourir mutuellement; il faut rester immobile au milieu des ruines dont on est entouré : il faut attendre son sort sans qu'il soit possible de le prévoir et de l'éviter. La violence du vent et l'impétuosité des torrens défendent la sortie de l'abri que l'on a gagné. Dans ces épouvantables situations, l'homme accablé sous le joug impérieux de la nécessité, semble avoir perdu tout sentiment; il attend avec une sorte de stupeur les coups qui vont le frapper, il supporte en silence, et sans murmurer, les maux dont il ne peut se préserver. La tourmente dura dix-huit heures sans interruption : la grosse pluie, le tonnerre, les éclairs ne calmoient pas la violence du vent; mais enfin à trois heures du soir le mercure qui avoit descendu de vingt-cinq lignes resta quelque moment stationnaire; peu de tems après la liqueur remonta, les tourbillons cessèrent et le vent devint plus constant; cependant il fallut encore attendre à six heures du soir pour secourir efficacement les malheureux naufragés qui étoient étendus sur le rivage dans un état d'épuisement, impossible à rendre par ceux même qui en ont été les spectateurs.

Pendant plus de trois semaines les communications établies dans les différentes parties de l'île furent absolument rompues par la chûte des arbres et par l'abondance des eaux. Il fallut ce tems pour avoir des nouvelles de l'Ambulante qui avoit fait naufrage à six lieues du port du nord-ouest. Toutes les récoltes furent perdues, il fallut relever les vaisseaux les moins maltraités pour les envoyer, sur le champ, à Madagascar faire des achats de vivres et de provisions : on s'adressa, pour cette urgente opération, à un officier d'un mérite distingué qui étoit chargé en chef d'établir le bassin de sûreté dont il va être question. C'est dans ces circonstances difficiles que le talent d'un administrateur se montre avec le plus d'éclat.

Poivre avoit eu la salutaire prévoyance de faire hyverner plusieurs vaisseaux au Cap de Bonne-Espérance. Les capitaines de ces bâtimens, avertis du malheur de l'Isle-de-France, apportèrent promptement des secours abondans. Ces secours sauvèrent la colonie, car ils arrivèrent fort peu de tems après le second ouragan, dont les nouveaux ravages avoient abattu l'espoir et le courage des infortunés habitans de l'Isle-de-France. Si le mérite du célèbre Poivre n'étoit pas généralement connu, je me ferois un devoir de rendre à sa mémoire le tribut d'éloge réservé à cette classe d'hommes, qui dans leur place ont mérité d'être comptés parmi les bienfaiteurs de l'humanité. Mon cœur en a senti les besoins, mais sa vie a été publiée par Dupont de Nemours, qui a épousé sa respectable veuve. Ainsi, il ne peut plus m'appartenir d'entretenir le public des vues profondes qui ont constamment dirigé la conduite de ce vrai philosophe. Le zèle dont Poivre étoit animé pour l'agriculture, l'avoit porté à faire aux colons des avances considérables pour vivifier la culture des grains ; on y mettoit pour première condition que les approvisionnemens se feroient en nature, et par ce règlement les magasins étoient toujours bien approvisionnés. Poivre voulant encore enrichir la colonie, dont la prospérité lui étoit confiée, y plaça les productions qu'il put se procurer dans les quatre parties du monde: il acquit, à cet effet, de l'ancienne Compagnie des Indes, le jardin de *Monplaisir*. Il voulut par lui-même cultiver et aclimater les plantes exotiques : il donna le premier l'exemple de miner un terrein, afin d'y détruire radicalement les mauvaises herbes et d'assurer par-là le succès de ses plantations : c'est encore à cet intendant que les Colonies Françaises sont redevables de la muscade et du gérofle, et ce bienfait présente à la France une riche branche de commerce. Enfin, le jardin de Monplaisir renferme, par ses soins, une multitude de plantes précieuses, dont Céré a donné une ample énumération. Cette importante et si utile pépinière a été long-tems administrée par cet estimable Colon, bien digne, sous tous les rapports, d'être l'ami de Poivre.

Les ouragans qui causent à l'Isle-de-France de si terribles ravages, démontrent l'utilité d'un port de sûreté. Tromelin, capitaine de vaisseau aussi fécond en ressources qu'habile et expérimenté dans toutes les parties de son art, fit voir à Poivre qu'en détournant les torrens par des digues et par des canaux qui porteroient à la mer les encombres derrière l'île au Tonnelier, on pourroit, sans craindre de nouveaux encombremens, procéder au curement du port. Un vaste bassin, connu sous le nom de *Trou Fanfaron*, qui a dans sa longueur trois cent toises, sur une largeur de soixante, pouvoit recevoir plusieurs vaisseaux et les mettre absolument à l'abri des vents les plus impétueux. Mais il falloit, pour cet effet, creuser dans la vase un chenal pour y arriver et enlever les vases de ce bassin qui n'avoit que dix pieds de profondeur moyenne. Ce n'étoit donc que des vases à enlever, et des cures molles servies par quatre gabarres à clapet, pouvoient dans moins de six années nétoyer le trou Fanfaron des vases qui l'encombrent. Ce projet fut présenté au nom de la colonie au ministre de la marine par Poivre, et par le commandant, par intérim, de la colonie, le respectable Steinaure. Ce plan fut accueilli comme il méritoit de l'être, et les fonds furent faits pour son exécution. Il ne m'appartient pas de faire l'éloge de cet important projet. Je l'ai déjà dit, l'officier qui l'a conçu et qui l'a exécuté, est mon parent et mon ami; mais la Colonie qui a fait élever un monument en l'honneur de ses travaux, a prouvé par-là, le cas qu'elle en faisoit.

L'Isle-de-France que l'on peut comparer pour la salubrité de l'air et pour la beauté du climat, aux îles Canaries, est arrosée d'un grand nombre de ruisseaux. L'intérieur de l'île est rempli d'étangs, il y pleut presque toute l'année, parce que les montagnes et les forêts arrêtent et pompent les nuages. Le sol est fertile et ferrugineux, il n'est pas rare de trouver sur la surface de la terre des grains de mine de fer de la grosseur d'un pois. Quant aux diverses productions de l'île, le savant naturaliste, Commerson, les a fait connoître de manière à ne rien laisser à désirer à cet égard. Mais quel est aujourd'hui le dépositaire de ces utiles recherches et de cette riche collection, si digne d'occuper une place distinguée au Muséum du Jardin des Plantes? c'est au savant Jussieu qu'il faut s'adresser.

L'on craint que le successeur de Poivre, qui s'est toujours montré peu disposé à encourager les connoissances, n'ait fait jeter au rebut ou dans le fond de quelques magasins, des objets auxquels il n'attachoit aucun prix. Lors du décès de Commerson, on manda à Poivre qu'on n'avoit eu aucun soin de la précieuse collection de ce naturaliste, qui avoit accompagné Bougainville autour du monde, et qui n'avoit retardé son retour dans sa patrie que pour faire connoître les productions de l'Isle-de-France et de Madagascar. Quoiqu'il en soit, je ne crus pas devoir prolonger mon séjour à l'Isle de France au-delà du rappel de cet administrateur éclairé, qui m'honoroit d'une amitié particulière. Je demandai à l'accompagner et j'en obtins l'agrément. L'on sent combien dans la longue traversée de l'Isle-de-France, en Europe, j'ai dû acquérir de connoissances sur l'Inde, la Cochinchine et la Chine, avec un homme qui avoit fait ces beaux voyages en philosophe, qui avoit constamment étudié les mœurs, les arts et les productions des pays qu'il avoit visités.

Retour de l'Isle-de-France à Brest.

Je quittai l'Isle-de-France avec Poivre dans le mois d'octobre 1772 : le vaisseau l'Indien sur lequel nous étions embarqués étoit commandé par d'Arros, capitaine de vaisseau ; Poivre y étoit avec sa femme et ses enfans. Il n'est sorte de prévenance et d'attention que cet honnête capitaine n'eût pour ses passagers. Notre séjour au Cap fut de quarante jours ; pendant ce tems nous eûmes la faculté d'étudier cette intéressante Colonie. Le capitaine Cook étoit parti du Cap deux jours avant notre arrivée, pour son second voyage autour du Monde. Il avoit attendu notre arrivée qui lui avoit été annoncée, parce qu'il désiroit avoir des renseignemens sur la découverte des terres australes de Kerguelen. Le gouverneur Van-Plettemberg lui avoit appris que deux vaisseaux français avoient découvert, au méridien de l'Isle-de-France, une terre par 48° de latitude sud qu'ils avoient côtoyée l'espace de 48 milles jusqu'à une baye dans laquelle ils alloient entrer, quand ils furent chassés en mer et séparés par un coup de vent. Nous voyons dans le journal de cet illustre navigateur, que le savant naturaliste Forster, ayant rencontré au cap, Sparman, suédois, disciple de Linnœus, et croyant qu'il lui seroit fort utile dans le cours du voyage, fit auprès de Cook de vives instances pour l'engager à prendre à son bord cet habile botaniste. Cook y consentit, et Sparman s'embarqua pour aider Forster dans ses travaux, qui lui payoit ses dépenses et lui donnoit en outre une somme déterminée. L'idée, dit Forster le fils, de rassembler les trésors de la nature dans les pays inconnus en Europe, remplirent tellement son esprit, qu'il se félicita de nous accompagner dans notre voyage. Son entousiasme pour les sciences naturelles ne s'est point démenti. Nous l'avons trouvé profondément versé dans la médecine, et il a par-tout donné des preuves d'un cœur sensible et digne d'un philosophe. Cook ne quitta le Cap de Bonne-Espérance que le 22 novembre 1772, et nous arrivâmes le 24 du même mois. L'ouvrage imprimé du docteur Sparman, sur la colonie du Cap de Bonne-Espérance, ne nous permet pas d'entretenir le public de nos observations sur cette importante contrée.

L'extrêmité méridionale du grand continent d'Afrique fut reconnue en 1487, par Bartholomée de Dias, navigateur portugais. Le Cap célèbre qui le termine, ne fut doublé qu'en 1497, par Vasco de Gama ; ainsi il a ouvert le premier aux Européens la route des Indes. Cette route devenue aujourd'hui si facile et si commune, passoit, dans ces tems reculés, comme le dernier effort de l'industrie et de l'audace du navigateur. Herodote nous apprend que sous le règne de Nécao, les Phéniciens ont fait, en trois ans, le tour de l'Afrique, et après avoir parcouru les côtes de l'Océan, ils retournèrent en Egypte par le détroit de Gibraltar. Ce Nécao avoit entrepris de faire creuser un canal de communication entre la Méditerranée et la mer Rouge, six cent ans avant Jesus-Christ. Hannon, général des Carthaginois, entra de la Méditerranée, dans l'Océan, par le même détroit. Il fit la guerre à Agatocle, tyran de Sicile, et ce ne fut que le manque de vivres qui l'empêcha d'achever sa navigation ; mais ce cabotage des anciens navigateurs n'affoiblit en aucune manière les services rendus au commerce par les célèbres navigateurs que nous venons de nommer. L'établissement d'une colonie au Cap de Bonne-Espérance ne date que de l'année 1650. Van-Risbec, chirurgien hollandais, reconnut les avantages que la Compagnie des Indes trouveroit à y former un entrepôt et un lieu de relâche pour les vaisseaux qui se rendent aux Indes. Les Colons sont Hollandais ou Allemands, si on en excepte quelques familles protestantes, jadis établies dans un canton nommé la petite *Rochelle*, qui sont d'origine française. Les habitans de la ville du Cap sont hospitaliers, et l'étranger n'a que des éloges à faire du caractère des Colons. Lorsqu'on a vu une ville hollandaise on les a toutes vues ; ce sont des rues larges et bien alignées avec deux rangées d'arbres qui ombragent la façade des maisons. Elles n'ont qu'un étage, et elles sont toutes d'une extrême blancheur et d'une grande propreté. Plusieurs canaux traversent la ville, mais les eaux en sont stagnantes et parviendroient à altérer la salubrité de l'air, si des brises fréquentes ne contribuoient pas perpétuellement à le renouveller. Les esclaves se ressentent de la fertilité du pays. Ils ont du pain, de la viande et des légumes à profusion. Ils couchent sur des lits avec des matelas et des couvertures, et les hommes et les femmes sont proprement et chaudement vêtus. Les Hollandais tirent leurs esclaves de Madagascar et de Batavia. Les Malegaches font d'excellens domestiques, remplis d'intelligence, mais les Malais ont besoin d'être surveillés; car lorsqu'ils s'enivrent d'opium, ils se portent à tous les excès; aussi a-t-on eu soin de proscrire, sous les peines les plus rigoureuses, cette dangereuse substance qui a causé au Cap des désordres difficiles à rendre. Le peuple Indigène, le plus voisin des établissemens des Hollandais, mène cette vie pastorale de nos anciens ayeux. Les Hottentots, c'est le nom de ce peuple, se sont retirés dans l'intérieur du pays à la distance de trente lieues de la ville du Cap. Dans chaque kraal ou village, ils choisissent entr'eux deux hommes auxquels ils donnent le titre de capitaine et de caporal, pour régler avec le gouvernement le prix des denrées qu'ils portent au marché. Le langage de ce peuple est précédé d'un claquement de langue qui leur a sans doute fait donner le nom de Choc-choquas, qu'ils portent sur les anciennes cartes de l'île. Ils sont grands, maigres, la peau jaune foncé, tirant sur la couleur de suie, le nez applati, la bouche grande, les lèvres épaisses et les cheveux frisés ; une peau de mouton leur couvre les épaules, ils portent des bonnets, des ceintures de peau ; ils sont dégoûtans par l'enduit graisseux dont ils se couvrent le corps, et par leur extrême mal-propreté. Le climat du Cap est si sain, et la nourriture si bonne, que les scorbutiques et les malades étrangers y recouvrent promptement leur santé. Chez ces bons Hollandois, la table est toujours couverte de fromage, de beurre frais, de pain, de melons, de raisins, de pêches et d'abricots, de vin, de thé, de café, de tabac et de pipes. On dîne à midi, et on soupe à huit heures. Ces repas offrent une abondance de viande succulente, de gibier, de légumes et de poissons qu'on ne rencontre dans aucune autre Colonie. Le jardin de la Compagnie n'est remarquable que par les arbres d'Europe qui sont couverts de fruits dans la saison où ils sont en France dépouillés de leurs feuilles. On y entretient une ménagerie qui ne donne qu'une bien foible idée des nombreux animaux qui peuplent cette extrêmité de l'Afrique. La partie du sud est hérissée de montagnes élevées, composées de granites sans coquilles pétrifiées et sans aucun vestige de productions volcaniques. Poivre ne pouvoit se lasser d'admirer les plantes et les fleurs qui croissent dans les environs de la ville du Cap. Le règne animal n'est pas moins riche que le règne végétal.

La girafle, l'éléphant, le rhinocéros, le buffle, le lion, la panthère, le tigre, le zèbre, l'hippothame, le casoar et l'autruche, l'aigle et une multitude d'animaux plus petits, tels que les gazelles et les antilopes, habitent ces contrées.

On fait au Cap des vins de différentes qualités ; le vin que l'on boit à l'ordinaire ressemble au vin de Madère sec, mais celui que l'on nomme Constance et qui est si estimé en France n'est n'est pas commun. Le vignoble du grand Constance fournit à-peu-près 200 alverammes de 45 pots, qui à raison de trente-cinq piastres l'alveramme rapporte au propriétaire environ 7000 piastres. D'après ce fait, l'on doit voir que ce muscat rouge, si recherché, ne doit pas être bien commun en Europe. Il en est de même du Constance blanc qui est fourni par un petit vignoble qui est situé dans le voisinage sur une côte un peu moins élevée. L'alveramme de Constance blanc ne coûte sur les lieux que trente piastres. Vander Spoei, alors propriétaire du grand Constance, invita l'intendant Poivre à un dîner sur son habitation : je l'accompagnai; en nous y rendant, nous passâmes par un bois dont les feuilles ressemble assez à celle de nos saules. Un duvet blanc recouvre chaque feuille, et lorsque le vent l'agite, elle brille comme une lame d'argent. C'est cet éclat trompeur qui a fait donner à ces arbres le nom d'arbres d'argent, (*protea argentea*). Après avoir passé ce bois, nous rencontrâmes sur notre route plusieurs vignobles : la vigne n'est pas soutenue par des échallas, et les grappes tombent à peu de distance de la terre. Ici on ne recueille le raisin que lorsqu'il est bien cuit par le soleil. Il faut avouer que la route du Cap à Constance n'offre que l'aspect d'un pays inculte ; cependant nous visitâmes le jardin de la Compagnie à Neuhausen, et Poivre fut surpris de rencontrer, au milieu d'une terre aride, un lieu plus fertile et presque aussi bien cultivé que le jardin de la Compagnie, dans la ville du Cap. Les approches du vignoble du grand Constance se font remarquer par une longue allée de chêne. La maison est entourée de larges fossés : elle est dans une agréable situation. Vander Spoei l'habitoit avec sa femme, qui étoit fille d'un français réfugié. Cette femme avoit conservé pour la nation française une prédilection tout-à-fait particulière. C'est un sentiment qu'elle partageoit avec tous les descendans des réfugiés français qui, depuis l'édit de Nantes, avoient été forcés de s'expatrier ; ils avoient formé, à peu de distance du Cap, un établissement que l'on nomme encore aujourd'hui la petite *Rochelle*. L'accueil que ces bonnes gens firent à l'intendant Poivre et aux personnes qui l'accompagnoient, ne peut se rendre. Il nous fit servir de son vin de Constance tout le long du repas, et à dessert du vin de Bordeaux. Ce n'est pas ce qui nous fit le plus de plaisir, mais il fallut se conformer au désir de notre hôte, qui attachoit infiniment de prix à l'excellence de ce muscat rouge, dont les plants avoient été, selon lui, apportés de Sciras, en Perse. Nous visitâmes ces vignes et celles du petit Constance, et nous ne quittâmes qu'à l'entrée de la nuit, et à regret, le bon Vanderspoei et sa femme.

Le docteur Sparman, célèbre botaniste, qui a donné la relation détaillée de son voyage, au Cap et aux pays des Hottentots, nous dispense d'entretenir plus long-tems nos lecteurs de cette Colonie vraiment intéressante. Nous avons vu avec peine que quelques notes sur le Cap, recueillies par notre célèbre collègue Lacaille, et publiées après sa mort, avoient fait sur les plus respectables habitans une impression peu favorable à notre nation. On

remarque, dans le second voyage de Cook, que Forster a parlé de ce ressentiment que j'étois parvenu à éteindre auprès de ceux même qui avoient le plus de droit de se plaindre. L'estime que l'on avoit par-tout pour ce grand astronome, et le respect que ses vertus avoient inspirés, ont aisément convaincu qu'il n'eût pas permis, pendant sa vie, la publication de notes qui devoient offenser des hommes estimables. Ces notes avoient été dictées par cet esprit de parti dont il est si facile à un étranger de se mettre à l'abri. « Lacaille, *dit Forster*, a tâché, dans son
» voyage, de détruire la réputation de celui
» de Kolben, et nous ne citerons un livre si
» superficiel que pour venger l'exactitude de
» Kolben. Le voyageur français vécut au Cap,
» dans une famille qui étoit d'un parti directe-
« ment opposé à celui de Kolben; il entendoit
» chaque jour des invectives contre l'écrivain
» hollandais, et ne manquoit pas de les
» mettre sur ses tablettes............... Je
« dois assurer, pour confirmer ce qu'avance
» Kolben, ajoute Forster, que nous avons vu

» deux espèces d'hirondelles, quoique Lacaille
» le critique pour l'avoir dit. Le Voyageur
» Français commet aussi une erreur par rapport
» au *Knorhan*, qui n'est pas une gelinote ou
» grous, comme il l'appelle, mais l'outarde
» d'Afrique. Il seroit aisé de réfuter ainsi toutes
» les critiques de cet auteur sur Kolben, si un
» ouvrage d'aussi peu d'importance que le sien
» en valoit la peine ».

Forster, vous ne connoissez donc pas les savans ouvrages de Lacaille, que l'Europe vénère et regarde comme un de plus grands astronomes de ce siècle. Sa grande célébrité a porté un de ses amis, et il en avoit beaucoup, à publier indistinctement tout ce qui s'est trouvé dans ses papiers. L'éditeur de cet ouvrage posthume est donc le seul qu'on puisse blâmer. Mais, Forster, qui est-ce qui n'a pas besoin d'un peu d'indulgence ? Et êtes-vous bien convaincu que toutes vos notes sur la relation du second voyage de l'immortel Cook, soient à l'abri de la critique ? et soyez bien convaincu que l'auteur de l'*Astronomiæ fundamenta*, uniquement occupé au Cap du progrès de l'astronomie, n'a jamais eu le dessein de critiquer l'ouvrage de Kolben.

On ne peut quitter le Cap sans parler de cette cascade de nuage qui se précipite en forme de flocons de la montagne sur la surface de la mer, et l'agite avec une telle violence que le commandant de la rade hisse son pavillon, pour ordonner aux vaisseaux de se tenir sur leurs gardes, et défendre aux chaloupes d'aborder la terre. Ce signal est d'autant plus nécessaire, que ce majestueux phénomène est toujours suivi d'une brise violente qui obscurcit la terre de nuages de sable, et force quelquefois les vaisseaux de s'y soustraire, en abandonnant le mouillage. La montagne de la Table a, selon Lacaille, 550 toises d'élévation, au-dessus du niveau de la mer; le sommet de cette montagne est un rocher plat qui a 1340 toises de long, de l'est à l'ouest, sur 600 toises de large.

Quoique la terre qui recouvre le roc ait peu de profondeur, sur le sommet de la montagne, les docteurs Thunberg et Sparman y ont trouvé une assez grande variété de plantes. Ce dernier nous fait un portrait très naïf des Hottentots pasteurs et des Hottentots chasseurs. Nous l'avons trouvé ressemblant et peint d'après nature. Il leur donne une stature semblable à celle des peuples de l'Europe, mais plus effilée et plus maigre : la couleur de leur peau est brun jaunâtre. Elle ressemble à celle d'un mulâtre qui auroit une forte jaunisse, mais cette teinte n'est point sensible dans le blanc de leurs yeux, dont l'iris est toujours brun foncé, tirant sur le noir. Leur nez est court et retroussé, mais leurs lèvres ne sont pas épaisses, et leur bouche est garnie de très-belles dents. Leurs petites mains et leurs petits pieds ne sont pas en proportion avec les autres parties de leur corps. C'est ce que personne n'avoit encore observé, dit Sparman; cette conformation singulière peut cependant être regardé comme un caractère particulier à cette nation. Ils ont la racine du nez placée de telle sorte que la distance d'un œil à l'autre est plus grande que dans les visages Européens, et que le bout de leur nez est un peu plat. A tout prendre, leurs traits, leur forme, leur port, leurs mouvemens annoncent la santé, la gaîté et la vivacité. Leurs cheveux sont encore plus laineux que ceux des Caffres. Sparman réfute les fables qu'ont débitées quelques voyageurs sur les parties sexuelles des Hottentots et de leurs femmes; il ajoute que ces peuples ont le dégoûtant usage de se peindre le corps de la tête aux pieds, avec de la graisse mêlée de suie. Cet onguent s'attache à leur peau, et en déguise la couleur naturelle : elle est d'un brun clair, lorsque la mal-propreté ne l'a pas changée en jaune brunâtre. Plusieurs d'entr'eux mettent dans cet onguent des herbes aromatiques réduites en poudre, qu'ils nomment *buckhu*. Ils attribuent à ces herbes de grandes vertus médicinales : ce sont différentes espèces de *drosma*, dont plusieurs espèces sont fort communes aux environs du Cap; mais il en est une à laquelle ils attachent un assez grand prix, puisqu'ils donnent, de cette plante réduite en poudre, un agneau, pour la mesure d'un dez à coudre.

Les Hottentots ainsi couverts de graisse, de

suie et de buckhu sont garantis de l'influence de l'air sur la peau. C'est une espèce de vernis à-peu-près du genre de celui que proposoit Maupertuis pour arrêter la déperdition qui résulte de l'insensible transpiration, ou plutôt pour éviter cette continuelle combustion que l'oxigène occasionne, lorsqu'il est en contact immédiat avec toutes les parties du corps humain. Il ne seroit impossible que nos habiles médecins parvinssent par la suite des tems, à retirer quelques remèdes ou quelques inductions utiles d'une pratique qui ne nuit pas à la santé des peuples sauvages qui en font usage, quoiqu'elle nous semble devoir influer sur l'économie animale.

Les Hottentots ne se servent, pour se vêtir, que de peaux de mouton, dont la laine les garantit du froid, et dont la peau les préserve de l'humidité. Ce manteau est chaud en hiver et frais en été, il suffit pour cela de le retourner. Il est attaché par devant sur la poitrine. Il laisse à nud, dans les tems ordinaires, l'estomac, le devant des jambes et des cuisses, mais il est assez ample pour les mettre à l'abri du froid; c'est leur unique couverture : ils se couchent sur la terre et dorment enveloppés de ce manteau.

Entre les Hottentots pasteurs et les Hottentots chasseurs, la différence de caractère et de mœurs est absolument la même que celle qui existe entre l'agneau et le loup. L'Hottentot chasseur que l'on nomme Boski ou homme des bois, est d'une férocité qui surpasse encore sa stupidité. Ces sauvages ne vivent que de chasse et de pillage ; comme les bêtes féroces, ils n'ont d'autre asyle que les buissons et les creux de rochers. La famine les dessèche au point qu'ils ont l'air de squelettes ; les fermiers qui les avoisinent leur tendent des pièges et cherchent à les surprendre pour en faire des esclaves. Le bon docteur Sparman blâme avec force un tel brigandage ; mais les expressions manquent lorsque l'on veut peindre avec énergie les injustices des hommes. Les Hottentots pasteurs ont des mœurs douces et un caractère indolent. Ils sont très-attachés à la vie errante et indépendante qu'ils mènent ; il faut que cette manière de vivre ait bien de l'attrait pour ceux qui y ont été élevés, puisque nous lisons dans l'histoire des Voyages, que Vanderstel, gouverneur du Cap, ayant pris dès l'enfance un Hottentot, lui fit donner une éducation tout-à-fait européenne: il lui fit apprendre plusieurs langues, et ses progrès ayant répondu aux soins qu'on prit de lui, Vanderstel l'envoya aux Indes avec un commissaire général qui l'employa utilement aux affaires de la Compagnie. Cet Hottentot, de retour au Cap, rendit une visite à ses parens; cette visite produisit sur cet homme un effet auquel on ne s'attendoit pas : il revint chez le gouverneur, revêtu d'une peau de brebis, et lui dit : Voici mes habits européens; je les ai quittés étant dans la ferme résolution de vivre dans la religion, les coutumes et les usages de mes ancêtres. L'unique grace que je vous demande est de me laisser le collier et le coutelas que je porte, je les garderai pour l'amour de vous. Au grand étonnement des spectateurs, et sans attendre la réponse de Vanderstel, il disparut; depuis il n'a plus reparu au Cap.

Ce fut à regret que je vis arriver le moment de quitter le Cap de Bonne-Espérance, où le gouverneur van Plettenberg, le major van Prenh, le conseiller Berg se firent un vrai plaisir de me procurer les productions peu connues de cette contrée éloignée. Il est ici de mon devoir de leur en témoigner, au nom de ceux qui s'intéressent au progrès des connoisances, ma sincère reconnoissance.

Retour du Cap de Bonne-Espérance à Brest.

Notre vaisseau quitta le Cap le premier janvier 1773; le capitaine d'Arros dirigea sa route sur l'Ascension. J'ai déjà parlé de cette petite île, que les Américains commençoient à fréquenter lorsque j'y arrivai pour la seconde fois; ils y faisoient de l'huile de tortue de mer. Ce commerce, de peu d'importance, ne peut être que très-nuisible aux navigateurs qui n'abordent à cette île, que pour y chercher une nourriture salubre et y trouver un remède dont l'efficacité est connue dans les maladies scorbutiques qui attaquent la santé des gens de mer.

J'avais imaginé un moyen que je croyois

propre à donner la profondeur de la mer entre l'Afrique et l'Amérique, et j'avois construit, en conséquence, une machine très-simple, dont je desirois faire l'essai. Cet instrument consistoit en un morceau de bois de sapin taillé en forme de fuseau du poids de quatre livres deux onces. Ce fuseau de bois de sapin, renfermoit dans son intérieur des semelles de liège : il avoit sept pieds de hauteur et il étoit terminé en pointe par les deux bouts, afin de présenter au fluide la moindre résistance. Je l'avois fait bien goudronner : on avoit mis par-dessus le goudron plusieurs couches de peinture à l'huile de couleur blanche, afin de le rendre impénétrable à l'eau, et le rendre perceptible à une distance considérable. Ce fuseau devoit être entraîné au fond de la mer par le poids d'un boulet de 24 livres. Le corps léger devoit revenir au bout d'un tems proportionné à la profondeur de l'eau, en s'élançant de huit à dix pieds au-dessus du niveau de la mer. C'étoit par le choc du boulet sur le fond que devoit s'opérer la séparation du corps léger, qui n'étoit attaché au corps pesant que par un crochet qui, par l'effet du contre-coup, faisoit la bascule et quittoit le poids. Je m'assurai à l'île de l'Ascension de l'effet de mon instrument, et le succès que j'obtins me laissa l'espoir de réussir à une grande profondeur. Mes espérances, lorsque j'en fis l'essai, en pleine mer, entre l'Afrique et l'Amérique, par un tems calme, par la latitude observée de 2° 7 nord, et par la longitude observée de 16°, ne se réalisèrent point par la difficulté d'appercevoir, sans doute, un fuseau aussi peu remarquable au milieu des vastes plaines de l'océan. Ce fut le 25 mars 1773 que je fis, par le tems le plus favorable, cette épreuve à laquelle j'attachois beaucoup d'intérêt. Je n'aurais pas dû, sans doute, me borner à un seul essai, et j'aurois dû me munir de plusieurs fuseaux, afin de répéter mon essai; mais le succès que j'avois obtenu à l'Ascension m'avoit inspiré un degré de confiance dont j'eus lieu de me repentir. J'ignorois alors que l'on trouve dans la géographie de Varennius, revue par Newton, un moyen analogue à celui que je viens de décrire. « On » observe, (*dit Varennius, tom. 2, p. 35*) en

» premier lieu, combien un poids connu de
» plomb est de tems à descendre à une profon-
» deur connue. Ensuite on attache au plomb
» un liège ou une vessie enflée, de manière que
» l'un et l'autre puisse se détacher sitôt que le
» plomb touchera le fond; cela fait, on laisse
» aller le plomb, et on a remarqué le tems qui
» s'écoule entre le moment où il touche le fond
» et celui où le liège reparoît sur la surface de
» la mer; d'où, en comparant ce tems avec les
» observations précédentes et les proportions
» établies, on trouve la profondeur de l'Océan.
» Mais ces essais demandent une exactitude si
» scrupuleuse, et le tems de l'observation est
» si court, qu'il est bien rare de trouver, par
» cette méthode, la véritable profondeur. Le
» savant docteur Hook nous a donné une mé-
» thode assez semblable; comme elle promet
» du succès, ajoute Varennius, nous allons la
» transcrire ici d'après les Transactions philoso-
» phiques, n°. 9, page 147. Prenez un globe
» de sapin, d'érable ou autre bois léger, en-
» duisez-le de vernis ou de poix pour l'empê-

» cher de s'imbiber d'eau ; prenez ensuite un
» plomb beaucoup plus pesant qu'il ne faut
» pour faire enfoncer le globe dans l'eau. At-
» tachez au globe une longue passe de fil-de-fer
» et un ressort en fer, dont le bout est crochu.
» Pressez avec les doigts jusques dans la passe
» le ressort par son extrêmité, recourbez et
» suspendez-y le poids par son crochet, en-
» suite laissé glisser doucement le globe jus-
» qu'au fond de l'eau, où le poids touchant le
» premier, s'arrêtera tout d'un coup ; mais le
» globe étant, par l'impétuosité qu'il a acquise
» en descendant, emporté un peu après que le
» poids est arrêté, laisse échapper le ressort de
» fer, et par ce moyen reste en liberté de
» remonter. Il faut avoir une montre à secondes
» et en observant le tems que la boule a resté
» dans l'eau, on peut, au moyen de quelques
» tables, parvenir à connoître toutes les pro-
» fondeurs de la mer. Ces tables doivent être
« calculées d'après les expériences suivantes,
» faites par le lord Brounker, Robert Murray
» et Hook, dans la Manche, à Sherness, et

» qui

» qui sont rapportées dans les transactions phy-
» losophiques ».

Je crois que l'appareil que j'ai imaginé est beaucoup plus simple que celui que je viens de donner, d'après le docteur Hook, et je puis affirmer qu'il a eu, à cent brasses de profondeur, le succès le plus complet.

Jusqu'à présent la plus grande profondeur de la mer nous est inconnue ; mais on la suppose égale à la hauteur des montagnes les plus élevées ; cette supposition n'est pas sans quelque sorte de vraisemblance. Au reste, cette recherche est plus curieuse qu'utile ; le zélé et infatigable naturaliste, La Manon, qui dans les seules vues d'étendre les limites de nos connoissances, s'embarqua avec l'infortuné La Peyrouse, fit exécuter, par l'habile artiste Lenoir, une sonde de même genre, qui consistoit en un petit globe de cuivre mince rempli de poudre et d'amadou : ce globe étoit surmonté d'un verre ardent, taillé en ménisque ; son foyer répondoit à celui d'une petite lentille, qui servoit de fermeture au globe rempli de poudre. Lorsque le verre me-

II Partie. Ff

nisque étoit plongé dans l'eau, il ne pouvoit pas réunir en un seul point les rayons solaires et allumer l'amadou qui étoit en contact avec le petit verre lenticulaire qui servoit au globe de bouchon : mais son effet étoit sûr, lorsque dégagé du poids qui l'entraînoit au fond de l'eau, il remontoit au-dessus de la surface de la mer : alors l'explosion du pétard devoit annoncer à une grande distance le moment du retour du corps leger, au niveau de l'eau. Ici l'on suppose un ciel sans nuage et un soleil dont les rayons frappent la mer, à-peu-près dans le sens de la perpendiculaire, et c'est la position et le tems qu'il faut choisir pour cette expérience. On auroit encore un effet semblable, si on substituoit au verre ardent du phosphore que l'on sait ne pas brûler dans l'eau, mais qui s'enflamme à l'air. Le mécanisme nécessaire pour mettre, par ce moyen, le feu à la poudre est si facile à concevoir, qu'il est inutile d'entrer à ce sujet, dans une plus ample explication. Le lendemain de mon essai, pour connoître la profondeur de la mer entre l'Afrique et l'Amérique, je fis descendre un bon thermomêtre à mercure, gradué sur l'échelle de Reaumur à la profondeur de soixante pieds; je trouvai que la température de l'eau donnoit à cette profondeur 26º et demi, tandis que celle du vaisseau n'étoit qu'à 24 degrés.

Les navigateurs doivent avoir, pour la sûreté de leurs vaisseaux, de bons baromètres; ceux en fer, inventés par Blondeau, ont le grand avantage d'être portatifs et de n'être pas casuels. Ces baromètres peuvent encore servir utilement à reconnoître les inégalités d'un terrein avec ce degré de précision qui convient dans les cas ordinaires, et alors il suffit d'employer cette règle qui est fondée sur l'observation.

La hauteur du mercure dans le lieu A étant de 334 lignes, et sa hauteur dans le lieu B de 331 lignes, on aura la hauteur B au-dessus de A, en prenant la différence des deux logarithmes de 334 et de 331. Cette différence est dans cette hypotèse de 0, 003918, il faut regarder comme des toises les quatre premiers chiffres après la caractéristique, ce qui donne

0039, c'est-à-dire, 39 toises, nombre dont il faut retrancher la trentième partie. Ainsi, le point B est dans ce cas élevé au-dessus du point A de 37 toises quatre pieds. Lorsqu'on désirera plus de précision, on fera usage des corrections prescrites par les physiciens qui ont cherché à donner à cette méthode un plus grand degré de précision.

J'indiquai encore à La Manon une méthode facile de s'assurer, dans le voyage qu'il alloit entreprendre, des tremblemens de terre les plus imperceptibles. Je lui proposai de se servir d'un grand verre concave enfumé, sur lequel devoit reposer une boule armée de petites pointes. La trace que cette boule doit laisser de son mouvement sur la couche de noir du fumée, indiquera la direction dans laquelle le tremblement de terre aura fait son plus grand effort. On conçoit encore qu'au moyen d'une horloge qui indique les heures et les jours, on pourroit être instruit du jour et de l'instant où cet ébranlement auroit eu lieu. Il suffira pour cela que le verre concave soit percé à son centre d'un petit trou qui permet à la boule, lorsqu'elle quitte son repos, d'agir sur un petit crayon qui puisse faire un trait sur la surface du cadran de l'horloge. Ce trait indiquera l'heure et le jour où la boule aura quitté sa première position. J'ai déja donné cette méthode, il y a plus de dix ans, dans un ouvrage imprimé, dont il y existe, il est vrai, fort peu d'exemplaires, il est intitulé : *Dissertations qui peuvent être utiles ou nécessaires aux recherches des Navigateurs.* J'y fait voir le parti que les navigateurs peuvent retirer des primes de cristal-de-roche, pour reconnoître la distance à laquelle ils apperçoivent, à la mer, des bâtimens.

Mon retour du Cap à Brest n'offre plus rien d'intéressant, que des observations nautiques que je dois ici supprimer ; il ne me reste donc plus qu'à montrer le résultat du produit de mes recherches pour le perfectionnement de la navigation de l'Isle-de-France aux Indes.

Il falloit d'abord reconnoître cette barrière d'îles et d'écueils qui semblent fermer la route directe de l'Inde, et déterminer avec exactitude la position des principaux dangers ; c'est ce que j'ai fait en partie dans mon voyage avec le capitaine Grenier, et cet officier qui a rendu à cette navigation un service signalé, en traçant la route directe à la fin de l'arrière saison, époque où les vents de la partie de l'ouest sont plus constans au sud de la ligne, sous le parallèle de quatre degrés, a mis le général Suffren à portée de primer à la côte de Coromandel, l'escadre anglaise. Cet exemple a été suivi par l'escadre du général Peynier, et par d'autres vaisseaux qui ont fait la même route à la fin de l'arrière saison ; tems où il est utile de se rendre à cette côte, parce qu'après la mousson de l'ouest qui est contraire à la tenue des vaisseaux à l'ancre devant Pondichéry est reversée. Il n'en faut pas davantage pour prouver que les recherches dont j'étois chargé avoient un but d'un grand intérêt, qu'il importe de suivre avec beaucoup de soin, si l'on veut perfectionner une navigation qui offre des avantages inappréciables en tems de guerre.

Fin du troisième Voyage.

EXPOSITION
D'UNE MÉTHODE FACILE,

Et à portée du commun des Navigateurs, pour résoudre les utiles problêmes de la Latitude et de la Longitude.

Par Alexis ROCHON,

De l'Institut national, Directeur de l'Observatoire de la Marine au Port de Brest.

Le quartier ordinaire de réduction a servi jusqu'à présent à décomposer la route d'un vaisseau dans le sens de la latitude et dans celui de la longitude. Je vais faire voir qu'on peut étendre ses usages aux deux utiles problêmes de la latitude et de la longitude.

De la Latitude.

L'on sait que les navigateurs ne font pour la plupart usage que de la hauteur méridienne du soleil. Il est cependant certain que les astronomes se sont attachés depuis long-tems, à mettre le navigateur à portée de déterminer avec précision la latitude avant ou après le passage d'un astre quelconque au méridien. *Dowes* publia en 1754, dans le premier volume de la société de Harlem, une méthode que le célèbre docteur *Maskelyne* a recommandée, et que le citoyen *Lévêque* qui a rendu, et qui continue à rendre à la science nautique, de très-importans services, a exposée avec autant d'ordre que de clarté, dans son Guide du Navigateur; mais, il faut l'avouer, cette méthode en apparence si facile, n'est pas encore à la portée du commun des navigateurs. J'en ai fait usage dans mes deux voyages aux Indes, et je me suis convaincu qu'il étoit utile d'engager l'académie des sciences à proposer pour prix la question suivante:

Déterminer la latitude à la mer par une méthode sure, à la portée du commun des navigateurs, et qui ne suppose pas l'observation immédiate de la hauteur méridienne du soleil.

Le citoyen *Maingon* a imaginé de construire, sur une carte, une formule qui consiste à multiplier le sinus verse de l'angle horaire par le cosinus de la déclinaison, et par celui de la latitude estimée, et à diviser le produit par le rayon et par le cosinus de la hauteur du soleil ; la quantité que l'on néglige, et à laquelle il seroit encore facile d'avoir égard, n'a pas une influence dangereuse sur cette opération. Au lieu de construire une carte, les marins aimeroient peut-être mieux faire usage du quartier ordinaire de réduction ; j'ai donc dressé une table des sinus verses de l'angle horaire qui répond aux divisions du côté du quartier partagé par soixante-cinq cercles concentriques. Je considère alors ce côté comme une échelle de cordes divisées en soixante-cinq minutes, et je suppose que chaque minute est idéalement divisée en dixièmes de minute. Il est évident que trente minutes de l'échelle des cordes répondent au sinus verse d'un angle horaire de trente minutes vingt secondes. J'opère ensuite comme dans l'exemple suivant. Etant le 23 août 1771, par la latitude estimée de 47°, j'ai obtenu pour hauteur corrigée du centre du soleil, 54° 7, à 11 heures 37' temps vrai, ou à 33' du méridien. Je cherche dans ma table des sinus verses, au nombre 33 celui de l'échelle des cordes qui y correspond, et je vois que le sinus verse de l'angle horaire, répond dans ce cas au nombre 35 et demi, ou 35, 5 à-peu-près.

Avec le rayon 35, 5, je trace l'arc de la déclinaison du soleil qui est ce jour-là de 11° 17' boréale. (L'on sent qu'on peut se dispenser de tracer cet arc sur son quartier, parce qu'il tient le milieu entre les deux cercles concentriques qui partent des points 35 et 36) : de l'extrêmité de l'arc de 11° 17, je fais tomber un sinus sur l'échelle des cordes, c'est-à-dire, sur le rayon du quartier; ce sinus le coupera à-peu-près par le nombre 35, et ce nombre 35 indiquera la longueur du rayon qui servira à tracer un second arc de cercle qui sera celui de la latitude estimée 47°. Il faudra encore faire tomber de l'extrêmité de l'arc de 47°, un sinus qui rencontrera l'échelle des cordes près du point 24, et de ce point 24, vous éleverez un sinus qui ira rencontrer l'extrêmité de l'arc de la hauteur vraie du soleil 54° 7′; vous observerez alors que cet arc appartient à un rayon dont la longueur sur l'échelle des cordes répond au nombre 41 à-peu-près; alors ajoutant à 54° 7′ le nombre 41′, vous aurez pour la hauteur méridienne, 54° 48′; donc la distance du soleil au zénith sera de 35° 12′; et en ajoutant la déclinaison 11° 17′, vous aurez pour latitude observée 46° 29′, au lieu de 47° de latitude donnée par l'estime.

Ceux qui sont habitués à se servir des logarithmes aimeront sans doute autant chercher le logarithme du nombre 35, 5, qui est 1,5514, ils ajouteront 9,9915 log. du cosinus de la déclinaison 11° 17′, ainsi que 9,8338 logarithme du cosinus de la latitude estimée 47°, la somme de ces trois logarithmes sera 21,3767; l'on retranchera de cette somme le logarithme 19,7680 qui est la somme du sinus total et du cosinus de la hauteur vraie du soleil 54° 7′; le logarithme qui résulte de cette opération, est 1,6087 qui répond à-peu-près au nombre 41 qui désigne la quantité de minutes qu'il faut ajouter à 54° 7' pour avoir la hauteur méridienne 54° 48'.

Second Exemple que je prends dans l'instruction du citoyen Maingon.

A 11 heures 30', temps vrai, l'on a eu pour hauteur vraie du soleil, 24° 20', par la latitude estimée de 45°, le soleil ayant 20° de déclinaison.

L'angle horaire est de 30 minutes, son sinus verse répond dans la table au nombre 29,4 de l'échelle des cordes : avec le rayon 29,5, au lieu de 4 dixièmes, vous décrirez l'arc de 20° (de la déclinaison) ; de l'extrêmité de cet arc, vous ferez tomber un sinus qui fera son intersection au point 27,5 ; avec ce nouveau rayon, vous tracerez un arc de 45° (latitude estimée) ; de l'extrêmité de cet arc, vous laisserez encore tomber un sinus qui coupera l'échelle des cordes au nombre 19,5, vous prolongerez ce sinus du point 19,5 jusqu'à la rencontre de l'extrêmité de l'arc de 24° 20' (hauteur du soleil), et vous trouverez que le rayon de cet arc sera sur l'échelle des cordes, de 21′, 5 ; donc la hauteur méridienne du soleil sera de 24° 41′ 30″, sa distance au zénith, sera 65° 18′ 30″, dont il faut retrancher la déclinaison 20°, ce qui donne 45° 18′ 30″ pour la vraie latitude.

L'on voit par ces deux exemples avec quelle facilité on obtient la latitude par l'observation de la hauteur du soleil ou d'un astre quelconque, dont on connoît la déclinaison ; lorsque cet astre n'est pas fort éloigné du méridien, tant avant qu'après midi, pourvu que l'heure vraie de l'observation soit bien connue. Nous n'avons pas voulu, par cette raison, étendre la table des sinus verses de l'angle horaire, au-delà de 45 minutes, afin que le navigateur ne soit pas exposé à des erreurs importantes en faisant usage de cette méthode ; il peut même comparer la latitude prise avant ou après midi, avec la latitude observée à midi, pour s'assurer du degré de précision de son opération.

De la Longitude.

Les navigateurs instruits de toutes les nations, ne font qu'un vœu, n'expriment qu'un désir, celui de voir les salutaires méthodes de longitude et de latitude à la portée du commun des navigateurs, et l'académie des sciences qui en avoit senti toute l'importance, en avoit fait le sujet du prix fondé par Raynal, dans les trois années consécutives de 1790, 91 et 92; voici la question qu'elle proposa: *Trouver pour la réduction de la distance apparente de deux astres en distance vraie, une méthode sure et rigoureuse qui n'exige cependant, dans la pratique, que des calculs simples et à la portée du plus grand nombre des navigateurs.* Le prix accordé à la solution de cette importante question, fût adjugé en 1792, à une pièce ayant pour épigraphe :

Le trident de Neptune est le sceptre du monde !

Je ne parlerai pas des efforts qui ont été faits à ce sujet, parce que j'y ai eu une part trop active pour qu'il soit convenable d'en faire ici mention. Allons directement au but, et montrons qu'avec le quartier de réduction on peut facilement résoudre cette question. Les hommes instruits sentent que dans les solutions graphiques de cette question et de celles qui y sont analogues, il faut, pour obtenir de la précision, faire usage de formules différencielles ; c'est ce qu'a bien senti le docteur *Shepherd*, qui s'est servi de la formule de *Lyons*, pour calculer les grandes tables qui ont ensuite servi à *Margetts*, pour dresser ces utiles cartes qui servent à faire si promptement ces réductions; mais ces cartes, et même la table, sont au-dessus des moyens pécuniaires de la plupart des navigateurs.

Le moyen que nous allons proposer n'a pas cet inconvénient. Nous avons fait construire deux cartes qui ne sont pas gravées, mais imprimées, afin qu'on puisse se les procurer à très-bon compte. Ces deux cartes que je désigne sous la dénomination de P, et de p, expriment des fonctions de la parallaxe et de la réfraction : on en trouve toujours la valeur lorsqu'on connoît la hauteur apparente de la lune et sa parallaxe horizontale. Ces fonctions ne s'élèvent qu'à des minutes et des dixièmes de minute, et servent de rayon sur le quartier de réduction.

1°. Le rayon donné par la carte P, sert avec l'arc de la distance apparente de la lune au soleil, à trouver le cosinus de cette distance en minutes et dixièmes de minute.

2°. Le rayon qui est donné par la seconde carte p, sert avec l'arc de la hauteur apparente du soleil ou de l'étoile, à connoître, sur le même quartier, la valeur du sinus de cette hauteur.

3°. Une simple table nous a suffi pour la fonction R, de la réfraction qui sert encore de rayon pour connoître le sinus de la hauteur de la lune.

Cela posé, soit D, la distance vraie, et d, la distance apparente; H, la hauteur apparente du soleil, et h, la hauteur apparente de la lune; P, p, R, des fonctions calculées de la parallaxe et de la réfraction, on aura par le calcul

calcul trigonométrique, en négligeant des termes qui n'influent pas sensiblement sur le résultat.

$$D = d \pm \frac{R \sin h \pm P \cos d - p \sin H}{\sin d}$$

Lorsque dans cette formule la distance apparente d, est moindre que 90 degrés; cosinus d est positif, lorsqu'au contraire cette distance d, excède 90 degrés, le cosinus d, devient négatif. Voilà pourquoi dans la formule générale, nous avons mis à ce terme, le double signe plus et moins.

Il ne s'agit plus que d'obtenir par le quartier, les trois termes $\pm R \sin h$; $P \cos d$; $p \sin H$, qui sont à diviser par sinus d.

Soit la distance apparente des centres de la lune au soleil $= 79° 78'$; la hauteur apparente de la lune étant de $47° 33'$; et celle du soleil de $43° 25'$, la parallaxe horizontale de la lune $58'$. (*J'ai fait cette observation à la mer par la latitude sud de 22 degrés, le 16 août 1771, à trois heures vingt-deux minutes, tems vrai.*)

II Partie.   G g

Par la table R, on trouvera pour la hauteur apparente du soleil, 43° 25', le nombre 1, 3 à-peu-près, ce rayon servira à tracer, sur le quartier, l'arc de la hauteur de la lune, 47° 33', dont le sinus répondra sur l'échelle des cordes, à une minute.

Le second terme P cos d, se trouvera de même; car avec la hauteur de la lune, 47° 33', vous trouverez avec la parallaxe de 58 minutes, que P répond sur l'échelle des cordes au nombre 41, et avec ce rayon vous tracerez l'arc de la distance apparente 79° 18' dont le cosinus sur l'échelle des cordes, répondra au nombre 8 à-peu-près; ce nombre sera positif, parce que la distance est dans ce cas moindre que quatre-vingt-dix degrés.

Le troisième terme p sin H s'obtient par la table p qui donne pour seconde fonction de la parallaxe 58'; et avec la hauteur apparente de la lune 47° 33', on trouve le nombre 57; ce nombre est le rayon qui sert à tracer, sur le quartier de réduction, l'arc de la hauteur apparente du soleil 43° 25, et à trouver sur l'échelle des cordes son sinus qui est d'environ 39; ainsi, on aura à 1 + 8 — 39 ou — 30 qu'il faut diviser par le sinus de la distance apparente, (79° 18), c'est-à-dire, qu'avec le sinus 30, de l'arc de 79° 18′, vous aurez pour rayon le nombre 30,5, nombre de minutes qu'il faut retrancher de 79° 18, pour avoir la distance vraie 78° 47′, 30″.

Second Exemple.

Distance apparente des centres de la lune et du soleil 116° 40.

Hauteur du centre de la lune, 44° 27.

Hauteur du soleil, 18° 43′.

Parallaxe horizontale, 56′.

R, répond à (2,8), P, à (41), et p, à (54, 5). Avec R, (2,8), vous tracerez l'arc de 44° 27, (hauteur de la lune), qui vous donnera sur le quartier, pour le sinus de cet arc, à-peu-près 2. Avec P, (41), vous tracerez un arc de cercle de (63° 20), qui est le supplément de 116° 40′, ce qui vous donnera pour cosinus de cet angle, 18,5 ; ce cosinus est négatif, parce que la distance est plus grande que 90 degrés.

Enfin, avec p, (54,5) vous tracerez un arc de cercle de 18° 53′, hauteur du soleil, et le sinus de cet arc sera de 17,5 ; ainsi, les trois termes seront (2 — 18,5 — 17,5, ou — 34 : nombre qui vous servira de sinus sur le quartier, pour trouver le rayon de l'arc de 63° 20′, supplément de 116° 40′ ; lequel rayon sera de 38′ ; ce nombre 38 est à retrancher de 116° 40′, ce qui donne 116° 2′ pour distance vraie.

Le citoyen Borda, dans son instruction sur le cercle, donne cet exemple, et trouve pour résultat de son calcul, 116° 2′ 30″. Il est facile de résoudre la même question par les logarithmes, car l'expression
$$\frac{R, \sin h, \pm P, \cos d - p \sin H}{\sin d}$$
est absolument la même que
$$\frac{R \sin h}{s d} \pm \frac{P \cos d}{s d} - \frac{p s H}{s d} = \frac{R \sin h}{s d} \pm \frac{P}{\tan g\, d} - \frac{p s H}{s d}.$$

Or, log. R + log. sin. h — log. sin. d. est égal au log. 2,8 + log. sinus 44° 27′ — log.

sinus 116° 40′, c'est-à-dire, 0,4471 + 9,8453 — 9,9511 ou 0,3413 ; dont le nombre correspondant est 2,3 ; on trouvera les deux autres termes de la même manière, car log. P ou log. 41, est 1,6128 et le logarithme de la tangente de 116° 40′, ou ce qui est de même, celui de 63° 20′ est 0,2991. Ainsi log. P moins log. tang. d sera 1,3137, et ce logarithme répond au nombre 20,6 ; le troisième terme log. de p ou 54,5 est 1,7364, plus le log. sinus 18° 53′ ou 9,5100, moins sinus 116° 40′ ou 9,9511, donneront 1,2953 dont le nombre correspondant sera 19,7 ; ainsi, on aura pour les trois termes 2,3 — 20,6 — 19,7 — ou — 38, ce qui donne pour distance vraie 116° 2′.

Il est à remarquer que le rayon du quartier qui est divisé en 65 parties, que nous avons considérées comme des minutes et dixièmes de minute, peut encore servir à des opérations plus précises lorsqu'on regarde chaque diviseur comme des dixièmes de minute, puisque 2,8 pourront, par exemple, être représentées par vingt-huit divisions ; alors le résultat de l'opération ne donnera que des dixièmes de minute, ainsi, pour obtenir le terme R sin. h, on tracera avec le rayon 28 (R) un arc de 44° 27 (h), et le sinus de cet arc répondra, à-peu-près, au nombre 20, lequel sera vingt dixièmes de minute ou deux minutes.

Nous avons choisi une méthode graphique à la portée du commun des navigateurs, et pour cet effet, nous avons employé l'instrument le mieux connu et le plus usité dans la marine ; cet instrument a servi de tous les tems à décomposer promptement la route d'un vaisseau dans le sens de la latitude et dans celui de la longitude, et à résoudre tous les triangles rectangles ; car avec le fil mobile qui passe par le centre du quartier, et par l'arc divisé, on trouve à l'instant les sinus, co-sinus, tangentes, co-tangentes, sécantes et co-sécantes de cet arc ; quand le rayon est pris sur sa base qui est divisé en soixante et cinq parties.

N. B. La formule qui sert de fondement à la méthode graphique que nous venons d'exposer, ne contient que les termes les plus essentiels de la formule générale de réduction, les autres termes pouvant être négligés sans crainte d'erreur sensible.

La Table suivante des Angles Horaires regarde la Latitude.

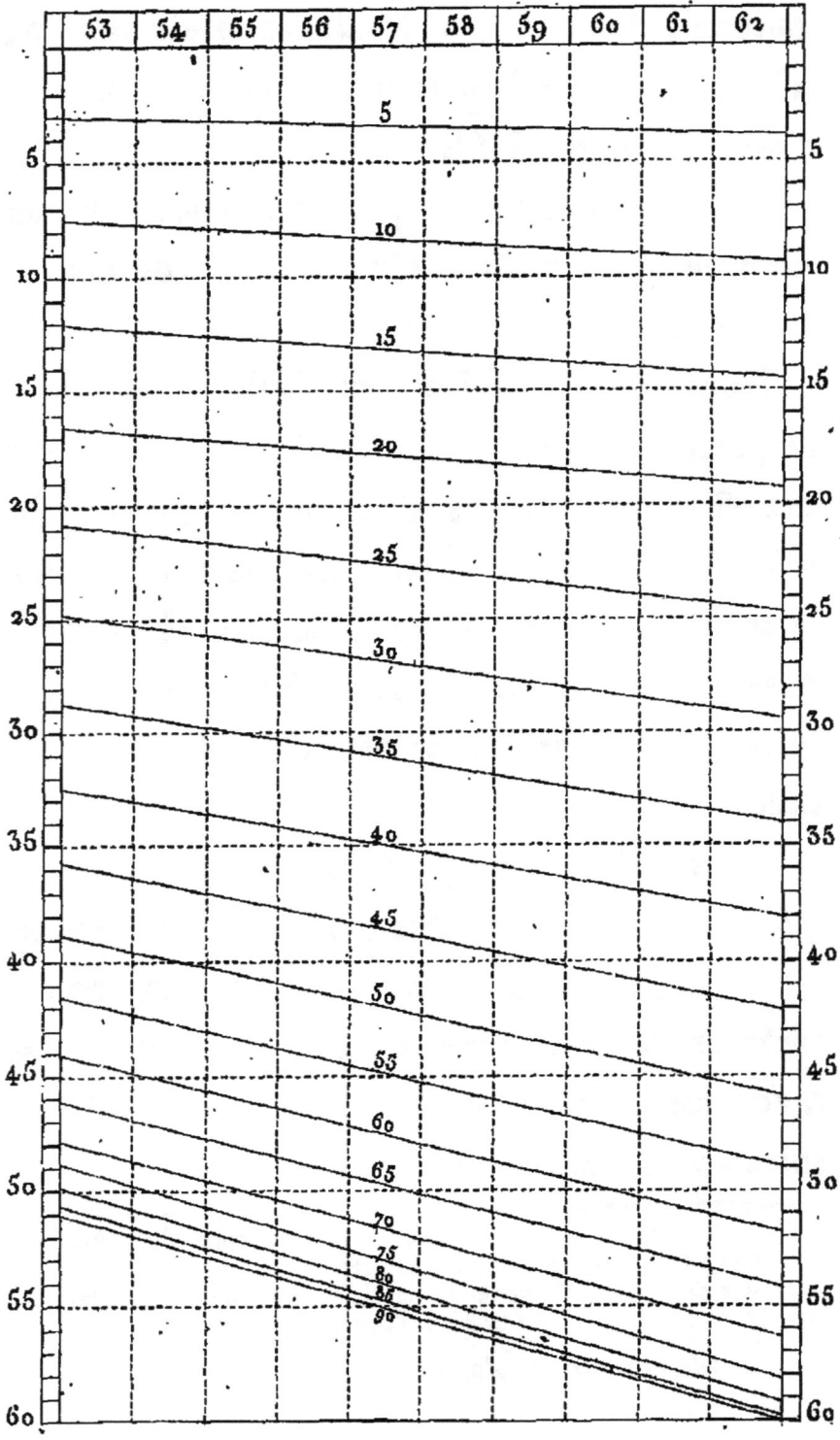

Table I (P)
Parallaxe horizontale de la Lune.

Table II(P)
Parallaxe horizontale de la Lune.

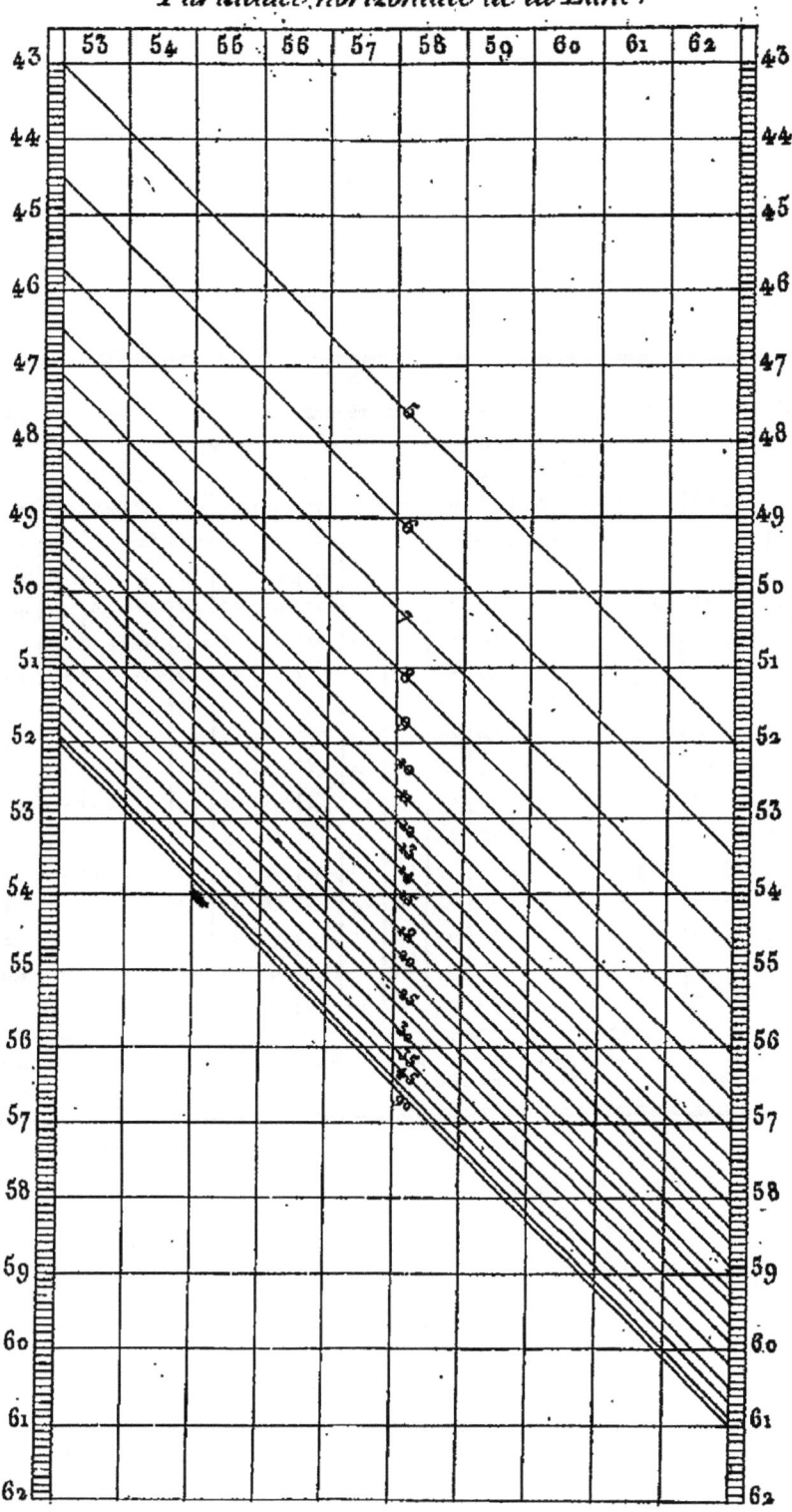

TABLE PREMIÈRE.

HAUTEUR DE LA LUNE.

HAUTEUR DU SOLEIL	6°	8°	10°	13°	15°	18°	20°	23°	25°	28°	30°	35°	40°	45°	50°	55°	60°	65°	70°	80°	90°
5°	1,0	1,4	1,7	2,2	2,5	3,0	3,3	3,9	4,3	4,9	5,3	5,9	6,4	6,9	7,5	8,0	8,5	8,9	9,2	9,6	9,8
8°	0,8	1,1	1,3	1,7	2,0	2,4	2,6	2,8	3,3	3,8	4,1	4,5	4,9	5,3	5,7	6,1	6,5	6,8	7,1	7,4	7,6
10°	0,5	0,7	0,9	1,2	1,3	1,8	1,9	2,2	2,4	2,7	2,8	3,0	3,3	3,6	4,0	4,5	4,6	4,7	4,8	5,0	5,3
13°	0,5	0,6	0,7	0,9	1,1	1,4	1,6	1,9	2,1	2,3	2,5	2,7	2,8	3,0	3,5	3,9	4,2	4,0	4,2	4,4	4,6
15°	0,4	0,5	0,6	0,8	0,9	1,2	1,3	1,5	1,7	1,9	1,0	2,1	2,3	2,5	2,9	3,1	3,2	3,3	3,4	3,5	3,5
17°	0,4	0,5	0,5	0,7	0,8	1,0	1,1	1,3	1,4	1,6	1,7	1,8	2,0	2,1	2,3	2,7	3,0	3,1	3,1	3,2	3,3
20°	0,3	0,4	0,5	0,6	0,7	0,9	1,0	1,0	1,1	1,1	1,2	1,3	1,5	1,8	2,1	2,3	2,4	2,4	2,5	2,6	2,6
25°	0,3	0,4	0,4	0,5	0,6	0,7	0,8	0,9	1,0	1,1	1,2	1,3	1,4	1,5	1,6	1,7	1,8	1,9	2,0	2,1	2,1
30°	0,3	0,3	0,4	0,4	0,5	0,6	0,6	0,7	0,8	0,9	1,0	1,1	1,2	1,3	1,3	1,4	1,4	1,5	1,5	1,6	1,7
35°	0,2	0,3	0,3	0,4	0,5	0,6	0,6	0,7	0,8	0,9	1,0	1,0	1,1	1,2	1,2	1,2	1,3	1,3	1,4	1,4	1,5
40°	0,2	0,2	0,3	0,4	0,4	0,5	0,6	0,7	0,7	0,8	0,8	0,9	0,9	1,0	1,0	1,1	1,1	1,2	1,2	1,3	1,3
50°	0,2	0,2	0,3	0,4	0,4	0,5	0,5	0,6	0,6	0,7	0,7	0,8	0,8	0,9	0,9	1,0	1,0	1,0	1,1	1,1	1,1
60°	0,1	0,2	0,2	0,3	0,3	0,4	0,4	0,5	0,5	0,6	0,7	0,7	0,6	0,8	0,9	0,9	0,9	1,0	1,0	1,0	1,0
80°	0,1	0,1	0,2	0,2	0,3	0,3	0,3	0,3	0,4	0,4	0,4	0,4	0,5	0,5	0,5	0,5	0,5	0,6	0,6	0,6	0,6
90°	0,0	0,0	0,0	0,0	0,0	0,0	0,0	0,0	0,0	0,0	0,0	0,0	0,0	0,0	0,0	0,0	0,0	0,0	0,0	0,0	0,0

La Table 1 sert à trouver le premier terme R, qui est une fonction de la réfraction par le moyen des hauteurs apparentes de la Lune et du Soleil ; ce terme est toujours positif.

TABLE II.

PARALLAXE RÉDUITE.

H.☽		H.☉	43	44	45	46	47	48	49	50	51	52	53	54	55	56	57	58	59	60
5°	1,0	5°	3,7	3,8	3,9	4,0	4,1	4,2	4,3	4,4	4,5	4,5	4,6	4,7	4,8	4,9	5,0	5,0	5,1	5,2
6	8,5	6	4,4	4,6	4,8	5,0	5,2	5,3	5,5	5,6	5,8	6,0	6,2	6,4	6,6	6,8	6,9	7,1	7,3	7,4
7	7,3	7	5,2	5,3	5,5	5,7	5,9	6,0	6,2	6,3	6,5	6,7	6,9	7,1	7,2	7,4	7,5	7,7	7,9	8,0
8	6,5	8	5,9	6,1	6,3	6,5	6,7	6,8	7,0	7,1	7,3	7,5	7,7	7,9	8,0	8,2	8,3	8,5	8,7	8,9
9	5,9	9	6,7	6,8	7,0	7,2	7,4	7,5	7,7	7,8	8,0	8,2	8,4	8,6	8,7	8,9	9,0	9,2	9,4	9,6
10°	5,3	10°	7,4	7,6	7,8	8,0	8,2	8,3	8,5	8,6	8,8	9,0	9,2	9,4	9,5	9,7	9,8	10,0	10,2	10,4
11	4,9	11	8,1	8,3	8,5	8,7	8,9	9,1	9,3	9,5	9,7	9,9	10,1	10,3	10,5	10,7	10,9	11,1	11,3	11,5
12	4,5	12	8,9	9,1	9,3	9,5	9,7	9,9	10,1	10,3	10,5	10,7	10,9	11,1	11,3	11,5	11,7	11,9	12,1	12,3
13	4,2	13	9,6	9,8	10,0	10,2	10,4	10,6	10,8	11,0	11,2	11,4	11,6	11,8	12,0	12,2	12,4	12,6	12,8	13,0
14	3,9	14	10,4	10,7	10,9	11,2	11,5	11,7	12,0	12,2	12,5	12,8	13,0	13,3	13,6	13,8	14,0	14,3	14,6	14,8
15°	3,6	15°	11,1	11,4	11,6	11,9	12,2	12,4	12,7	12,9	13,2	13,5	13,7	14,1	14,3	14,5	14,7	15,0	15,2	15,5
16	3,4	16	11,8	12,1	12,4	12,7	13,0	13,3	13,6	13,9	14,2	14,5	14,8	15,1	15,4	15,7	16,0	16,3	16,6	16,6
17	3,2	17	12,6	12,9	13,2	13,5	13,8	14,1	14,4	14,7	15,0	15,3	15,6	15,9	16,2	16,5	16,8	17,1	17,4	17,7
18	3,1	18	13,2	13,5	13,8	14,1	14,4	14,7	15,0	15,3	15,6	15,9	16,2	16,5	16,8	17,1	17,4	17,7	18,0	18,3
19	2,9	19	13,9	14,2	14,5	14,8	15,1	15,4	15,7	16,0	16,3	16,6	16,9	17,2	17,5	17,8	18,1	18,4	18,7	19,0
20°	2,8	20°	14,6	14,9	15,3	15,6	15,9	16,2	16,6	16,9	17,3	17,6	17,8	18,1	18,6	19,0	19,5	19,8	20,1	20,4
21	2,7	21	15,3	15,6	16,0	16,3	16,7	17,0	17,4	17,8	18,1	18,4	18,7	19,0	19,5	19,9	20,4	20,8	21,0	21,4
22	2,6	22	16,0	16,3	16,7	17,0	17,5	17,8	18,5	18,7	18,9	19,3	19,6	20,0	20,4	20,8	21,2	21,6	22,0	22,3
23	2,5	23	16,7	17,0	17,4	17,7	18,3	18,6	19,0	19,4	19,8	20,2	20,5	21,0	21,4	21,8	22,2	22,5	22,9	23,3
24	2,4	24	17,4	17,7	18,1	18,4	19,0	19,4	19,9	20,2	20,7	21,1	21,4	21,9	22,3	22,8	23,2	23,7	24,2	24,6
25°	2,3	25°	18,1	18,5	18,9	19,4	19,9	20,3	20,7	21,1	21,6	22,0	22,4	22,9	23,4	23,8	24,2	24,6	24,9	25,3
26	2,2	26	18,8	19,2	19,6	20,1	20,5	21,0	21,4	21,8	22,4	22,8	23,2	23,7	24,2	24,6	25,0	25,4	25,8	26,2
27	2,1	27	19,5	19,9	20,3	20,8	21,3	21,7	22,1	22,6	23,2	23,6	24,0	24,5	25,0	25,5	25,9	26,3	26,7	27,2
28	2,0	28	20,2	20,6	21,0	21,5	22,0	22,5	23,0	23,5	24,0	24,4	24,8	25,3	25,8	26,3	26,8	27,2	27,6	28,1
29	1,9	29	20,8	21,3	21,8	22,3	22,7	23,2	23,6	24,2	24,8	25,2	25,6	26,2	26,6	27,1	27,5	28,0	28,5	29,1
30°	1,8	30°	21,5	22,0	22,5	23,0	23,5	24,0	24,5	25,0	25,5	26,0	26,5	27,0	27,5	28,0	28,5	29,0	29,5	30,0
31	1,7	31	22,2	22,7	23,2	23,7	24,2	24,7	25,2	25,7	26,3	26,8	27,3	27,8	28,3	28,8	29,4	29,9	30,4	30,9
32	1,7	32	22,8	23,4	23,9	24,4	24,9	25,4	25,9	26,4	27,1	27,6	28,1	28,6	29,1	29,6	30,2	30,8	31,3	31,8
33	1,6	33	23,5	24,0	24,5	25,0	25,5	26,0	26,5	27,1	27,7	28,2	28,9	29,4	29,9	30,4	31,0	31,6	32,2	32,7
34	1,6	34	24,0	24,6	25,2	25,7	26,2	26,7	27,3	27,8	28,5	29,0	29,5	30,2	30,7	31,2	31,8	32,4	33,0	33,6
35°	1,5	35°	24,6	25,2	25,8	26,3	26,9	27,5	28,0	28,6	29,2	29,8	30,4	31,0	31,5	32,0	32,6	33,2	33,8	34,4
36	1,5	36	25,2	25,8	26,4	27,0	27,6	28,2	28,7	29,3	29,9	30,5	31,1	31,7	32,3	32,8	33,4	34,0	34,6	35,2
37	1,5	37	25,8	26,2	27,0	27,6	28,2	28,8	29,4	30,0	30,6	31,2	32,0	32,6	33,2	33,7	34,3	34,9	35,4	36,0
38	1,5	38	26,4	27,0	27,6	28,3	29,0	29,6	30,2	30,7	31,3	31,9	32,5	33,2	33,9	34,6	35,2	35,8	36,3	36,8
39	1,5	39	27,0	27,6	28,2	28,9	29,6	30,2	30,8	31,4	32,0	32,7	33,3	34,0	34,7	35,3	36,0	36,6	37,2	37,7
40°	1,5	40°	27,6	28,2	28,8	29,5	30,2	30,8	31,5	32,2	32,8	33,4	34,0	34,7	35,3	36,0	36,7	37,4	38,0	38,6
41	1,4	41	28,2	28,8	29,5	30,2	30,8	31,5	32,2	32,8	33,4	34,1	34,7	35,4	36,0	36,7	37,4	38,1	38,7	39,4
42	1,4	42	28,8	29,4	30,1	30,8	31,4	32,1	32,8	33,4	34,1	34,8	35,5	36,2	36,9	37,6	38,3	39,0	39,6	40,2
43	1,4	43	29,4	30,0	30,7	31,4	32,0	32,7	33,4	34,1	34,8	35,5	36,2	36,8	37,4	38,1	38,8	39,5	40,1	40,8
44	1,4	44	29,9	30,6	31,3	32,0	32,6	33,3	34,0	34,6	35,3	36,1	36,8	37,4	38,1	38,8	39,5	40,2	40,8	41,6

TABLE II.

PARALLAXE RÉDUITE.

H.☽		H.☉	43	44	45	46	47	48	49	50	51	52	53	54	55	56	57	58	59	60
45°	1,3	45°	30,4	31,1	31,8	32,5	33,2	33,9	34,6	35,3	36,0	36,7	37,4	38,1	38,8	39,5	40,2	40,9	41,6	42,4
46	1,3	46	30,9	31,7	32,4	33,1	33,8	34,5	35,2	35,9	36,7	37,4	38,1	38,8	39,5	40,2	40,9	41,6	42,4	43,2
47	1,3	47	31,4	32,2	33,0	33,7	34,4	35,1	35,8	36,5	37,3	38,1	38,8	39,5	40,2	40,9	41,6	42,3	43,1	43,9
48	1,3	48	31,9	32,7	33,5	44,3	35,0	35,7	36,4	37,1	37,9	38,7	39,4	40,1	40,8	41,6	42,3	43,0	43,8	44,6
49	1,3	49	32,4	33,2	34,0	34,8	35,5	36,2	37,0	37,7	38,5	39,3	40,0	40,7	41,5	42,3	43,0	43,7	44,5	45,3
50°	1,2	50°	32,9	33,7	34,5	35,3	36,0	36,8	37,5	38,3	39,1	39,9	40,6	41,3	42,2	43,0	43,8	44,5	45,3	46,0
51	1,2	51	33,4	34,2	35,0	35,8	36,5	37,3	38,1	38,9	39,7	40,5	41,2	41,9	42,7	43,5	44,3	45,1	45,9	46,7
52	1,2	52	33,9	34,7	35,5	36,3	37,0	37,8	38,6	39,4	40,2	41,0	41,8	42,6	43,4	44,2	45,0	45,8	46,6	47,1
53	1,2	53	34,3	35,2	36,0	36,8	37,5	38,3	39,1	39,9	40,7	41,6	42,4	43,2	44,0	44,8	45,6	46,4	47,2	47,9
54	1,2	54	34,7	35,6	36,4	37,2	38,0	38,8	39,6	40,4	41,2	42,0	42,9	43,7	44,5	45,3	46,1	46,9	47,7	48,5
55°	1,2	55°	35,2	36,0	36,8	37,6	38,4	39,3	40,1	40,9	41,7	42,6	43,4	44,2	45,0	45,8	46,6	47,4	48,2	49,1
56	1,2	56	35,6	36,4	37,3	38,1	38,9	39,8	40,6	41,4	42,2	43,1	43,9	44,8	45,6	46,4	47,2	48,0	48,8	49,7
57	1,2	57	36,0	36,8	37,7	38,5	39,4	40,3	41,1	41,9	42,7	43,6	44,4	45,2	46,0	46,8	47,7	48,5	49,4	50,3
58	1,2	58	36,4	37,2	38,1	39,0	39,8	40,7	41,6	42,4	43,2	44,1	44,9	45,8	46,7	47,6	48,4	49,2	50,0	50,9
59	1,1	59	36,8	37,6	38,5	39,3	40,2	41,1	42,0	42,9	43,7	44,6	45,4	46,3	47,2	48,0	48,8	49,6	50,5	51,4
60°	1,1	60°	37,2	38,0	38,9	39,7	40,6	41,5	42,4	43,3	44,2	45,1	46,0	46,9	47,8	48,6	49,4	50,2	51,1	52,0
61	1,1	61	37,6	38,4	39,3	40,1	41,0	41,9	42,8	43,7	44,6	45,5	46,4	47,3	48,2	49,1	49,8	50,9	51,5	52,5
62	1,1	62	38,0	38,8	39,7	40,5	41,4	42,3	43,2	44,1	45,0	45,9	46,8	47,7	48,6	49,5	50,3	51,0	51,9	53,0
63	1,1	63	38,3	39,2	40,0	40,9	41,8	42,7	43,6	44,5	45,4	46,3	47,2	48,1	49,0	50,0	50,8	51,5	52,4	53,5
64	1,1	64	38,6	39,5	40,4	41,3	42,2	43,1	44,0	44,9	45,8	46,7	47,6	47,5	49,4	50,4	51,2	52,0	52,9	54,0
65°	1,1	65°	39,9	39,8	40,8	41,7	42,6	43,5	44,4	45,3	46,2	47,1	48,0	48,9	49,8	50,7	51,6	52,5	53,4	54,4
66	1,1	66	39,2	40,1	41,2	42,0	42,9	43,9	44,8	45,7	46,6	47,5	48,4	49,3	50,2	51,1	52,0	53,0	53,8	54,8
67	1,1	67	39,5	40,4	41,5	42,3	43,2	44,3	45,2	46,0	47,0	47,8	48,9	49,7	50,6	51,5	52,4	53,4	54,2	55,1
68	1,1	68	39,8	40,7	41,8	42,6	43,5	44,6	45,6	46,3	47,3	48,2	49,2	50,0	51,0	51,9	52,8	53,8	54,6	55,6
69	1,1	69	40,1	41,0	42,0	52,9	43,8	44,9	45,8	46,6	47,6	48,6	49,6	50,4	51,3	52,3	53,2	54,2	55,0	56,0
70°	1,0	70°	40,4	41,3	42,2	43,1	44,1	45,1	46,0	46,9	47,9	48,9	49,8	50,7	51,6	52,6	53,6	54,5	55,4	56,3
71	1,0	71	40,7	41,5	42,4	43,4	44,3	45,3	46,3	47,2	48,1	49,1	50,1	51,0	51,9	52,9	53,9	54,8	55,7	56,5
72	1,0	72	41,0	41,7	42,6	43,6	44,5	45,5	46,5	47,4	48,3	49,0	50,3	51,3	52,2	53,2	54,2	55,2	56,0	56,7
73	1,0	73	41,2	41,9	42,8	43,8	44,6	45,7	46,6	47,6	48,5	49,4	50,4	51,6	52,5	53,5	54,5	55,5	56,4	57,1
74	1,0	74	41,4	42,1	43,0	44,0	44,7	45,8	46,7	47,7	48,7	49,7	50,8	51,8	52,8	53,8	54,8	55,8	56,7	57,6
75°	1,0	75°	41,5	42,3	43,2	44,2	44,8	45,9	46,8	48,2	48,9	50,0	51,0	52,0	53,0	54,0	55,0	56,0	57,0	58,0
76	1,0	76	41,7	42,5	43,4	44,4	44,9	46,0	46,9	48,3	49,3	50,2	51,2	52,3	53,2	54,3	55,3	56,3	57,2	58,2
77	1,0	77	41,9	42,7	43,6	44,7	45,0	46,5	47,0	48,6	49,6	50,5	51,5	52,6	53,5	54,5	55,5	56,5	57,4	58,5
78	1,0	78	42,1	42,9	43,8	44,9	45,1	46,8	47,1	48,8	49,8	50,8	51,8	52,8	53,7	54,7	55,7	56,7	57,6	58,6
79	1,0	79	42,2	43,1	44,0	45,1	45,2	47,0	47,2	49,0	50,0	51,0	52,0	53,0	53,9	54,9	55,9	56,9	57,8	58,8
80°	1,0	80°	42,3	43,3	44,3	45,3	46,3	47,2	48,3	49,2	50,2	51,2	52,2	53,2	54,1	55,1	56,1	57,1	58,0	59,0
81	1,0	81	42,4	43,4	44,4	45,4	46,3	47,3	48,3	49,4	50,4	51,4	52,4	53,4	54,3	55,3	56,3	57,3	58,2	59,2
82	1,0	82	42,5	43,5	44,5	45,5	46,5	47,4	48,5	49,5	50,5	51,5	52,5	53,5	54,5	55,5	56,5	57,5	58,4	59,4
83	1,0	83	42,6	43,6	44,6	45,6	46,6	47,6	48,6	49,6	50,6	51,6	52,6	53,6	54,6	55,6	56,6	57,6	58,6	59,6
84	1,0	84	42,7	43,7	44,7	45,7	46,7	47,7	48,7	49,7	50,7	51,7	52,5	53,7	54,7	55,7	56,7	57,7	58,7	59,7

TABLE II.

PARALLAXE RÉDUITE.

H. ☾		H. ☉	43	44	45	46	47	48	49	50	51	52	53	54	55	56	57	58	59	60
85°	1,0	85°	42,8	43,8	44,8	45,8	46,8	47,8	48,8	49,8	50,8	51,8	52,8	53,8	54,8	55,8	56,8	57,8	58,8	59,8
86	1,0	86	42,8	43,8	44,8	45,8	46,8	47,8	48,8	49,8	50,8	51,8	52,8	53,8	54,8	55,8	56,8	57,8	58,8	59,8
87	1,0	87	42,8	43,9	44,9	45,9	46,9	47,9	48,9	49,9	50,9	51,9	52,9	53,9	54,9	55,9	56,9	57,9	58,9	59,9
88	1,0	88	42,9	43,9	44,9	45,9	46,9	47,9	48,9	49,9	50,9	51,9	52,9	53,9	54,9	55,9	56,9	57,9	58,9	59,9
89	1,0	89	42,9	43,9	44,9	45,9	46,9	47,9	48,9	49,9	50,9	51,9	52,9	53,9	54,9	55,9	56,9	57,9	58,9	59,9
90°	1,0	90°	43,0	44,0	45,0	46,0	47,0	48,0	49,0	50,0	51,0	52,0	53,0	54,0	55,0	56,0	57,0	58,0	59,0	60,0

Cette Table II, sert à trouver le terme B ; primo en cherchant, avec la hauteur apparente de la Lune, la réduction à faire à la Parallaxe horizontale de la Lune, et en cherchant ensuite avec cette Parallaxe réduite, au moyen de la hauteur du Soleil, ce second terme qui est toujours négatif.

TABLE III.

PARALLAXE HORIZONTALE.

	53	54	55	56	57	58	59	60	61	62
5°	3, 0	3, 1	3, 2	3, 3	3, 4	3, 5	3, 6	3, 7	3, 8	3, 9
6	4, 0	4, 1	4, 2	4, 3	4, 4	4, 5	4, 6	4, 7	4, 8	5, 0
7	5, 0	5, 1	5, 2	5, 4	5, 5	5, 6	5, 7	5, 8	5, 9	6, 0
8	5, 8	5, 9	6, 0	6, 1	6, 2	6, 3	6, 5	6, 7	6, 9	7, 1
9	6, 6	6, 7	6, 9	7, 1	7, 3	7, 5	7, 7	7, 9	8, 1	8, 3
10°	7, 5	7, 7	7, 9	8, 1	8, 3	8, 5	8, 7	8, 9	9, 1	9, 4
11	8, 4	8, 6	8, 8	9, 0	9, 2	9, 4	9, 6	9, 8	10, 0	10, 2
12	9, 4	9, 6	9, 8	10, 0	10, 2	10, 4	10, 6	10, 8	11, 1	11, 4
13	10, 3	10, 5	10, 7	10, 9	11, 1	11, 3	11, 5	11, 8	12, 1	12, 4
14	11, 2	11, 4	11, 6	11, 8	12, 0	12, 2	12, 5	12, 8	13, 1	13, 4
15°	12, 1	12, 3	12, 5	12, 7	13, 0	13, 3	13, 6	13, 9	14, 2	14, 5
16	13, 0	13, 2	13, 4	13, 7	14, 0	14, 3	14, 6	14, 9	15, 2	15, 5
17	13, 9	14, 1	14, 3	14, 5	14, 8	15, 1	15, 4	15, 7	16, 0	16, 4
18	14, 8	15, 0	15, 2	15, 5	15, 7	16, 0	16, 3	16, 6	17, 0	17, 4
19	15, 7	15, 9	16, 1	16, 4	16, 7	17, 0	17, 3	17, 6	18, 0	18, 4
20°	16, 6	16, 8	17, 0	17, 3	17, 6	17, 9	18, 2	18, 5	18, 8	19, 3
21	17, 4	17, 6	17, 9	18, 2	18, 5	18, 8	19, 1	19, 5	19, 9	20, 3
22	18, 2	18, 5	18, 8	19, 1	19, 5	19, 8	20, 1	20, 5	20, 9	21, 4
23	19, 0	19, 3	19, 6	20, 0	20, 4	20, 8	21, 2	21, 6	22, 0	22, 5
24	19, 9	20, 3	20, 7	21, 1	21, 5	21, 9	22, 3	22, 7	23, 1	23, 6
25°	20, 8	21, 3	21, 7	22, 1	22, 5	22, 9	23, 3	23, 8	24, 2	24, 7
26	21, 6	22, 0	22, 4	22, 8	23, 2	23, 6	24, 1	24, 6	25, 1	27, 5
27	22, 4	22, 7	23, 1	23, 5	24, 1	24, 5	25, 0	25, 5	26, 0	26, 6
28	23, 2	23, 7	24, 2	24, 7	25, 2	25, 7	26, 2	26, 7	27, 1	27, 5
29	24, 0	24, 5	25, 0	25, 5	26, 0	26, 5	27, 0	27, 5	28, 0	28, 4
30°	24, 8	25, 3	25, 8	26, 3	26, 8	27, 3	27, 8	28, 3	28, 8	29, 4
31	25, 6	26, 1	26, 6	27, 1	27, 6	28, 1	28, 6	29, 2	29, 7	30, 3
32	26, 4	27, 0	27, 6	28, 2	28, 7	29, 2	29, 7	30, 2	30, 7	31, 2
33	27, 2	27, 8	28, 4	29, 2	29, 8	30, 3	30, 8	31, 3	31, 8	32, 2
34	28, 0	28, 6	29, 3	29, 8	30, 4	30, 9	31, 4	32, 0	32, 6	33, 1
35°	28, 7	29, 3	29, 8	30, 6	31, 2	31, 8	32, 3	32, 8	33, 4	34, 0
36	29, 5	30, 1	30, 7	31, 3	31, 9	32, 5	33, 0	33, 7	34, 3	34, 8
37	30, 2	30, 8	31, 4	32, 0	32, 6	33, 4	33, 8	34, 4	35, 0	35, 6
38	31, 0	31, 6	32, 2	32, 8	33, 4	34, 0	34, 6	35, 2	35, 8	36, 4
39	31, 7	32, 3	32, 9	33, 5	34, 1	34, 7	35, 3	35, 8	36, 5	37, 2
40°	32, 4	33, 0	33, 6	34, 2	34, 8	35, 4	36, 0	36, 6	37, 3	38, 0
41	33, 1	33, 7	34, 3	34, 9	35, 4	36, 0	36, 6	37, 3	38, 0	38, 8
42	33, 8	34, 4	35, 0	35, 6	36, 3	37, 0	37, 7	38, 4	38, 9	39, 6
43	34, 5	35, 0	35, 5	36, 2	36, 9	37, 6	38, 3	39, 0	39, 7	40, 4
44	35, 1	35, 7	36, 3	36, 9	37, 6	38, 3	39, 0	39, 7	40, 4	41, 2

HAUTEUR DE LA LUNE.

TABLE III.

PARALLAXE HORIZONTALE.

HAUTEUR DE LA LUNE	53	54	55	56	57	58	59	60	61	62
45°	35,7	36,3	37,0	37,7	38,4	39,1	39,8	40,5	41,2	42,1
46	36,4	37,1	37,8	38,5	39,2	39,9	40,6	41,3	42,1	42,9
47	37,0	37,7	38,4	39,1	39,8	40,5	41,3	42,1	42,9	43,7
48	37,6	38,3	39,0	39,7	40,4	41,2	42,0	42,8	43,6	44,4
49	38,2	38,9	39,6	40,3	41,1	41,9	42,7	43,5	44,3	45,1
50°	38,8	39,5	40,2	41,0	41,8	42,6	43,4	44,2	45,0	45,8
51	39,4	40,1	40,9	41,7	42,5	43,3	44,1	44,9	45,7	46,5
52	40,0	40,8	41,6	42,4	43,2	44,0	44,8	45,6	46,4	47,2
53	40,6	41,4	42,2	43,0	43,8	44,6	45,4	46,2	47,0	47,8
54	41,1	41,9	42,7	43,5	44,3	45,1	45,9	46,7	47,5	48,4
55°	41,6	42,4	43,2	44,0	44,8	45,6	46,4	47,3	48,1	49,0
56	42,1	42,9	43,7	44,5	45,3	46,1	46,9	47,8	48,7	49,6
57	42,6	43,4	44,2	45,0	45,8	46,6	47,5	48,4	49,3	50,2
58	43,1	43,9	44,7	45,5	46,3	47,2	48,1	49,0	49,9	50,8
59	43,6	44,4	45,4	46,2	47,1	47,8	48,8	49,5	50,5	51,4
60°	44,1	44,9	45,6	46,4	47,3	48,2	49,1	50,0	50,9	51,9
61	44,5	45,3	46,1	47,0	47,9	48,8	49,7	50,6	51,5	52,4
62	44,9	45,8	46,7	47,6	48,5	49,4	50,3	51,2	52,1	52,9
63	45,3	46,2	47,1	48,0	48,9	49,8	50,7	51,6	52,5	53,4
64	45,7	46,6	47,5	48,4	49,3	50,2	51,1	52,0	52,9	53,9
65°	46,1	47,0	47,9	48,8	49,7	50,6	51,5	52,4	53,3	54,2
66	46,5	47,4	48,3	49,2	50,1	51,0	51,9	52,8	53,8	54,8
67	46,9	47,8	48,7	49,6	50,5	51,4	52,3	53,2	54,2	55,2
68	47,3	48,2	49,1	50,0	50,9	51,8	52,7	53,6	54,6	55,6
69	47,6	48,4	49,3	50,2	51,1	52,0	53,0	54,0	55,0	56,0
70°	47,9	48,8	49,7	50,6	51,5	52,4	53,4	54,4	55,4	56,4
71	48,1	49,0	49,9	50,9	51,8	52,8	53,8	54,8	55,8	56,8
72	48,3	49,2	50,2	51,2	52,2	53,2	54,2	55,2	56,2	57,5
73	48,5	49,5	50,5	51,6	52,6	53,6	54,6	55,6	56,6	57,6
74	48,7	49,7	50,7	51,7	52,7	53,7	54,7	55,7	56,7	57,9
75°	48,9	49,9	50,9	51,9	52,9	53,9	54,9	56,0	57,1	58,2
76	49,1	50,1	51,1	52,1	53,1	54,1	55,1	56,2	57,3	58,4
77	49,3	50,3	51,3	52,3	53,3	54,3	55,3	56,4	57,5	58,6
78	49,5	50,6	51,7	52,7	53,7	54,7	55,7	56,7	57,7	58,8
79	49,7	50,7	51,7	52,7	53,7	54,7	55,7	56,8	57,8	59,0
80°	49,9	50,9	51,9	52,9	53,9	54,9	55,9	57,0	58,1	59,2
81	50,1	51,1	52,1	53,1	54,1	55,1	56,1	57,2	58,3	59,4
82	50,3	51,3	52,3	53,3	54,3	55,3	56,4	57,5	58,5	59,6
83	50,5	51,5	52,5	53,5	54,5	55,5	56,5	57,5	58,6	59,7
84	50,7	51,7	52,7	53,7	54,7	55,7	56,7	57,7	58,8	59,8

TABLE III.

PARALLAXE HORIZONTALE.

HAU. DE LA LUNE.		53	54	55	56	57	58	59	60	61	62
	85°	50, 8	51, 8	52, 8	53, 8	54, 8	55, 8	56, 8	57, 8	58, 8	59, 8
	86	50, 9	51, 9	52, 9	53, 9	54, 9	55, 9	56, 9	57, 9	58, 9	59, 9
	87	51, 0	52, 0	53, 0	54, 0	55, 0	56, 0	57, 0	58, 0	59, 0	60, 0
	88	51, 0	52, 0	53, 0	54, 0	55, 0	56, 0	57, 0	58, 0	59, 0	60, 0
	89	51, 0	52, 0	53, 0	54, 0	55, 0	56, 0	57, 0	58, 0	59, 0	60, 0
	90°	51, 0	52, 0	53, 0	54, 0	55, 0	56, 0	57, 0	58, 0	59, 0	50, 0

Cette Table III, sert à obtenir avec la Parallaxe horizontale de la Lune, la réduction qu'il faut lui faire pour avoir le troisième terme que la Table D donnera. On obtiendra cette réduction avec la hauteur apparente de la Lune.

TABLE IV.

RAYONS.

	1	2	3	4	5	6	7	8	9	10	11	12	13	14	15
40°	....	....	2,3	3,1	3,8	4,6	5,4	6,1	6,9	7,7	8,4	9,2	10,0	10,7	11,0
41	....	....	2,3	3,0	3,8	4,5	5,3	6,0	6,8	7,5	8,3	9,1	9,8	10,6	11,3
42	....	....	2,2	2,8	3,7	4,5	5,2	5,9	6,7	7,4	8,2	8,9	9,7	10,4	11,1
43	....	....	2,2	2,9	3,7	4,4	5,1	5,8	6,6	7,3	8,0	8,8	9,5	10,2	11,0
44	....	....	2,2	2,9	3,6	4,3	5,0	5,8	6,5	7,2	7,9	8,6	9,3	10,0	10,8
45°	....	....	2,1	2,8	3,5	4,2	4,9	5,7	6,4	7,1	7,8	8,5	9,2	9,9	10,6
46	....	....	2,1	2,8	3,5	4,2	4,9	5,6	6,2	6,9	7,6	8,3	9,0	9,7	10,4
47	....	....	2,0	2,7	3,4	4,1	4,8	5,5	6,1	6,8	7,5	8,2	8,9	9,5	10,2
48	....	....	2,0	2,7	3,3	4,0	4,7	5,4	6,0	6,7	7,4	8,0	8,7	9,4	10,0
49	....	....	2,0	2,6	3,3	3,9	4,6	5,2	5,9	6,6	7,2	7,9	8,5	9,2	9,8
50°	....	....	1,9	2,6	3,2	3,9	4,5	5,1	5,8	6,4	7,1	7,7	8,3	9,0	9,6
51	....	....	1,9	2,5	3,1	3,8	4,4	5,0	5,7	6,3	6,9	7,5	8,2	8,8	9,4
52	....	....	1,8	2,5	3,1	3,7	4,3	4,9	5,5	6,1	6,8	7,4	8,0	8,6	9,2
53	....	....	1,8	2,4	3,0	3,6	4,2	4,8	5,4	6,0	6,6	7,2	7,8	8,4	9,0
54	....	....	1,8	2,4	2,9	3,5	4,1	4,7	5,3	5,9	6,5	7,1	7,6	8,2	8,8
55°	....	....	1,7	2,3	2,9	3,4	4,0	4,6	5,2	5,7	6,3	6,9	7,4	8,0	8,6
56	....	....	1,7	2,2	2,8	3,4	3,9	4,5	5,0	5,6	6,1	6,7	7,3	7,8	8,4
57	....	....	1,6	2,2	2,7	3,3	3,8	4,4	4,9	5,4	6,0	6,5	7,1	7,6	8,2
58	....	....	1,6	2,1	2,6	3,2	3,7	4,2	4,8	5,3	5,8	6,4	6,9	7,4	8,0
59	....	....	1,5	2,1	2,6	3,1	3,6	4,1	4,6	5,1	5,7	6,2	6,7	7,2	7,7
60°	....	....	1,5	2,0	2,5	3,0	3,5	4,0	4,5	5,0	5,5	6,0	6,5	7,0	7,5
61	....	....	1,5	1,9	2,4	2,9	3,4	3,9	4,4	4,8	5,3	5,8	6,3	6,8	7,3
62	....	....	1,4	1,9	2,3	2,8	3,3	3,8	4,2	4,7	5,2	5,6	6,1	6,6	7,0
63	....	....	1,4	1,8	2,3	2,7	3,2	3,6	4,1	4,6	5,0	5,4	5,9	6,4	6,8
64	....	....	1,3	1,7	2,2	2,6	3,1	3,5	3,9	4,4	4,8	5,3	5,7	6,1	6,6
65°	....	....	1,3	1,7	2,1	2,5	3,0	3,4	3,8	4,2	4,7	5,1	5,5	5,9	6,3
66	....	....	1,2	1,6	2,0	2,4	2,8	3,3	3,7	4,1	4,5	4,9	5,3	5,7	6,1
67	....	....	1,2	1,6	2,0	2,3	2,7	3,1	3,5	3,9	4,3	4,7	5,1	5,5	5,9
68	....	....	1,1	1,5	1,9	2,2	2,6	3,0	3,4	3,7	4,1	4,5	4,9	5,2	5,6
69	....	....	1,1	1,4	1,8	2,1	2,5	2,9	3,2	3,6	3,9	4,3	4,7	5,0	5,4
70°	....	....	1,0	1,4	1,7	2,1	2,4	2,7	3,1	3,4	3,8	4,1	4,4	4,8	5,1
71	....	....	1,0	1,3	1,6	1,9	2,3	2,6	2,9	3,2	3,6	3,9	4,2	4,5	4,9
72	....	....	0,9	1,2	1,5	1,9	2,2	2,5	2,8	3,1	3,4	3,7	4,0	4,3	4,6
73	....	....	0,9	1,2	1,5	1,8	2,0	2,3	2,6	2,9	3,2	3,5	3,8	4,1	4,4
74	....	....	0,8	1,1	1,4	1,7	1,9	2,2	2,5	2,8	3,0	3,3	3,6	3,9	4,1
75°	....	....	0,8	1,0	1,3	1,6	1,9	2,1	2,3	2,6	2,8	3,1	3,4	3,6	3,9
76	....	....	0,7	1,0	1,2	1,5	1,7	1,9	2,2	2,4	2,6	2,9	3,1	3,4	3,6
77	....	....	0,7	0,9	1,1	1,3	1,6	1,8	2,0	2,2	2,5	2,7	2,9	3,1	3,4
78	....	....	0,6	0,8	1,0	1,2	1,5	1,7	1,9	2,1	2,3	2,5	2,7	2,9	3,1
79	....	....	0,6	0,8	1,0	1,2	1,3	1,5	1,7	1,9	2,1	2,3	2,5	2,7	2,9

COSINUS DE LA DISTANCE APPARENTE DE LA LUNE AU SOLEIL.

TABLE IV.

RAYONS.

(Left margin: COSINUS DE LA DISTANCE APPARENTE DE LA LUNE AU SOLEIL.)

	1	2	3	4	5	6	7	8	9	10	11	12	13	14	15
80°	....	....	0,5	0,7	0,9	1,0	1,2	1,4	1,6	1,7	1,9	2,1	2,2	2,4	2,6
81	....	....	0,5	0,6	0,8	0,9	1,1	1,2	1,4	1,6	1,7	1,9	2,0	2,2	2,3
82	....	....	0,4	0,6	0,7	0,8	1,0	1,1	1,3	1,4	1,5	1,7	1,8	1,9	2,1
83	....	....	0,4	0,5	0,6	0,7	0,9	1,0	1,1	1,2	1,3	1,5	1,6	1,7	1,8
84	....	....	0,3	0,4	0,5	0,6	0,7	0,8	0,9	1,0	1,1	1,2	1,4	1,5	1,6
85°	....	....	0,3	0,3	0,4	0,5	0,6	0,7	0,8	0,9	1,0	1,0	1,1	1,2	1,3
86	....	....	0,2	0,2	0,3	0,4	0,5	0,5	0,6	0,7	0,8	0,8	0,9	0,9	1,0
87	....	....	0,2	0,2	0,2	0,3	0,4	0,4	0,5	0,5	0,6	0,6	0,7	0,7	0,8
88	....	....	0,1	0,1	0,2	0,2	0,3	0,3	0,3	0,4	0,4	0,4	0,4	0,5	0,5
89	....	....	0,1	0,1	0,1	0,1	0,1	0,1	0,2	0,2	0,2	0,2	0,2	0,2	0,3
90°	....	....	0,0	0,0	0,0	0,0	0,0	0,0	0,0	0,0	0,0	0,0	0,0	0,0	0,0

	16	17	18	19	20	21	22	23	24	25	26	27	28	29	30
40°	12,2	13,0	13,8	14,6	15,3	16,1	16,9	17,6	18,4	19,1	19,9	20,7	21,4	22,2	23,0
41	12,1	12,8	13,6	14,3	15,1	15,9	16,1	17,4	18,1	18,9	19,6	20,4	21,1	21,9	22,6
42	11,9	12,6	13,4	14,1	14,9	15,6	16,3	17,1	17,8	19,3	20,1	20,8	21,5	22,3	23,0
43	11,7	12,4	13,2	13,9	14,6	15,4	16,0	16,8	17,5	18,3	19,0	19,7	20,5	21,2	21,9
44	11,5	12,2	12,9	13,7	14,4	15,1	15,8	16,5	17,3	18,0	18,7	19,4	20,1	20,8	21,8
45°	11,3	12,0	12,7	13,4	14,1	14,8	15,6	16,2	17,0	17,7	18,4	19,1	19,8	20,5	21,2
46	11,1	11,8	12,5	13,2	13,9	14,6	15,3	16,0	16,7	17,3	18,0	18,7	19,4	20,1	20,8
47	10,9	11,6	12,3	13,0	13,6	14,3	15,0	15,7	16,4	17,0	17,7	18,4	19,1	19,8	20,5
48	10,7	11,3	12,0	12,7	13,4	14,0	14,7	15,4	16,1	16,7	17,4	18,1	18,7	19,4	20,1
49	10,5	11,1	11,8	12,4	13,1	13,8	14,4	15,1	15,7	16,4	17,1	17,7	18,4	19,0	19,7
50°	10,3	10,9	11,6	12,2	12,9	13,5	14,1	14,8	15,4	16,1	16,7	17,4	18,0	18,6	19,3
51	10,0	10,7	11,3	11,9	12,6	13,2	13,8	14,5	15,1	15,7	16,4	17,0	17,6	18,2	18,9
52	9,8	10,5	11,1	11,7	12,3	12,9	13,5	14,1	14,7	15,4	16,0	16,6	17,2	17,8	18,4
53	9,6	10,2	10,8	11,4	12,0	12,6	13,2	13,8	14,4	15,0	15,6	16,3	16,9	17,5	18,1
54	9,4	10,0	10,6	11,2	11,8	12,3	12,9	13,5	14,1	14,7	15,3	15,8	16,5	17,1	17,0
55°	9,2	9,7	10,3	10,9	11,5	12,0	12,6	13,2	13,8	14,3	14,9	15,5	16,0	16,6	17,2
56	8,9	9,5	10,1	10,6	11,2	11,7	12,3	12,9	13,4	14,0	14,5	15,1	15,7	16,2	16,8
57	8,7	9,2	9,8	10,3	10,9	11,4	12,0	12,5	13,1	13,6	14,1	14,7	15,2	15,8	16,3
58	8,5	9,0	9,5	10,1	10,6	11,1	11,7	12,2	12,7	13,3	13,8	14,3	14,8	15,4	15,9
59	8,2	8,8	9,3	9,8	10,3	10,8	11,3	11,8	12,4	12,9	13,4	13,9	14,4	14,9	15,4
60°	8,0	8,5	9,0	9,5	10,0	10,5	11,0	11,5	12,0	12,5	13,0	13,5	14,0	14,5	15,0
61	7,8	8,2	8,7	9,2	9,7	10,2	10,7	11,2	11,6	12,1	12,6	13,1	13,6	14,1	14,6
62	7,5	8,0	8,4	8,9	9,4	9,8	10,3	10,8	11,2	11,7	12,2	12,7	13,1	13,6	14,1
63	7,3	7,7	8,2	8,6	9,1	9,5	10,0	10,4	10,9	11,3	11,8	12,3	12,7	13,2	13,6
64	7,0	7,4	7,9	8,3	8,8	9,2	9,6	10,1	10,5	10,9	11,4	11,8	12,2	12,7	13,1

TABLE IV.

RAYONS.

COSINUS DE LA DISTANCE APPARENTE DE LA LUNE AU SOLEIL.

	16	17	18	19	20	21	22	23	24	25	26	27	28	29	30
65°	6,7	7,2	7,6	8,0	8,5	8,9	9,3	9,7	10,1	10,6	11,1	11,4	11,8	12,3	12,7
66	6,5	6,9	7,3	7,7	8,1	8,5	9,0	9,4	9,8	10,2	10,6	11,0	11,4	11,8	12,2
67	6,3	6,6	7,0	7,4	7,8	8,2	8,6	9,0	9,4	9,8	10,2	10,6	10,9	11,3	11,7
68	6,0	6,4	6,7	7,1	7,5	7,9	8,2	8,6	9,0	9,3	9,7	10,1	10,5	10,8	11,2
69	5,7	6,1	6,4	6,8	7,2	7,5	7,9	8,2	8,6	8,9	9,3	9,7	10,0	10,4	10,7
70°	5,5	5,8	6,2	6,5	6,8	7,2	7,5	7,9	8,2	8,5	8,9	9,2	9,6	9,9	10,3
71	5,2	5,5	5,8	6,2	6,5	6,8	7,1	7,5	7,8	8,1	8,4	8,8	9,1	9,4	9,7
72	4,9	5,2	5,6	5,9	6,2	6,5	6,8	7,1	7,4	7,7	8,0	8,3	8,6	9,0	9,3
73	4,7	5,0	5,3	5,5	5,8	6,1	6,4	6,7	7,0	7,3	7,6	7,9	8,2	8,5	8,8
74	4,4	4,7	5,0	5,2	5,5	5,8	6,1	6,3	6,6	6,9	7,2	7,4	7,7	8,0	8,3
75°	4,1	4,5	4,7	4,9	5,2	5,4	5,7	6,0	6,2	6,5	6,7	7,1	7,3	7,5	7,8
76	3,9	4,1	4,3	4,6	4,8	5,1	5,3	5,6	5,8	6,0	6,3	6,5	6,8	7,0	7,3
77	3,6	3,8	4,0	4,3	4,5	4,7	4,9	5,2	5,4	5,6	5,8	6,1	6,3	6,5	6,7
78	3,3	3,5	3,7	3,9	4,2	4,4	4,6	4,8	5,0	5,2	5,4	5,6	5,8	6,0	6,2
79	3,0	3,2	3,4	3,6	3,8	4,0	4,2	4,4	4,6	4,8	5,0	5,2	5,3	5,5	5,7
80°	2,8	2,9	3,1	3,3	3,5	3,6	3,8	4,0	4,2	4,3	4,5	4,7	4,8	5,0	5,2
81	2,5	2,7	2,8	3,0	3,1	3,3	3,4	3,6	3,7	3,9	4,1	4,2	4,4	4,5	4,7
82	2,2	2,4	2,5	2,6	2,8	2,9	3,1	3,2	3,3	3,5	3,6	3,8	3,9	4,0	4,2
83	2,0	2,1	2,2	2,3	2,4	2,6	2,7	2,9	2,9	3,0	3,2	3,3	3,4	3,5	3,7
84	1,7	1,8	1,9	2,0	2,1	2,2	2,3	2,4	2,5	2,6	2,7	2,8	2,9	3,0	3,1
85°	1,4	1,5	1,6	1,7	1,7	1,8	1,9	2,0	2,1	2,2	2,3	2,3	2,4	2,5	2,6
86	1,1	1,2	1,3	1,3	1,4	1,5	1,5	1,6	1,7	1,7	1,8	1,9	2,0	2,0	2,1
87	0,8	0,9	0,9	1,0	1,0	1,1	1,1	1,2	1,2	1,3	1,3	1,4	1,5	1,5	1,6
88	0,6	0,6	0,6	0,7	0,7	0,7	0,8	0,8	0,8	0,9	0,9	0,9	1,0	1,0	1,1
89	0,3	0,3	0,3	0,3	0,3	0,4	0,4	0,4	0,4	0,4	0,5	0,5	0,5	0,5	0,5
90°	0,0	0,0	0,0	0,0	0,0	0,0	0,0	0,0	0,0	0,0	0,0	0,0	0,0	0,0	0,0

	31	32	33	34	35	36	37	38	39	40	41	42	43	44	45
40°	23,7	24,5	25,3	26,0	26,8	27,6	28,3	29,1	29,9	30,6	31,4	32,2	32,9	33,7	34,5
41	23,4	24,2	24,9	25,7	26,4	27,2	27,9	28,7	29,4	30,2	30,9	31,7	32,5	33,2	34,0
42	23,0	23,8	24,5	25,3	26,0	26,7	27,5	28,2	29,0	29,7	30,5	31,2	31,9	32,7	33,4
43	22,6	23,4	24,1	24,9	25,6	26,3	27,0	27,8	28,5	29,2	30,0	30,7	31,4	32,2	32,9
44	22,3	23,0	23,7	24,4	25,2	25,9	26,6	27,3	28,0	28,8	29,5	30,2	30,9	31,6	32,4
45°	21,9	22,6	23,3	24,0	24,7	25,5	26,2	26,9	27,6	28,3	29,0	29,7	30,4	31,1	31,8
46	21,5	22,2	22,9	23,6	24,3	25,0	25,7	26,4	27,0	27,8	28,5	29,1	29,8	30,5	31,2
47	21,1	21,8	22,5	23,2	23,9	24,5	25,2	25,9	26,6	27,3	28,0	28,6	29,3	30,0	30,7
48	20,7	21,4	22,0	22,7	23,4	24,1	24,7	25,4	26,1	26,8	27,4	28,1	28,8	29,4	30,1
49	20,3	21,0	21,6	22,3	23,0	23,6	24,3	24,9	25,6	26,2	26,9	27,5	28,2	28,9	29,5

TABLE IV.

RAYONS.

	31	32	33	34	35	36	37	38	39	40	41	42	43	44	45
50°	19,9	20,6	21,2	21,9	22,5	23,1	23,8	24,4	25,1	25,7	26,4	27,0	27,6	28,3	28,9
51	19,5	20,1	20,8	21,4	22,0	22,6	23,3	23,9	24,5	25,2	25,8	26,4	27,0	27,6	28,3
52	19,0	19,7	20,3	20,9	21,5	22,1	22,8	23,4	24,0	24,6	25,2	25,8	26,4	27,1	27,7
53	18,7	19,2	19,9	20,5	21,1	21,7	22,3	22,9	23,5	24,1	24,7	25,3	25,9	26,5	27,1
54	18,2	18,8	19,4	20,0	20,6	21,2	21,8	22,3	22,9	23,5	24,1	24,7	25,3	25,9	26,5
55°	17,8	18,3	18,9	19,5	20,0	20,6	21,2	12,8	22,3	22,9	23,5	24,0	24,6	25,2	25,8
56	17,3	17,9	18,4	19,0	19,6	20,1	20,7	21,2	21,8	22,4	22,9	23,5	24,0	24,6	25,1
57	16,9	17,4	17,9	18,5	19,0	19,6	20,1	20,7	21,2	21,8	22,3	22,8	23,4	23,9	24,5
58	16,4	17,0	17,5	18,0	18,5	19,1	19,6	20,1	20,7	21,2	21,7	22,3	22,8	23,3	23,8
59	16,0	16,5	17,0	17,5	18,0	18,5	19,0	19,5	21,0	20,6	21,5	21,6	22,1	22,6	23,1
60°	15,5	16,0	16,5	17,0	17,5	18,0	18,5	19,0	19,5	29,0	20,5	21,0	21,5	22,0	22,5
61	15,0	15,5	16,0	16,5	17,0	17,5	18,0	18,4	19,0	19,4	29,0	20,4	20,8	21,3	21,8
62	14,5	15,0	15,5	16,0	16,4	16,8	17,3	17,8	18,3	18,8	19,2	19,7	20,2	20,6	21,1
63	14,0	14,5	15,0	15,4	15,9	16,3	16,8	17,2	17,7	18,2	18,6	19,1	19,5	20,0	20,4
64	13,6	14,0	14,4	14,9	15,3	15,8	16,2	16,6	17,1	17,5	18,0	18,4	18,8	19,3	19,7
65°	13,0	13,5	14,0	14,4	14,8	15,2	15,6	16,1	16,5	16,9	17,3	17,8	18,2	18,6	19,0
66	12,6	13,0	13,4	13,8	14,2	14,6	15,1	15,5	15,9	16,3	16,7	17,1	17,5	17,9	18,3
67	12,1	12,5	12,9	13,3	13,7	14,1	14,5	14,9	15,2	15,6	16,0	16,4	16,8	17,2	17,6
68	11,6	12,0	12,3	12,7	13,1	13,5	13,8	14,2	14,6	15,0	15,3	15,7	16,1	16,5	16,8
69	11,1	11,5	11,8	12,2	12,5	12,9	13,2	13,6	14,0	14,3	14,7	15,0	15,4	15,8	16,1
70°	10,6	10,9	11,3	11,6	12,0	12,3	12,7	13,0	13,3	13,7	14,0	14,4	14,7	15,0	15,4
71	10,1	10,4	10,7	11,0	11,4	11,7	12,0	12,3	12,6	13,0	13,3	13,6	14,0	14,3	14,6
72	9,6	9,9	10,2	10,5	10,8	11,1	11,4	11,7	12,0	12,4	12,7	13,0	13,3	13,6	13,9
73	9,0	9,3	9,6	9,9	10,2	19,5	10,8	11,1	11,4	11,7	12,0	12,3	12,6	12,8	13,1
74	8,6	8,8	9,1	9,4	9,7	9,9	10,2	10,5	10,8	11,0	11,3	11,6	11,9	12,1	12,4
75°	8,0	8,3	8,5	8,8	9,1	9,3	9,7	9,8	10,1	10,4	10,6	10,9	11,1	11,4	11,7
76	7,5	7,7	8,0	8,2	8,5	8,7	8,9	9,2	9,4	9,7	9,9	10,2	10,4	10,6	10,9
77	7,0	7,2	7,4	7,6	7,9	8,1	8,3	8,5	8,8	9,0	9,2	9,4	9,7	9,9	10,1
78	6,4	6,7	6,9	7,1	7,3	7,5	7,7	7,9	8,1	8,3	8,5	8,7	8,9	9,1	9,4
79	6,0	6,1	6,3	6,5	6,7	6,9	7,1	7,3	7,4	7,6	7,8	8,0	8,2	8,4	8,6
80°	5,4	5,5	5,7	5,9	6,0	6,2	6,4	6,6	6,7	6,9	7,1	7,3	7,4	7,6	7,8
81	4,8	5,0	5,1	5,3	5,5	5,6	5,8	5,9	6,1	6,2	6,4	6,6	6,7	6,9	7,0
82	4,3	4,4	4,6	4,7	4,9	5,0	5,1	5,3	5,4	5,6	5,7	5,8	6,0	6,1	6,3
83	3,8	4,0	4,0	4,1	4,3	4,4	4,5	4,6	4,8	4,9	5,0	5,1	5,2	5,4	5,5
84	3,2	3,3	3,4	3,5	3,6	3,7	3,8	3,9	4,1	4,2	4,3	4,4	4,5	4,6	4,7
85°	2,7	2,8	2,9	3,0	3,0	3,1	3,2	3,3	3,4	3,5	3,6	3,7	3,7	3,8	3,9
86	2,2	2,2	2,3	2,4	2,4	2,5	2,6	2,7	2,7	2,8	2,9	2,9	3,0	3,1	3,2
87	1,6	1,7	1,7	1,8	1,8	1,9	1,9	2,0	2,0	2,1	2,1	2,2	2,2	2,3	2,3
88	1,1	1,1	1,2	1,2	1,2	1,3	1,3	1,3	1,4	1,4	1,4	1,5	1,5	1,5	1,6
89	0,5	0,5	0,6	1,6	0,6	0,6	0,6	0,6	0,7	0,7	0,7	0,7	0,7	0,7	0,8
90°	0,0	0,0	0,0	0,0	0,0	0,0	0,0	0,0	0,0	0,0	0,0	0,0	0,0	0,0	0,0

COSINUS DE LA DISTANCE APPARENTE DE LA LUNE AU SOLEIL.

TABLE IV.

RAYONS.

	46	47	48	49	50	51	52	53	54	55	56	57	58	59	60
40°	35,2	36,0	36,8	37,5	38,3	39,1	39,8	40,6	41,4	42,1	42,9	34,7	44,4	45,2	46,0
41	34,7	35,5	36,2	37,0	37,7	38,5	39,3	40,0	40,8	41,5	42,3	43,0	43,8	44,5	45,3
42	34,2	34,9	35,7	36,4	37,1	37,9	38,6	39,4	40,1	40,9	41,6	42,3	43,1	43,8	44,6
43	33,6	34,4	35,1	35,8	36,6	37,3	38,0	38,7	39,5	40,2	40,9	41,7	42,4	43,1	43,9
44	33,0	33,8	34,5	35,2	35,9	36,7	37,4	38,1	38,8	39,5	40,3	41,0	41,7	42,4	43,1
45°	32,5	33,2	33,9	34,6	35,3	36,0	36,7	37,5	38,2	38,9	39,6	40,3	41,0	41,7	42,4
46	32,0	32,6	33,3	34,0	34,7	35,4	36,1	36,8	37,5	38,2	38,9	40,0	40,2	40,9	41,6
47	31,4	32,0	32,7	33,4	34,1	34,8	35,5	36,1	36,8	37,5	38,2	38,9	39,6	40,2	40,9
48	30,8	31,4	32,1	32,8	33,4	34,1	34,8	35,5	36,1	36,8	37,5	38,1	38,8	39,5	40,1
49	30,2	30,8	31,5	32,1	32,8	33,4	34,1	34,8	35,4	36,1	36,7	37,4	38,0	38,7	39,4
50°	29,6	30,2	30,9	31,5	32,1	32,8	33,4	34,1	34,7	35,4	36,0	36,6	37,0	37,9	38,6
51	28,9	29,6	30,2	30,8	31,4	32,1	32,7	33,3	34,0	34,6	35,2	35,9	36,5	37,1	37,7
52	28,2	28,9	29,5	30,1	30,7	31,4	32,0	32,6	33,2	33,8	34,4	35,0	35,7	36,3	36,9
53	27,7	28,3	28,9	29,5	30,1	30,7	31,3	31,9	32,5	33,1	33,7	34,3	34,9	35,5	36,1
54	27,0	27,6	28,2	28,8	29,4	30,0	30,6	31,2	31,7	32,3	32,9	33,5	34,1	34,7	35,3
55°	26,4	26,9	27,5	28,1	28,6	29,2	29,8	30,4	30,9	31,5	32,1	32,7	33,2	33,8	34,4
56	25,7	26,3	26,8	27,4	27,9	28,5	29,1	29,6	30,2	30,7	31,3	31,9	32,4	33,0	33,5
57	25,0	25,6	26,1	26,7	27,2	27,7	28,3	28,8	29,4	29,9	30,5	31,0	31,5	32,1	32,6
58	24,4	24,9	25,4	26,0	26,5	27,0	27,6	28,1	28,6	29,1	29,7	30,2	30,7	31,3	31,8
59	23,7	24,2	24,7	25,2	25,7	26,3	26,8	27,3	27,8	28,3	28,8	29,3	29,9	30,4	30,9
60°	23,0	23,5	24,0	24,5	25,0	25,5	26,0	26,5	27,0	27,5	28,0	28,5	29,0	29,5	30,0
61	22,3	22,8	23,3	23,8	24,2	24,7	25,2	25,7	26,2	26,7	27,2	27,6	28,1	28,6	29,1
62	22,6	22,0	22,5	23,0	23,4	23,9	24,4	24,9	25,3	25,8	26,3	26,7	27,2	27,7	28,1
63	20,8	21,3	21,8	22,2	22,7	23,1	23,6	24,1	24,5	25,0	25,4	25,9	26,3	26,8	27,3
64	21,5	20,6	21,0	21,5	21,9	22,3	22,8	23,2	23,7	24,1	24,5	25,0	25,4	25,8	26,3
65°	19,5	19,9	20,3	20,7	21,1	21,6	22,0	22,4	22,8	23,3	23,7	24,1	24,5	25,0	25,4
66	18,7	19,1	19,5	19,9	20,3	20,8	21,2	21,6	22,0	22,4	22,8	23,2	23,6	24,0	24,4
67	18,0	18,4	18,8	19,2	19,5	19,9	20,3	20,7	21,1	21,5	21,9	22,3	22,7	23,1	23,5
68	17,2	17,6	17,9	18,3	18,7	19,1	19,4	19,8	20,2	20,6	20,9	21,3	21,7	22,1	22,4
69	16,5	16,8	17,2	17,5	17,9	18,3	18,6	19,0	19,3	19,7	20,0	20,4	20,8	21,1	21,5
70°	15,7	16,1	16,4	16,8	17,1	17,4	17,8	18,1	18,5	18,8	19,1	19,5	19,8	20,2	20,5
71	14,9	15,3	15,6	15,9	16,2	16,6	16,9	17,2	17,5	17,9	18,2	18,5	18,8	19,2	19,5
72	14,2	14,5	14,8	15,1	15,4	15,8	16,1	16,4	16,7	17,0	17,3	17,6	17,9	18,2	18,5
73	13,4	13,7	14,0	14,3	14,6	14,9	15,2	15,5	15,8	16,1	16,4	16,6	16,9	17,2	17,5
74	12,7	13,0	13,2	13,5	13,8	14,1	14,4	14,6	14,9	15,2	15,5	15,7	16,0	16,3	16,6
75°	11,9	12,3	12,4	12,7	12,9	13,2	13,5	13,7	14,0	14,2	14,5	14,9	15,0	15,3	15,5
76	11,1	11,4	11,6	11,9	12,1	12,3	12,6	12,8	13,1	13,3	13,6	13,8	14,0	14,3	14,5
77	10,3	10,6	10,8	11,0	11,2	11,5	11,7	11,9	12,1	12,4	12,6	12,8	13,0	13,3	13,5
78	9,6	9,8	10,0	10,2	10,4	10,6	10,8	11,0	11,2	11,4	11,6	11,9	12,1	12,3	12,5
79	8,8	9,0	9,2	9,4	9,5	9,7	9,9	10,1	10,3	10,5	10,7	10,9	11,1	11,3	11,5

COSINUS DE LA DISTANCE APPARENTE DE LA LUNE AU SOLEIL

TABLE IV.

RAYONS.

COSI. DE LA DIS. AP. DE LA LUNE AU SOL.	46	47	48	49	50	51	52	53	54	55	56	57	58	59	60
80°	8,0	8,1	8,3	8,5	8,6	8,8	9,0	9,2	9,3	9,5	9,7	9,9	10,0	10,2	10,4
81	7,2	7,3	7,5	7,6	7,8	8,0	8,1	8,3	8,4	8,6	8,7	8,9	9,0	9,2	9,4
82	6,4	6,5	6,7	6,8	6,9	7,1	7,2	7,4	7,5	7,6	7,8	7,9	8,1	8,2	8,3
83	5,6	5,7	5,9	6,0	6,1	6,2	6,3	6,5	6,6	6,7	6,8	6,9	7,1	7,2	7,3
84	4,8	4,9	5,0	5,1	5,2	5,3	5,4	5,5	5,7	5,7	5,8	5,9	6,0	6,1	6,2
85°	4,0	4,1	4,2	4,3	4,3	4,4	4,5	4,6	4,7	4,8	4,9	5,0	5,0	5,1	5,2
86	3,2	3,3	3,4	3,4	3,5	3,6	3,6	3,7	3,8	3,8	3,9	4,0	4,1	4,1	4,2
87	2,4	2,4	2,5	2,5	2,6	2,6	2,7	2,8	2,8	2,9	2,9	3,0	3,0	3,1	3,1
88	1,6	1,6	1,7	1,7	1,7	1,8	1,8	1,9	1,9	1,9	2,0	2,0	2,0	2,1	2,1
89	0,8	0,8	0,8	0,8	0,8	0,9	0,9	0,9	0,9	0,9	0,9	0,9	0,9	0,9	1,0
90°	0,0	0,0	0,0	0,0	0,0	0,0	0,0	0,0	0,0	0,0	0,0	0,0	0,0	0,0	0,0

Cette Table IV, sert au moyen de la parallaxe réduite par la Table III, avec la distance apparente de la Lune au Soleil, à trouver le troisième terme de la formule; mais on observera de ne le regarder comme positif que lorsque la distance de la Lune au Soleil est moindre que 90; lorsque cette distance excède 90 degrés, il devient négatif.

La réunion des trois termes donnés par les Tables précédentes, observant toute fois que le premier terme est positif, le second négatif, et le troisième positif, lorsque la distance n'excède pas 90 degrés, donne une quantité quelquefois négative, et quelquefois positive. Cette quantité servira au moyen de la Table suivante (V), à trouver la correction à faire à la distance apparente, pour avoir la distance vraie.

TABLE V.

CORRECTION.

	1	2	3	4	5	6	7	8	9	10	11	12	13	14	15
40°	0,6	1,2	1,9	2,6	3,2	3,9	4,5	5,1	5,8	6,4	7,1	7,7	8,3	9,0	9,6
41	0,6	1,2	1,9	2,6	3,3	3,9	4,6	5,2	5,9	6,6	7,2	7,9	8,5	9,2	9,8
42	0,6	1,3	2,0	2,7	3,3	4,0	4,7	5,4	6,0	6,7	7,4	8,0	8,7	9,4	10,0
43	0,7	1,3	2,0	2,7	3,4	4,0	4,8	5,5	6,1	6,8	7,6	8,2	8,9	9,5	10,2
44	0,7	1,4	2,1	2,8	3,5	4,2	4,9	5,6	6,2	6,9	7,6	8,3	9,0	9,7	10,4
45°	0,7	1,4	2,1	2,8	3,5	4,2	4,9	5,7	6,4	7,1	7,8	8,5	9,2	9,9	10,6
46	0,7	1,5	2,2	2,9	3,6	4,3	5,0	5,8	6,5	7,2	7,9	8,6	9,3	10,0	10,8
47	0,7	1,5	2,2	2,9	3,7	4,4	5,1	5,8	6,6	7,3	8,0	8,8	9,5	10,2	11,0
48	0,7	1,5	2,2	3,0	3,7	4,5	5,2	5,9	6,7	7,4	8,1	8,9	9,7	10,4	11,1
49	0,7	1,5	2,2	3,0	3,8	4,5	5,3	6,0	6,8	7,5	8,2	9,1	9,8	10,6	11,3
50°	0,8	1,5	2,3	3,0	3,8	4,6	5,4	6,1	6,9	7,6	8,3	9,2	10,0	10,7	11,5
51	0,8	1,5	2,3	3,1	3,9	4,6	5,4	6,2	7,0	7,7	8,4	9,3	10,2	10,9	11,7
52	0,8	1,6	2,3	3,1	3,9	4,7	5,5	6,3	7,1	7,8	8,6	9,5	10,3	11,0	11,9
53	0,8	1,6	2,3	3,1	4,0	4,7	5,6	6,4	7,2	7,9	8,8	9,6	10,4	11,2	12,0
54	0,8	1,6	2,3	3,2	4,0	4,8	5,6	6,5	7,3	8,0	8,9	9,7	10,5	11,3	12,2
55°	0,8	1,6	2,4	3,2	4,1	4,8	5,7	6,6	7,4	8,1	9,0	9,8	10,6	11,4	12,3
56	0,8	1,7	2,4	3,2	4,1	4,9	5,8	6,7	7,5	8,2	9,1	9,9	10,7	11,5	12,4
57	0,8	1,7	2,4	3,3	4,2	5,0	5,9	6,8	7,6	8,3	9,3	10,0	10,8	11,6	12,6
58	0,8	1,7	2,5	3,4	4,3	5,1	6,0	6,9	7,7	8,4	9,4	10,1	10,9	11,8	12,7
59	0,8	1,7	2,6	3,5	4,3	5,2	6,1	7,0	7,8	8,5	9,5	10,2	11,0	12,0	12,8
60°	0,9	1,8	2,6	3,5	4,3	5,2	6,1	7,0	7,9	8,6	9,6	10,3	11,1	12,2	12,9
61	0,9	1,8	2,6	3,5	4,4	5,3	6,2	7,1	7,9	8,7	9,6	10,4	11,2	12,3	13,0
62	0,9	1,8	2,6	3,5	4,4	5,3	6,2	7,1	8,0	8,8	9,7	10,5	11,3	12,4	13,2
63	0,9	1,8	2,6	3,5	4,4	5,3	6,2	7,1	8,0	8,9	9,8	10,6	11,5	12,5	13,3
64	0,9	1,8	2,7	3,6	4,5	5,4	6,3	7,2	8,1	9,0	9,9	10,7	11,6	12,6	13,4
65°	0,9	1,8	2,7	3,6	4,5	5,4	6,3	7,2	8,2	9,1	10,0	10,8	11,8	12,7	13,5
66	0,9	1,8	2,7	3,6	4,5	5,4	6,3	7,2	8,2	9,2	10,0	10,9	11,9	12,8	13,6
67	0,9	1,8	2,7	3,6	4,6	5,5	6,4	7,3	8,3	9,2	10,1	10,9	11,9	12,8	13,8
68	0,9	1,8	2,7	3,6	4,6	5,5	6,4	7,3	8,3	9,3	10,2	11,0	12,0	12,9	13,9
69	0,9	1,9	2,8	3,7	4,6	5,5	6,4	7,3	8,3	9,3	10,2	11,0	12,0	13,0	14,0
70°	0,9	1,9	2,8	3,7	4,7	5,6	6,5	7,4	8,4	9,4	10,3	11,2	12,2	13,1	14,1
71	0,9	1,9	2,8	3,7	4,7	5,6	6,5	7,4	8,4	9,4	10,3	11,3	12,2	13,2	14,1
72	0,9	1,9	2,8	3,7	4,7	5,6	6,5	7,4	8,5	9,5	10,4	11,3	12,3	13,2	14,2
73	0,9	1,9	2,8	3,7	4,7	5,6	6,5	7,5	8,5	9,5	10,4	11,4	12,3	13,3	14,2
74	0,9	1,9	2,8	3,8	4,8	5,7	6,6	7,5	8,5	9,6	10,5	11,4	12,4	13,3	14,4
75°	0,9	1,9	2,8	3,8	4,8	5,7	6,6	7,6	8,6	9,7	10,6	11,5	12,5	13,4	14,3
76	0,9	1,9	2,8	3,8	4,8	5,7	6,6	7,6	8,6	9,7	10,6	11,5	12,5	13,5	14,4
77	0,9	1,9	2,8	3,8	4,8	5,7	6,7	7,7	8,6	9,7	10,6	11,5	12,6	13,5	14,5
78	0,9	1,9	2,8	3,8	4,8	5,7	6,7	7,7	8,7	9,7	10,6	11,6	12,6	13,6	14,6
79	0,9	1,9	2,8	3,8	4,8	5,7	6,7	7,8	8,7	9,8	10,7	11,6	12,6	13,7	14,6

SINUS DE LA DISTANCE APPARENTE.

120° — 115° — 110° — 105°

TABLE V.

CORRECTION.

		1	2	3	4	5	6	7	8	9	10	11	12	13	14	15
100°	80°	0,9	1,9	2,9	3,9	4,9	5,8	6,8	7,8	8,8	9,8	10,7	11,7	12,7	13,8	14,7
	81	0,9	1,9	2,9	3,9	4,9	5,8	6,8	7,8	8,8	9,8	10,7	11,7	12,8	13,8	14,7
	82	0,9	1,9	2,9	3,9	4,9	5,8	6,8	7,8	8,8	9,8	10,8	11,8	12,8	13,8	14,8
	83	0,9	1,9	2,9	3,9	4,9	5,9	6,8	7,9	8,8	9,8	10,8	11,8	12,8	13,8	14,8
	84	0,9	1,9	2,9	3,9	4,9	5,9	6,9	7,9	8,9	9,9	10,8	11,8	12,8	13,8	14,9
95°	85°	0,9	1,9	2,9	3,9	4,9	5,9	6,9	7,9	8,9	9,9	10,9	11,9	12,9	13,9	14,9
	86	0,9	1,9	2,9	3,9	4,9	5,9	6,9	7,9	8,9	9,9	10,9	11,9	12,9	13,9	14,9
	87	0,9	1,9	2,9	3,9	4,9	5,9	6,9	7,9	8,9	9,9	10,9	11,9	12,9	13,9	14,9
	88	0,9	1,9	2,9	3,9	4,9	5,9	6,9	7,9	8,9	9,9	10,9	11,9	12,9	13,9	14,9
	89	0,9	1,9	2,9	3,9	4,9	5,9	6,9	7,9	8,9	9,9	10,9	11,9	12,9	13,9	14,9
	90°	1,0	2,0	3,0	4,0	5,0	6,0	7,0	8,0	9,0	10,0	11,0	12,0	13,0	14,0	15,0

	16	17	18	19	20	21	22	23	24	25	26	27	28	29	30
40°	10,5	10,9	11,6	12,1	12,9	13,5	14,2	14,8	15,4	16,1	16,7	17,4	18,0	18,6	19,3
41	10,5	11,2	11,8	12,5	13,1	13,8	14,4	15,1	15,7	16,4	17,1	17,7	18,4	19,0	19,7
42	10,7	11,4	12,0	12,7	13,4	14,0	14,7	15,4	16,0	16,7	17,4	18,1	18,7	19,4	20,1
43	10,9	11,6	12,3	13,0	13,6	14,3	15,0	15,7	16,4	17,0	17,7	18,4	19,1	19,8	20,5
44	11,1	11,8	12,5	13,2	13,9	14,6	15,3	16,0	16,7	17,3	18,0	18,7	19,4	20,1	20,8
45°	11,3	12,0	12,7	13,4	14,1	14,8	15,6	16,2	17,0	17,7	18,4	19,1	19,8	20,5	21,2
46	11,5	12,2	12,9	13,7	14,4	15,1	15,8	16,5	17,3	18,0	18,7	19,4	20,1	20,8	21,6
47	11,7	12,4	13,2	13,9	14,6	15,4	16,1	16,8	17,6	18,3	19,0	19,7	20,5	21,2	21,9
48	11,9	12,6	13,4	14,1	14,9	15,6	16,3	17,1	17,8	18,6	19,3	20,1	20,8	21,5	22,3
49	12,1	12,8	13,6	14,3	15,1	15,8	16,5	17,4	18,1	18,9	19,6	20,4	21,1	21,9	22,6
50°	12,3	13,0	13,8	14,6	15,3	16,1	16,8	17,6	18,4	19,1	19,9	20,7	21,4	22,2	23,0
51	12,4	13,2	14,0	14,8	15,5	16,3	17,0	17,8	18,6	19,3	20,2	21,0	21,7	22,5	23,3
52	12,6	13,4	14,2	15,0	15,7	16,5	17,2	18,1	18,9	19,6	20,5	21,3	22,0	22,8	23,6
53	12,7	13,6	14,4	15,2	15,9	16,7	17,5	18,3	19,1	19,9	20,8	21,6	22,3	23,1	24,0
54	12,9	13,8	14,6	15,4	16,1	16,9	17,8	18,5	19,3	20,2	21,0	21,8	22,6	23,4	24,3
55°	13,1	14,0	14,8	15,5	16,4	17,2	18,0	18,8	19,6	20,3	21,3	22,1	22,9	23,7	24,6
56	13,2	14,1	14,9	15,7	16,6	17,4	18,2	19,0	19,8	20,7	21,5	22,3	23,1	24,0	24,8
57	13,3	14,2	15,0	15,9	16,8	17,6	18,5	19,2	20,0	20,9	21,7	22,5	23,3	24,3	25,0
58	13,4	14,3	15,2	16,1	17,0	17,8	18,7	19,5	20,2	21,1	21,9	22,8	23,7	24,6	25,2
59	13,6	14,5	15,4	16,3	17,2	18,0	18,9	19,7	20,4	21,3	22,2	23,1	24,0	24,9	25,5
60°	13,8	14,7	15,6	16,5	17,4	18,3	19,2	20,0	20,7	21,6	22,5	23,4	24,3	25,2	25,8
61	13,9	14,8	15,7	16,6	17,5	18,4	19,3	20,1	20,9	21,8	22,7	23,6	24,5	25,4	26,0
62	14,0	14,9	15,8	16,7	17,6	18,6	19,5	20,3	20,1	22,0	22,9	23,8	24,7	25,6	26,2
63	14,1	15,0	15,9	16,9	17,8	18,7	19,6	20,5	21,3	22,2	23,1	24,0	24,9	25,8	26,5
64	14,2	15,1	16,0	17,1	18,0	18,9	19,8	20,7	21,5	22,4	23,3	24,2	25,1	26,0	26,7

SINUS DE LA DISTANCE APPARENTE.

TABLE V.

CORRECTION.

	16	17	18	19	20	21	22	23	24	25	26	27	28	29	30
65°	14,4	15,3	16,2	17,3	18,2	19,1	20,0	20,9	21,7	22,6	23,5	24,4	25,3	26,2	27,0
66	14,5	15,5	16,4	17,5	18,4	19,3	20,2	21,1	22,0	22,9	23,7	24,6	25,5	26,4	27,3
67	14,7	15,7	16,6	17,5	18,5	19,4	20,3	21,2	22,2	23,1	23,9	24,8	25,7	26,6	27,5
68	14,8	15,8	16,8	17,6	18,7	19,5	20,4	21,3	22,4	23,3	24,0	25,0	25,9	26,8	27,7
69	14,9	15,9	16,9	17,7	18,8	19,6	20,5	21,4	22,5	23,4	24,2	25,2	26,1	27,0	27,9
70°	15,0	16,0	17,0	17,8	18,8	19,7	20,6	21,5	22,6	23,5	24,4	25,3	26,2	27,1	28,2
71	15,0	16,1	17,1	18,9	18,9	19,9	20,8	21,7	22,8	23,7	24,6	25,5	26,4	27,3	28,3
72	15,1	16,1	17,1	18,1	19,1	20,0	21,0	21,8	22,9	23,8	24,8	25,7	26,6	27,4	28,3
73	15,1	16,2	17,2	18,3	19,2	20,1	21,1	22,0	23,0	23,9	24,9	25,8	26,7	27,6	28,4
74	15,2	16,2	17,2	18,4	19,3	20,2	21,2	22,1	23,1	24,0	25,0	25,9	26,8	27,7	28,5
75°	15,3	16,3	17,3	18,5	19,4	20,3	21,3	22,2	23,2	24,1	25,1	26,0	26,9	27,8	28,6
76	15,3	16,4	17,4	18,5	19,4	20,4	21,4	22,3	23,3	24,2	25,2	26,1	27,0	27,9	28,8
77	15,4	16,5	17,5	18,6	19,5	20,5	21,5	22,4	23,4	24,3	25,3	26,2	27,1	28,0	29,0
78	15,5	16,6	17,6	18,6	19,5	20,6	21,6	22,5	23,5	24,4	25,4	26,3	27,2	28,1	29,2
79	15,6	16,6	17,6	18,7	19,6	20,6	21,6	22,6	23,5	24,5	25,5	26,4	27,3	28,2	29,3
80°	15,7	16,7	17,7	18,7	19,6	20,7	21,7	22,7	23,6	24,6	25,6	26,5	27,4	28,3	29,4
81	15,7	16,7	17,7	18,7	19,7	20,7	21,7	22,7	23,7	24,7	25,7	26,4	27,5	28,4	29,5
82	15,8	16,8	17,8	18,8	19,7	20,8	21,8	22,8	23,7	24,7	25,8	26,5	27,5	28,5	29,6
83	15,8	16,8	17,8	18,8	19,8	20,8	21,8	22,8	23,8	24,8	25,8	26,6	27,6	28,6	29,6
84	15,9	16,9	17,9	18,9	19,8	20,9	21,9	22,9	23,8	24,8	25,9	26,7	27,7	28,7	29,7
85°	15,9	16,9	17,9	18,9	19,9	20,9	21,9	22,9	23,9	24,9	25,9	26,8	27,8	28,8	29,8
86	15,9	16,9	17,9	18,9	19,9	20,9	21,9	22,9	23,9	24,9	25,9	26,9	27,9	28,9	29,9
87	15,9	16,9	17,9	18,9	19,9	20,9	21,9	22,9	23,9	24,9	25,9	26,9	27,9	28,9	29,9
88	15,9	16,9	17,9	18,9	19,9	20,9	21,9	22,9	23,9	24,9	25,9	26,9	27,9	28,9	29,9
89	15,9	16,9	17,9	18,9	19,9	20,9	21,9	22,9	23,9	24,9	25,9	26,9	27,9	28,9	29,9
90°	16,0	17,0	18,0	19,0	20,0	21,0	22,0	23,0	24,0	25,0	26,0	27,0	28,0	29,0	30,0

SINUS DE LA DISTANCE APPARENTE

	31	32	33	34	35	36	37	38	39	40	41	42	43	44	45
40°	19,9	20,6	21,2	21,9	22,3	23,1	23,8	24,4	25,1	25,7	26,4	27,0	27,6	28,3	28,9
41	20,3	21,0	21,6	22,3	23,0	23,6	24,3	24,9	25,6	26,2	26,9	27,6	28,2	28,9	29,5
42	20,7	21,4	22,1	22,7	23,4	24,1	24,8	25,4	26,1	26,8	27,4	28,1	28,8	29,4	30,1
43	21,1	22,8	22,5	23,2	23,9	24,5	25,2	25,9	26,6	27,3	28,0	28,6	29,3	30,0	30,7
44	21,5	22,2	22,9	23,6	24,3	25,0	25,7	26,4	27,0	27,7	28,4	29,1	29,8	30,5	31,2
45°	21,9	22,6	23,3	24,0	24,7	25,5	26,2	26,9	27,6	28,3	29,0	29,7	30,4	31,1	31,8
46	22,3	23,0	23,7	24,4	25,2	25,9	26,6	27,3	28,0	28,8	29,5	30,2	30,9	31,6	32,4
47	22,7	23,4	24,1	24,9	25,6	26,3	27,0	27,8	28,5	29,2	30,0	30,7	31,4	32,2	32,9
48	23,0	23,8	24,5	25,3	26,0	26,7	27,5	28,2	29,0	29,7	30,4	31,2	31,9	32,7	33,4
49	23,4	24,2	24,9	25,7	26,4	27,2	27,9	28,7	29,4	30,2	31,6	31,7	32,5	33,2	34,0

***

TABLE V.

CORRECTION.

SINUS DE LA DISTANCE APPARENTE	31	32	33	34	35	36	37	38	39	40	41	42	43	44	45
50°	23,7	24,5	25,3	26,0	26,8	27,6	28,3	29,1	29,9	30,6	31,4	32,2	32,9	33,7	34,4
51	24,0	24,8	25,6	26,4	27,2	28,0	28,7	29,5	30,3	31,0	31,8	32,6	33,3	34,1	34,9
52	24,4	25,2	25,9	26,8	27,6	28,4	29,1	29,9	30,7	31,4	32,2	33,0	33,8	34,5	35,3
53	24,7	25,5	2,6 3	27,2	28,0	28,8	29,5	30,3	31,1	31,8	32,6	33,4	34,3	35,0	35,9
54	25,0	25,8	26,6	27,6	28,4	29,2	29,9	30,7	31,4	32,2	33,0	33,9	34,8	35,5	36,3
55°	25,4	26,2	27,0	28,0	28,8	29,6	30,4	31,0	31,8	32,7	33,5	34,4	35,2	36,0	36,8
56	25,6	26,5	27,3	28,3	29,1	29,9	30,8	31,4	32,2	33,1	33,9	34,9	35,6	36,5	37,3
57	25,9	26,7	27,6	28,6	29,4	30,3	31,2	31,8	32,6	33,5	34,3	35,4	36,0	37,0	37,8
58	26,2	26,9	27,9	28,8	29,7	30,6	31,5	32,2	33,0	33,8	34,7	35,8	36,5	37,5	38,3
59	26,4	27,2	28,2	29,1	30,0	30,9	31,8	32,6	33,5	34,2	35,0	36,2	37,0	38,0	38,8
60°	26,7	27,6	28,5	29,4	30,3	31,2	32,1	33,0	33,9	34,6	35,5	36,6	37,5	38,4	39,3
61	26,9	27,8	28,8	29,6	30,5	31,4	32,4	33,4	34,3	35,0	35,9	37,0	38,0	38,8	39,6
62	27,2	28,0	29,0	29,8	30,7	31,6	32,6	33,7	34,6	35,4	36,3	37,3	38,4	39,1	39,9
63	27,4	28,2	29,2	30,0	31,0	31,8	32,8	34,0	34,9	35,7	36,6	37,6	38,7	39,4	40,2
64	27,6	28,5	29,4	30,3	31,2	32,1	33,0	34,3	35,2	35,9	36,8	37,9	38,9	39,7	40,5
65°	27,9	28,8	29,7	30,6	31,5	32,4	33,3	34,6	35,5	36,2	37,1	38,2	39,1	40,0	40,9
66	28,2	29,1	30,0	30,9	31,8	32,7	33,6	34,8	35,7	36,4	37,3	38,4	39,3	40,2	41,1
67	28,4	29,4	30,3	31,2	32,1	33,1	33,9	35,0	35,9	36,6	37,6	38,6	39,6	40,4	41,4
68	28,6	29,6	30,5	31,5	32,4	33,4	34,3	35,2	36,1	36,9	37,9	38,8	39,8	40,7	41,6
69	28,8	29,8	30,7	31,8	32,7	33,7	34,6	35,4	36,3	37,2	38,2	39,1	40,0	41,0	41,8
70°	29,0	30,0	30,9	32,0	32,9	34,0	34,9	35,8	36,5	37,5	38,4	39,4	40,3	41,2	42,1
71	29,1	30,1	31,0	32,2	33,1	34,2	35,0	36,0	36,7	37,8	38,6	39,6	40,6	41,4	42,4
72	29,2	30,2	31,1	32,3	33,2	34,3	35,2	36,2	37,0	38,0	38,8	39,8	40,9	41,7	42,7
73	29,3	30,3	31,2	32,4	33,3	34,4	35,3	36,5	37,3	38,2	39,1	40,0	41,1	42,0	43,0
74	29,4	30,4	31,3	32,5	33,4	34,5	35,4	36,8	37,6	38,4	39,3	40,3	41,3	42,3	43,3
75°	29,5	30,5	31,5	32,6	33,5	34,6	35,5	37,0	37,9	38,6	39,5	40,6	41,5	42,6	43,5
76	29,7	30,7	31,7	32,8	33,7	34,8	35,7	37,1	38,0	38,8	39,7	40,8	41,7	42,8	43,7
77	29,8	30,9	31,8	33,0	33,9	35,0	35,9	37,2	38,1	39,0	39,9	41,0	41,9	43,0	43,9
78	30,0	31,0	32,0	33,2	34,0	35,2	36,0	37,3	38,2	39,2	40,0	41,2	42,0	43,2	44,1
79	30,2	31,2	32,2	33,3	34,2	35,3	36,2	37,4	38,3	39,3	40,2	41,3	42,2	43,3	44,2
80°	30,3	31,3	32,4	33,4	34,3	35,4	36,3	37,4	38,3	39,4	40,3	41,4	42,3	43,4	44,3
81	30,4	31,4	32,5	33,5	34,4	35,5	36,4	37,5	38,4	39,5	40,4	41,5	42,4	43,5	44,4
82	30,5	31,5	32,6	33,6	34,5	35,6	36,5	37,6	38,5	39,6	40,5	41,6		43,6	44,5
83	30,6	31,6	32,7	33,7	34,6	35,7	36,6	37,7	38,6	39,7	40,6	41,7		43,7	44,6
84	30,7	31,7	32,8	33,8	34,7	35,8	36,7	37,8	38,7	39,8	40,7	41,8	42,7	43,8	44,7
85°	30,8	31,8	32,9	33,8	34,8	35,8	36,8	37,8	38,8	39,8	40,8	41,8	42,8	43,8	44,8
86	30,8	31,8	32,9	33,9	34,9	35,9	36,8	37,9	38,9	39,9	40,9	41,9	42,9	43,9	44,9
87	30,9	31,9	32,9	33,9	34,9	35,9	36,9	37,9	38,9	39,9	40,9	41,9	42,9	43,9	44,9
88	30,9	31,9	32,9	33,9	34,9	35,9	36,9	37,9	38,9	39,9	40,9	41,9	42,9	43,9	44,9
89	31,0	32,0	32,9	33,9	34,9	35,9	36,9	37,9	38,9	39,9	40,9	41,9	42,9	43,9	44,9
90°	31,0	32,0	33,0	34,0	35,0	36,0	37,0	38,0	39,0	40,0	41,0	42,0	43,0	44,0	45,0

TABLE V.

CORRECTION.

	46	47	48	49	50	51	52	53	54	55	56	57	58	59	60
40°	29,6	30,2	30,9	31,5	32,1	32,8	33,4	34,1	34,7	35,4	36,0	36,6	37,3	37,9	38,6
41	30,2	30,8	31,5	32,1	32,8	33,5	34,1	34,8	35,4	36,1	36,7	37,4	38,0	38,7	39,3
42	30,8	31,4	32,1	32,8	33,4	34,1	34,8	35,5	36,1	36,8	37,5	38,1	38,8	40,5	40,1
43	31,4	32,0	32,7	33,4	34,1	34,8	35,5	36,1	36,8	37,5	38,2	38,9	39,6	40,2	40,9
44	31,9	32,6	33,3	34,0	34,7	35,4	36,1	36,8	37,5	38,2	38,9	39,6	40,2	40,9	41,6
45°	32,5	33,2	33,9	34,6	35,3	36,0	36,8	37,5	38,2	38,9	39,6	40,3	41,0	41,7	42,4
46	33,1	33,8	34,5	35,2	35,9	36,7	37,4	38,1	38,8	39,5	40,3	41,0	41,7	42,4	43,1
47	33,6	34,4	35,1	35,8	36,6	37,3	38,0	38,7	39,5	40,1	40,9	41,7	42,4	43,1	43,9
48	34,2	34,9	35,7	36,4	37,1	37,9	38,6	39,4	40,1	40,9	41,6	42,3	43,1	43,8	44,6
49	34,7	35,2	36,2	37,0	37,7	38,5	39,3	40,0	40,8	41,1	42,3	43,0	43,8	44,5	45,3
50°	35,5	36,0	36,8	37,5	38,3	39,0	39,8	40,6	41,4	42,2	42,9	43,7	44,4	45,2	46,0
51	35,9	36,5	37,3	38,0	38,7	39,5	40,3	41,4	42,0	42,6	43,5	44,3	45,0	45,8	46,7
52	36,3	37,0	37,8	38,5	39,2	40,0	40,8	42,0	42,5	43,2	44,0	44,9	46,0	46,4	47,4
53	36,8	37,5	38,4	39,0	39,8	40,5	41,3	42,5	43,0	43,8	44,6	45,5	46,5	47,0	48,1
54	37,2	38,0	38,8	39,5	40,5	41,0	42,0	43,0	43,6	44,5	45,2	46,1	47,0	47,6	48,8
55°	37,6	38,4	39,2	40,0	41,0	41,8	42,6	43,4	44,2	45,0	45,8	46,6	47,4	48,2	49,2
56	38,0	38,9	39,6	40,5	41,5	42,4	43,2	43,9	44,6	46,0	46,6	47,2	48,0	49,4	49,9
57	38,5	39,4	40,0	41,0	42,0	43,0	43,7	44,5	45,1	46,5	47,0	47,8	48,6	50,0	50,5
58	39,0	40,1	40,5	41,5	42,4	43,4	44,2	45,0	45,7	47,0	47,6	48,4	49,2	50,4	51,0
59	39,5	40,6	41,0	41,9	42,9	43,8	44,6	45,5	46,3	47,5	48,1	49,0	49,8	50,9	51,3
60°	40,0	40,9	41,4	42,3	43,3	42,2	45,0	45,9	46,8	47,7	48,6	49,5	50,4	51,3	51,6
61	40,5	41,3	41,9	42,8	43,7	44,6	45,5	46,3	47,3	48,0	49,1	50,0	50,8	51,8	52,0
62	41,0	41,7	42,3	43,2	44,0	45,0	46,0	46,8	47,8	48,4	49,5	50,3	51,3	52,3	52,5
63	41,3	42,0	42,7	43,6	44,4	45,6	46,4	47,2	48,2	48,9	49,9	50,7	51,7	52,7	53,0
64	41,5	42,4	43,0	43,9	44,9	45,9	46,7	47,6	48,5	49,3	50,2	51,4	52,0	53,0	53,5
65°	41,8	42,7	43,4	44,3	45,3	46,2	47,0	47,9	48,9	49,7	50,6	51,5	52,4	53,3	54,0
66	42,0	42,9	43,7	44,6	45,7	46,5	47,3	48,2	49,1	50,0	50,9	51,8	52,7	53,6	54,4
67	42,3	43,2	44,0	45,0	46,0	46,8	47,7	48,6	49,4	50,4	51,2	52,2	53,0	54,0	54,9
68	42,6	43,5	44,4	45,4	46,3	47,3	48,1	49,0	49,8	50,8	51,6	52,6	53,4	54,4	55,4
69	42,8	43,7	44,8	45,8	46,7	47,6	48,5	49,4	50,2	51,2	52,0	53,0	53,8	54,8	55,9
70°	43,0	43,9	45,2	46,1	47,0	47,9	48,8	49,7	50,6	51,5	52,4	53,3	54,2	55,1	56,4
71	43,3	44,3	45,4	46,4	47,2	48,1	49,0	50,0	50,9	51,8	52,8	53,6	54,5	55,4	56,6
72	43,6	44,6	45,6	46,7	47,4	48,3	49,2	50,3	51,2	52,0	53,1	53,9	54,8	55,7	56,8
73	43,8	44,8	45,8	46,9	47,7	48,7	49,5	50,6	51,6	52,3	53,4	54,2	55,1	56,0	57,0
74	44,1	45,1	46,1	47,1	48,0	49,0	49,9	50,9	51,8	52,6	53,6	54,5	54,4	56,3	57,2
75°	44,4	45,3	46,4	47,3	48,3	49,2	50,2	51,1	52,0	52,9	53,8	54,7	55,6	56,5	57,4
76	44,6	45,5	46,6	47,5	48,5	49,4	40,5	51,3	52,2	53,2	54,0	55,0	56,0	56,7	57,6
77	44,8	45,7	46,8	47,7	48,7	49,6	50,6	51,5	52,4	53,4	54,2	55,2	56,2	56,9	58,0
78	45,0	45,9	47,0	47,9	48,9	49,8	50,8	51,7	52,6	53,6	54,4	55,4	56,4	57,1	58,3
79	45,2	46,1	47,2	48,0	49,0	50,0	51,1	52,0	52,8	53,8	54,6	55,6	56,5	57,3	58,6

SINUS DE LA DISTANCE APPARENTE.

TABLE V.

CORRECTION.

SINUS DE LA DISTANCE APPARENTE.	46	47	48	49	50	51	52	53	54	55	56	57	58	59	60
80°	45,4	46,3	47,3	48,2	49,2	50,2	51,3	52,2	53,0	54,0	54,8	55,7	56,6	57,5	58,8
81	45,4	46,4	47,4	48,4	49,4	50,3	51,4	52,4	53,2	54,2	55,0	56,0	56,9	57,7	59,0
82	45,6	46,5	47,5	48,5	49,5	50,5	51,5	52,5	53,4	54,4	55,2	56,2	57,2	58,0	59,2
83	45,7	46,6	47,6	48,6	49,6	50,6	51,6	52,6	53,6	54,6	55,4	56,4	57,4	58,3	59,4
84	45,8	46,7	47,7	48,7	49,7	50,7	51,7	52,7	53,7	54,7	55,6	56,6	57,6	58,6	59,6
85°	45,8	46,8	47,8	48,8	49,8	50,8	51,8	52,8	53,8	54,8	55,8	56,8	57,8	58,8	59,8
86	45,8	46,8	47,8	48,8	49,8	50,8	51,8	52,8	53,8	54,8	55,9	56,9	57,9	58,9	59,9
87	45,9	46,9	47,9	48,9	49,9	50,9	51,9	52,9	53,9	54,9	55,9	56,9	57,9	58,9	59,9
88	45,9	46,9	47,9	48,9	49,9	50,9	51,9	52,9	53,9	54,9	55,9	56,9	57,9	58,9	59,9
89	45,9	46,9	47,9	48,9	49,9	50,9	51,9	52,9	53,9	54,9	55,9	56,9	57,9	58,9	59,9
90°	46,0	47,0	48,0	49,0	50,0	51,0	52,0	53,0	54,0	55,0	56,0	57,0	58,0	59,0	60,0

Cette Table V, sert avec la distance apparente de la Lune au Soleil, à trouver la correction à faire à la distance, au moyen de la quantité qui résulte des trois termes trouvés par les Tables précédentes.

Les Tables que nous venons de donner, dispensent absolument le navigateur de l'usage du quartier de réduction ; car la première table donne directement R sin. h, sans faire usage de la petite table R, qui exprimant une fonction de la réfraction, sert de rayon pour connaître, par le quartier de réduction, le sinus de la hauteur de la lune. La nouvelle table que nous donnons, dispense donc de cette opération ; ainsi, pour la hauteur apparente du soleil (43° 25'), et pour la hauteur apparente de la lune 47° 33', on trouvera dans notre première table, une minute à peu près, ou plutôt neuf dixièmes de minute. La seconde table donne p sin. H, qui est le troisième terme de notre formule ; car avec la hauteur apparente de la lune 47° 33', vous avez la fonction de la parallaxe p, il faut retrancher de la parallaxe horizontale 1, 3 : or, dans l'exemple que nous citons, la parallaxe horizontale est de 58', ainsi sa fonction sera de 56, 7 : cette parallaxe réduite avec la hauteur du soleil 43° 25', donne, sans faire usage du quartier, 37. Les tables 3 et 4 donnent le second terme de la formule P cos. d ; en effet, la table 3 donne la fonction P de la parallaxe horizontale, qui est, pour cet exemple, de 58' ; au moyen de la hauteur de la lune 47° 33', le nombre qui répond, est 41. Avec ce nombre, qui est la fonction P de la parallaxe et la distance apparente de la lune au soleil 79° 18', vous trouverez dans la table 4 le nombre 8 qui est P cos. d, sans avoir recours au quartier de réduction. Ainsi on aura 1 — 39 + 8 pour représenter R sin. h — p sin. H + P cos. d ; dans ce cas, ces trois termes donneront un nombre négatif, qui est 30. La table 5 servira, avec la distance apparente de la lune 79° 18' et le nombre 30, à trouver la correction à faire à la distance ; cette correction se trouve être entre 30 et 31, c'est-à-dire, de 30, à peu près, et cette correction est négative, ce qui réduit la distance apparente 79° 18' à 78° 47' 30", distance vraie.

Pour ceux qui voudront employer le quartier de réduction, j'ai préféré de donner des cartes gravées au lieu des cartes imprimées, qui ne sont pas si commodes : d'ailleurs il ne faut regarder ces cartes et ces tables, que comme un essai dont l'expérience des marins décidera.

Echelle des cordes.		Angle horaire correspon.		Echelle des cordes.		Angle horaire correspon.		Echelle des cordes.		Angle horaire correspon.		Echelle des cordes.		Angle horaire correspon.	
m.	10 d. m.	min.	sec.	m.	10 d. m.	min.	sec.	m.	10 d. m.	min.	sec.	m.	10 d. m.	min.	sec.
0	0	0	0	5	0	12	24	10	0	17	28	15	0	21	24
0	1	1	44	5	1	12	32	10	1	17	34	15	1	21	28
0	2	2	28	5	2	12	40	10	2	17	40	15	2	21	33
0	3	3		5	3	12	44	10	3	17	45	15	3	21	38
0	4	3	28	5	4	12	52	10	4	17	50	15	4	21	45
0	5	3	52	5	5	13		10	5	17	55	15	5	21	49
0	6	4	16	5	6	13	8	10	6	18		15	6	21	53
0	7	4	32	5	7	13	12	10	7	18	6	15	7	21	57
0	8	4	52	5	8	13	20	10	8	18	11	15	8	22	
0	9	5	12	5	9	13	24	10	9	18	16	15	9	22	4
1		5	32	6		13	32	11		18	20	16		22	8
1	1	6	48	6	1	13	40	11	1	18	25	16	1	22	12
1	2	6	4	6	2	13	48	11	2	18	30	16	2	22	16
1	3	6	36	6	3	13	52	11	3	18	35	16	3	22	20
1	4	6	32	6	4	14		11	4	18	45	16	4	22	24
1	5	6	44	6	5	14	8	11	5	18	44	16	5	22	28
1	6	7		6	6	14	12	11	6	18	49	16	6	22	32
1	7	7	12	6	7	14	20	11	7	18	53	16	7	22	36
1	8	7	24	6	8	14	28	11	8	18	58	16	8	22	40
1	9	7	36	6	9	14	36	11	9	19	3	16	9	22	44
2		7	48	7		14	40	12		19		17		22	48
2	1	8		7	1	14	46	12	1	19	13	17	1	22	52
2	2	8	12	7	2	14	52	12	2	19	18	17	2	22	56
2	3	8	24	7	3	14	56	12	3	19	23	17	3	23	
2	4	8	36	7	4	15	4	12	4	19	28	17	4	23	4
2	5	8	44	7	5	15	10	12	5	19	33	17	5	23	8
2	6	8	52	7	6	15	16	12	6	19	38	17	6	23	12
2	7	9	4	7	7	15	22	12	7	19	43	17	7	23	16
2	8	9	26	7	8	15	28	12	8	19	48	17	8	23	20
2	9	9	24	7	9	15	32	12	9	19	52	17	9	23	24
3		9	36	8		15	40	13		19	56	18		23	28
3	1	9	44	8	1	15	46	13	1	20		18	1	23	32
3	2	19	52	8	2	15	52	13	2	20	5	18	2	23	36
3	3	10		8	3	15	58	13	3	20	10	18	3	23	40
3	4	10	12	8	4	16	4	13	4	20	15	18	4	23	44
3	5	10	20	8	5	16	10	13	5	20	20	18	5	23	48
3	6	10	28	8	6	16	16	13	6	20	25	18	6	23	52
3	7	10	40	8	7	16	22	13	7	20	30	18	7	23	56
3	8	10	48	8	8	16	28	13	8	20	35	18	8	24	
3	9	10	56	8	9	16	34	13		20	40	18	9	24	4
4		11	4	9		16	36	14		20	44	19		24	8
4	1	11	12	9	1	16	42	14	1	20	48	19	1	24	12
4	2	11	20	9	2	16	47	14	2	20	52	19	2	24	16
4	3	11	28	9	3	16	52	14	3	20	56	19	3	24	20
4	4	11	36	9	4	16	57	14	4	21		19	4	24	23
4	5	11	44	9	5	17	3	14	5	21	4	19	5	24	27
4	6	11	52	9	6	17	8	14	6	21	8	19	6	24	30
4	7	12		9	7	17	14	14	7	21	12	19	7	24	34
4	8	12	8	9	8	17	19	14	8	21	16	19	8	24	37
4	9	12	16	9	9	17	24	14	9	21	20	19	9	24	41

Echelle des cordes.		Angle horaire correspon.		Echelle des cordes.		Angle horaire correspon.		Echelle des cordes.		Angle horaire correspon.		Echelle des cordes.		Angle horaire correspon.	
m. 10.	d. m.	min.	sec.	m. 10.	d. m.	min.	sec.	m. 10.	d. m.	min.	sec.	m. 10.	d. m.	min.	sec.
20	0	24	44	25	0	27	40	30	0	30	20	35	0	32	44
20	1	24	47	25	1	27	43	30	1	30	23	35	1	32	47
20	2	24	51	25	2	27	46	30	2	30	26	35	2	32	50
20	3	24	54	25	3	27	49	30	3	30	29	35	3	32	53
20	4	24	58	25	4	27	52	30	4	30	32	35	4	32	56
20	5	25	1	25	5	27	56	30	5	30	35	35	5	32	59
20	6	25	5	25	6	28		30	6	30	38	35	6	33	1
20	7	25	8	25	7	28	3	30	7	30	41	35	7	33	4
20	8	25	12	25	8	28	6	30	8	30	44	35	8	33	7
20	9	25	16	25	9	28	9	30	9	30	46	35	9	33	10
21		25	20	26		28	12	31		30	48	36		33	12
21	1	25	24	26	1	28	16	31	1	30	51	36	1	33	15
21	2	25	28	26	2	28	20	31	2	30	54	36	2	33	18
21	3	25	32	26	3	28	23	31	3	30	57	36	3	33	21
21	4	25	35	26	4	28	26	31	4	31		36	4	33	24
21	5	25	38	26	5	28	29	31	5	31	4	36	5	33	27
21	6	25	41	26	6	28	32	31	6	31	8	36	6	33	30
21	7	25	44	26	7	28	35	31	7	31	11	36	7	33	33
21	8	25	48	26	8	28	38	31	8	31	14	36	8	33	36
21	9	25	52	26	9	28	41	31	9	31	17	36	9	33	38
22		25	56	27		28	44	32		31	20	37		33	40
22	1	26		27	1	28	48	32	1	31	23	37	1	33	43
22	2	26	4	27	2	28	51	32	2	31	26	37	2	33	45
22	3	26	8	27	3	28	54	32	3	31	29	37	3	33	48
22	4	26	12	27	4	28	57	32	4	31	32	37	4	33	50
22	5	26	16	27	5	29		32	5	31	35	37	5	33	53
22	6	26	19	27	6	29	3	32	6	31	37	37	6	33	55
22	7	26	22	27	7	29	6	32	7	31	40	37	7	33	57
22	8	26	25	27	8	29	9	32	8	31	43	37	8	34	
22	9	26	29	27	9	29	13	32	9	31	46	37	9	34	2
23		26	32	28		29	16	33		31	48	38		34	4
23	1	26	36	28	1	29	20	33	1	31	51	38	1	34	7
23	2	26	40	28	2	29	23	33	2	31	54	38	2	34	10
23	3	26	44	28	3	29	26	33	3	31	57	38	3	34	13
23	4	26	48	28	4	29	29	33	4	32		38	4	34	16
23	5	26	51	28	5	29	32	33	5	32	3	38	5	34	19
23	6	26	55	28	6	29	35	33	6	32	6	38	6	34	22
23	7	26	58	28	7	29	39	33	7	32	9	38	7	34	25
23	8	27	2	28	8	29	42	33	8	32	12	38	8	34	28
23	9	27	5	28	9	29	45	33	9	32	14	38	9	34	30
24		27	8	29		29	48	34		32	16	39		34	32
24	1	27	11	29	1	29	52	34	1	32	19	39	1	34	35
24	2	27	14	29	2	29	56	34	2	32	22	39	2	34	38
24	3	27	17	29	3	29	59	34	3	32	25	39	3	34	41
24	4	27	19	29	4	30	2	34	4	32	28	39	4	34	44
24	5	27	22	29	5	30	5	34	5	32	31	39	5	34	47
24	6	27	26	29	6	30	8	34	6	32	34	39	6	34	50
24	7	27	30	29	7	30	11	34	7	32	37	39	7	34	53
24	8	27	34	29	8	30	14	34	8	32	39	39	8	34	56
24	9	27	37	29	9	30	17	34	9	32	42	39	9	34	58

Echelle des cordes.	Angle horaire correspon.	Echelle des cordes.	Angle horaire correspon.	Echelle des cordes.	Angle horaire correspon.	Echelle des cordes.	Angle horaire correspon.
m. 10. d. m.	min. sec.	m. 10. d. m.	min. sec.	m. 10. de m.	min. sec.	m. 10. d. m.	min. sec.
40 0	35	45 0	37 4	50 0	39 8	55 0	41
40 1	35 3	45 1	37 7	50 1	39 11	55 1	41 3
40 2	35 6	45 2	37 10	50 2	39 14	55 2	41 6
40 3	35 9	45 3	37 13	50 3	39 17	55 3	41 8
40 4	35 12	45 4	37 16	50 4	39 20	55 4	41 10
40 5	35 14	45 5	37 19	50 5	39 22	55 5	41 12
40 6	35 16	45 6	37 22	50 6	39 24	55 6	41 14
40 7	35 18	45 7	37 25	50 7	39 26	55 7	41 16
40 8	35 20	45 8	37 28	50 8	39 28	55 8	41 18
40 9	35 22	45 9	37 30	50 9	39 30	55 9	41 20
41	35 24	46	37 32	51	39 32	56	41 22
41 1	35 27	46 1	37 35	51 1	39 34	56 1	41 25
41 2	35 30	46 2	37 38	51 2	39 36	56 2	41 28
41 3	35 33	46 3	37 41	51 3	39 38	56 3	41 31
41 4	35 35	46 4	37 43	51 4	39 40	56 4	41 34
41 5	35 37	46 5	37 45	51 5	39 42	56 5	41 36
41 6	35 39	46 6	37 47	51 6	39 44	56 6	41 38
41 7	35 42	46 7	37 49	51 7	39 46	56 7	41 40
41 8	35 44	46 8	37 52	51 8	39 48	56 8	41 42
41 9	35 46	46 9	37 54	51 9	39 50	56 9	41 44
42	35 48	47	37 56	52	39 52	57	41 48
42 1	35 51	47 1	37 59	52 1	39 55	57 1	41 50
42 2	35 54	47 2	38 2	52 2	39 58	57 2	41 52
42 3	35 57	47 3	38 5	52 3	40	57 3	41 54
42 4	36	47 4	38 8	52 4	40 3	57 4	41 56
42 5	36 3	47 5	38 11	52 5	40 6	57 5	41 58
42 6	36 6	47 6	38 14	52 6	40 9	57 6	42
42 7	36 9	47 7	38 17	52 7	40 12	57 7	42 2
42 8	36 12	47 8	38 20	52 8	40 15	57 8	42 4
42 9	36 14	47 9	38 23	52 9	40 18	57 9	42 6
43	36 16	48	38 25	53	40 20	58	42 8
43 1	36 19	48 1	38 27	53 1	40 22	58 1	42 11
43 2	36 22	48 2	38 29	53 2	40 24	58 2	42 14
43 3	36 25	48 3	38 31	53 3	40 26	58 3	42 16
43 4	36 28	48 4	38 33	53 4	40 28	58 4	42 18
43 5	36 31	48 5	38 35	53 5	40 30	58 5	42 20
43 6	36 34	48 6	38 37	53 6	40 32	58 6	42 22
43 7	36 37	48 7	38 39	53 7	40 34	58 7	42 25
43 8	36 40	48 8	38 41	53 8	40 36	58 8	42 28
43 9	36 42	48 9	38 43	53 9	40 38	58 9	42 30
44	36 44	49	38 45	54	40 40	59	42 32
44 1	36 46	49 1	38 48	54 1	40 42	59 1	42 34
44 2	36 48	49 2	38 51	54 2	40 44	59 2	42 36
44 3	36 50	49 3	38 54	54 3	40 46	59 3	42 38
44 4	36 52	49 4	38 56	54 4	40 48	59 4	42 40
44 5	36 54	49 5	38 58	54 5	40 50	59 5	42 43
44 6	36 56	49 6	39	54 6	40 52	59 6	42 44
44 7	36 58	49 7	39 2	54 7	40 54	59 7	42 46
44 8	37	49 8	39 4	54 8	40 56	59 8	42 48
44 9	37 2	49 9	39 6	54 9	40 58	59 9	42 50

Echelle des cordes.		Angle horaire correspon.		Echelle des cordes.		Angle horaire correspon.		Echelle des cordes.		Angle horaire correspon.		Echelle des cordes.		Angle horaire correspon.	
m.	10. d. m.	min.	sec.	m. 10. d. m.		min.	sec.	m. 10. d. m.		min.	sec.	m. 10. d. m.		min.	sec.
60	0	42	52	61	3	43	26	62	6	43	48	63	9	44	14
60	1	42	55	61	4	43	28	62	7	43	50	64	0	44	16
60	2	42	58	61	5	43	30	62	8	43	52	64	1	44	18
60	3	43	1	61	6	43	32	62	9	43	54	64	2	44	20
60	4	43	4	61	7	43	33	63	0	43	56	64	3	44	22
60	5	43	7	61	8	43	34	63	1	43	58	64	4	44	24
60	6	43	10	61	9	43	35	63	2	44	0	64	5	44	26
60	7	43	13	62	0	43	36	63	3	44	2	64	6	44	28
60	8	43	16	62	1	43	38	63	4	44	4	64	7	44	30
60	9	43	18	62	2	43	40	63	5	44	6	64	8	44	32
61	0	43	20	62	3	43	42	63	6	44	8	64	9	44	34
61	1	43	22	62	4	43	44	63	7	44	10	65	0	44	36
61	2	43	24	62	5	43	46	63	8	44	12				

TABLE R* qui exprime une fonction de la réfraction.

Hauteur apparente du soleil ou de l'étoile. — Fonctions de la réfraction en minutes et dixièmes de minute.

Hauteur	Réfraction
5°	9,8
6	8,3
7	7,3
8	6,4
9	5,7
10	5,2
11	4,7
12	4,3
13	4,0
14	3,7
15	3,5
16	3,3
17	3,1
18	2,9
19	2,7
20	2,6
21	2,5
22	2,4
23	2,3
24	2,2
25	2,1
26	2,0
27	1,9
28	1,9
29	1,9
30	1,8
31	1,7
35	1,5
40	1,3
60	1,0
90	1,0

* La Table R ainsi que les Cartes P & p concerne la réduction de la distance apparente en distance vraie.

TABLE ALPHABÉTIQUE
DES MATIÈRES,

tant du Voyage à Madagascar, que de celui à Maroc, et aux Indes orientales.

A

Abel Tasman, donne le nom de *Baye de Frédéric Henri*, à une Baye de la terre de Diémen. T. 3. p. 328. Il découvre la Nouvelle Zélande en 1642. T 3. p. 336.

Abyssinie. Les vaisseaux Maures prolongeoient ses côtes, sans perdre la terre de vue, pour entrer dans le canal de Mozambique. Discours prélim. T. 1. pag. j et ij. L'*Abyssinie* a des rapports de commerce avec les princes Arabes transplantés en Afrique. T. 1. p. 27.

Académie de Marine, érigée à Brest par le ministre Rouillé, en 1752. T. 2. p. 36. Sagesse de ses réglemens. *ibid.* et suiv.

Acapulco, ville du Pérou. T. 3. p. 272.

Aché, (le général d') T. 2. p. 155. 177. 184.

Achromatiques, c'est-à-dire, sans aucune iris ou couleur. C'est l'épithète que les artistes ont donnée aux objectifs des meilleures lunettes de spectacle, ou autres lunettes de longue vue. T. 2. p. 117. 118.

Açores, îles de ce nom. T. 2. p. 170.

Acunha, (Tristan d') fait le tour de l'île de Madagascar. T. 1. p. 3.

TABLE

Adamantin, spath de ce nom, qui pulvérisé et imbibé d'huile, sert aux Indiens à tailler et percer les pierres les plus dures. T. 1. p. 104. et T. 2. p. 32.

Adabou, grand arbre. T. 1. p. 286.

Adcimoutchy, l'une des vingt-huit provinces de l'île de Madagascar. T. 1. p. 3.

Adescheins, (la baronne d') T. 1. p. 254.

Adu, (les îles d') leur position. T. 1. Disc. prélim. p. lv et lvj.

Adu, îles de ce nom, reconnues par le capitaine Moreau. T. 2. p. 155 et suiv. Leur position, *ibid*. p. 156. Leur description. T. 2. p. 160. Route du capitaine Moreau jusqu'à ces îles. T. 2. p. 184.

Aërostat. Utilités que la navigation pourroit en retirer. T. 2. p. 6 et suiv.

Afé, gros polypode dont la graine se mange. T. 1. p. 303.

Afrique, *Asie* et *Amérique*. Ces trois parties du monde offrent des terreins immenses, incultes et inhabités, où des malfaiteurs dispersés porteroient les germes de notre industrie, la pratique de nos arts, et la communication de notre langue. T. 1. p. 66 et suiv.

Agalega, écueil confondu par M. d'Après, avec l'écueil d'*Artova*. T. 1 Disc. prélim. p. xlvij.

Agatocle, tyran de Sicile. T. 3. p. 428.

Agnan-rambou, c'est un *Hieracium*, à fleur violette. T. 1. p. 288.

Aladar, (baron d') autrement *baron de Benyousky*. Avantures de ce Hongrois audacieux, exposée par lui-même dans sa lettre au gouverneur de l'île de France. T. 1. p. 198 et suiv. île que Benyousky nomme *Aladar*; et sa position géographique. T. 1. p. 209.

Albion-mils, grande usine sur la Tamise, où deux machines à feu mettent nuit et jour en mouvement seise paires de meules de six pieds de diamètre. Mille sacs de farine sont le produit de ces moulins, ce qui peut suffire à nourrir un tiers de la ville de Londres. T. 1. pag. 120.

Albukerque, (Alfonse). T. 1. p. 3.

Aldées, nom des tisseries des habitans des bords du Gange. T. 1. p. 104.

Alentis, îles de ce nom en Amérique, selon le récit de Benyousky. T. 1. p. 209.

Ameyda, (Laurent) découvre, en 1506, l'île de Madagascar; mais très-postérieurement aux Perses et aux Arabes. T. 1. p. 3.

Alfonce-Albukerque. T. 1. p. 3.

Almanach Nautical, ouvrage Anglais. T. 2. p. v. sert de régle à l'Almanach Nautique, publié en France sous le titre de Connoissance des Tems. *Ibid.* p. vj.

Almota, (Alexis d') pilote Portugais. Son routier. T. 2. p. 180.

Aloés, (bois d') production de l'île de Madagascar. T. 1. p. 6.

Alrampe, (le savant d') Ses cartes hydrographiques sont très estimées. T. 3. p. 231.

Alvarès Mendana, fait voile vers Lima. Route qu'il suit. T. 3. p. 212. 216 et suiv. 226 et suiv. Sa mort, 272. Suite de la relation de ses voyages et découvertes, tirée des mémoires de Quiros. T. 3. p. 276 et suiv.

Ambulante, (l') flûte française emportée en pleine mer par un gros ouragan. T. 1. p. xliij.

Amirantes. Leur position en regard avec la basse de

Patrom, sous la ligne. T. 1. Disc. prélim. p. xlij.

Ambotismene, (hautes montagnes d') à quelques lieues de Foule-Pointe. T. 1. p. 266. 270. 271.

Amboule, l'une des vingt-huit provinces de l'île de Madagascar; c'est une vallée. T. 1. p. 3. *Lac d'Amboule*; sa d'escription. *ibid.* p. 45. Il ne seroit pas impossible d'en faire un excellent port. *ibid.*

Americ Vespuce, son nom aura plus de durée que celui d'Alexandre le Grand. T. 3. p. 202.

Ampali, Sa feuille est longue, polit le bois et dérouille le fer. T. 1. p. 283.

Ampalt, à feuille ronde, qui lime le fer. T. 1. p. 281.

Ampatre, l'une des vingt-huit provinces de l'île de Madagascar. T. 1. p. 3.

Ampelang-thi-fouhé, c'est une gentianelle, à fleur violette. T. 1. p. 288.

Ampélantguy, plante agréable de l'Inde. Elle y croît à la hauteur d'un pied. T. 1. p. 314.

Anacandrians, seconde classe parmi les insulaires de Madagascar. T. 1. p. 31.

Anacau, arbre qui produit l'*andé-anacau*, ou cocon de soie de ce nom, aux environs de la baye d'*Angontil*, dans l'île de Madagascar. T. 1. p. 102.

Anakuey, ou grande sensitive du nord de Madagascar. T. 1. p. 280.

Andafouchy, l'une des vingt-huit provinces de l'île de Madagascar. T. 1. p. 3.

Anderson, célèbre voyageur. T. 3. p. 314. 315.

Andévé, nom d'une des quatre sortes de cocons de soie, produits des environs de la baye d'*Antongil*, dont l'entrée s'ouvre à droite par le cap du même nom; sur la côte nord-est de Madagascar. T. 1. p. 102.

Andé-vontaca, nom d'un autre cocon, produit des environs de la même baye, et qui donne une soie plus fine que celle de la Chine. *Ibid.*

Andé-anacau, ou cocon de l'arbre nommé *anacau*. *Ibid.*

Andé-saphara, quatrième sorte de cocons, produits des environs de la baye d'*Antongil*. *ibid.*

N. B. Ce cocon ne se devide point. *ibid.*

Angana, port. T. 3. p. 408.

Anghivi, espèce de brède, à fruit rouge. Son usage. T. 1 p. 281.

Angle, (de l') massacré avec le naturaliste La Manon, par les insulaires de *Mahouana*. T. 3. p. 286.

Angoncy, village au nord de la baye d'Antongil. T. 1. p. 249.

Anja-oidy, espèce de bruyère très-haute. T. 1. p. 285.

Anne, (S.te) île de ce nom. T. 3. p. 243.

Anossy, l'une des vingt-huit provinces de l'île de Madagascar. T. 1. p. 3. Caractère des habitans d'*Anossy*. *ibid.* p. 35. Selon les contes du pays, recueillis par Flacour, les Pygmées ou Quimos de l'intérieur de l'île de Madagascar firent jadis une incursion dans la province d'*Anossy*, d'où ils furent repoussés par les *Etanos*. T. 1. p. 136.

Anse des Guerriers, baye ainsi nommée par Bougainville. T. 3. p. 223.

Anse du Refuge. T. 3. p. 385. 388.

Antafara, autrement *bois de lait*, arbre du nord de Madagascar; ce lait ou suc laiteux est très-caustique. T. 1. p. 277.

Antaveres, l'une des vingt-huit provinces de l'île de Madagascar. T. 1. p. 3.

Antavares, peuple de la partie nord-est de l'île de

Madagascar. T. 1. p. 163. Leur guerre avec les *Manivoulois. ibid.* et p. suiv. Ils sont entraînés dans cette guerre, par l'artifice des pirates. *ibid.*

Antipodes. T. 3. p. 244.

Antongil, (baye d') ses environs sont fertiles en quatre espèces de cocons, qui donnent aux Malegaches de la soie d'une bonne qualité. T. 1. p. 101. 102.

Aoutourou, où *Mayoa* : effet dans Paris, de l'arrivée de cet insulaire. T. 3. p. 211. Marion est chargé de le reconduire à *Otahiti. Ibid.*

Appleby, moyen de son invention pour rendre l'eau de la mer, potable. T. 2. p. 42.

Après, (d') cet officier à confondu l'écueil d'*Artova*, avec celui d'*Agalega*. T. 1. Disc. prélim. p. xlvij.

Arabes, établis à Comore et à Madagascar. T. 1 p. 27. Leur haine invétérée contre les Portugais. *ibid.* p. 28. *Arabes* de Madagascar, ont beaucoup dégénéré des principes du Mahométisme. *ibid.* p. 29.

Arandrato, nom d'un arbre de l'écorce duquel les habitans de Madagascar tirent leur encre, moins noire que la notre, mais naturellement luisante. T. 1. p. 27.

Arbres, arbustes et plantes qui croissent dans la partie du nord de Madagascar. Leur description. T. 1. p. 212 et suivantes.

Archipel, au nord des îles de France et de Bourbon, hérissé d'écueils. T. 1. Disc. prélim. p. lxiv.

Architecture navale. T. 2. p. 40.

Ardouranga, petite plante. Sa description. T. 1. p. 286.

Arésou, sureau du nord de Madagascar. T. 1. p. 280.

Arosca, chef Indien, très-hospitalier. T. 3. p. 208. confie à Gonneville un de ses fils nommé *Essomeric. ibid.*

Arsacides, les îles auxquelles Surville a donné ce nom, ne sont point les *îles Salomon* d'Alvarès Mandana; mais leur vrai nom est *Simbou*, comme nous l'apprend *Schorland*. T. 3. p. 233. 242. 249. 250. 252 et suiv. 263 et suiv.

Artova, écueil confondu par M. *d'Après*, avec l'écueil *d'Agalega*. T. 1. Disc. prélim. p. xlvij.

Asie, la route de ses mers, ouverte aux Européens, par *Vasco de Gama*, pag. j. du Disc. prélim.
    Avant cette époque le pavillon Maure flottoit seul dans les golphes de Perse et de Bengal. *ibid*.

Assension, (île de l') sa distance du Cap de Bonne-Espérance. T. 2. p. 167. Sa description et ses productions. *ibid*. p. 167 et suiv. Sa découverte, par *Tristan d'Achuna*. T. 2. p. 169.

Associations savantes, leur inapréciable utilité. T. 3. p. 195.

Assy, cet arbre du nord de Madagascar, ne peut être mieux comparé qu'à un beau palmier. Sa description. T. 1. p. 277. 278.

Avocat, transporté par une surprise perfide à Madagascar, et qui parvient par son esprit à reconcilier *Chamargou*, avec le brave *La Case*. T. 1. p. 57 et suiv.

Asatrahé, arbuste dont l'écorce est odoriférante. T. 1. p. 282.

Astronomie Nautique, n'est qu'une branche de la science navale. T. 2. p. 11. 12 et suiv. Elle sert à rectifier la variation de la boussole. *ibid*. p. 12.

Avantages de la houille sur le bois à brûler, pour le chauffage de la cucurbite, dans l'opération propre à rendre l'eau de la mer potable. T. 2. p. 42 et suiv. et même T. 2. p. 113.

Australes du S. Esprit, (terres) nom donné par Quiros, à *Manicolo* et aux îles qui l'environnent. T. 3. p. 280. 281.

Avatcha, point d'où se propose de partir La Peyrouse, pour visiter les Kurilles, etc. T. 3. p. 283.

Azimena, arbuste de l'Inde. Sa description. T. 1. p. 314.

Azou-menti, arbuste pyramidal, très-curieux. T. 1. p. 287.

Azou-menti-bé, très-bel arbre, à grandes feuilles. T. 1. p. 287.

Azon-Ranou, maglier d'eau douce. Sa description. T. 1. p. 281.

Azou-Ranou, arbuste à fruit rouge, cannelé. T. 1. p. 282.

B

Bacha de Natolie et de *Chotyn*. T. 1. p. 200.

Bachi-bachi, arbre. T. 1. p. 273.

Bagasse, c'est le nom qu'on donne à la partie ligneuse de la canne à sucre. T. 1. p. 117.

Bagnets, plante qui donne un bel indigo. T. 1. p. 319.

Bailly, maire de Paris. Sa mort tragique. T. 3. p. 406.

Baie de Choiseul. T. 3. p. 216.

Baie des Isles, nommée ainsi par Cook. T. 3. p. 338.

Baleine, (huile de). T. 1. p. 9.

Bambou, sorte de roseau qui peut servir à traverser les rivières les plus rapides. T. 1. p. 259. 260.

Bananes, ou figues d'Adam. T. 2. p. 132.

Bananier, ou figuier d'Adam. T. 1. p. 101. 264.

Bancks (Joseph), président de la société de Londres. T. 2. p. 32. Son cabinet curieux. *ibid.* p. 33.

Banc des Aiguilles. T. 2. p. 122.

Bancs-de-Nazareth. T. 2. p. 179 et suiv.

Barbares de Maroc. On assure que la langue Punique s'est conservée chez ces montagnards. T. 2. p. 99.

Barté (ingénieur). T. 2. p. 146. 148. 149.

Baschy; îles de ce nom. T. 3. p. 235.

Bas-fonds. T. 1. Discours prélim. p. lij.

Basse de Chagas. T. 2. p. 185.

Basse de Corgados. Discours prélim. T. 1. p. xliv. xlvij. xlviij. xlix.

Basse (la petite). T. 2. p. 151. 152.

Basse de Patrom. T. 1. Disc. prélim. p. xlij.

Bassin encombré de quarante-cinq mille toises cubes. T. 1. Disc. prélim. p. xxvj.

Bavre, commissaire de marine. T. 2. p. 58.

Bayley, (William) astronome navigateur. T. 3. p. 337.

Baie de la Botanique. T. 3. p. 287.

Baya Gratiosa. T. 3. p. 265.

Baromètre de Reaumur. T. 1. p. 263.

Bastonade sur la plante des pieds. T. 2. p. 97.

Bazards, c'est le nom que l'on donne aux marchés publics à Maroc. T. 2. p. 95. 97.

Beccaria, son traité des délits et des peines. T. 1. p. 66.

Bédouins (Arabes). T. 2. p. 99. Leurs camps-volans se nomment *Adouarts*. Ibid.

Belle Aurore (la), nom que donnoit à sa femme *Hervé Riel*, habile pilote côtier. T. 2. p. 61.

Bellecombe (M. de). T. 1. p. 230. 231. et suiv. T. 2. p. 132.

Bengale (golphe de.). T. 1. Disc. prélim. p. j. ij. p. lj. Etoffes du Bengale. T. 1. p. 103. Courans violens dans le golphe de Bengale. T. 2. p. 154.

TABLE

Benyousky (le comte de). T. 1. p. 90. De la maison d'*Aladar*. 198. voyez *Aladar*.

Berthould (Ferdinand). T. 3. p. 301. 304.

Bêtes à laine. T. 1. Disc. prélim. p. xix.

Bethalimenes, peuples de l'intérieur de Madagascar. T. 1. p. 162. et suiv.

Béthel. T. 1. p. 310. 313.

Bétie, veuve de Jean Harre, chef de pirates. T. 1. p. 168. 169. et suiv.

Bezout, mathématicien. T. 2. p. 29. 37.

Bibliothèque choisie, a l'académie de marine de Brest. T. 2. p. 33.

Bigorne (la), soldat de la compagnie des Indes. T. 1. p. 151. 161. 172. 174. 178. 179. 181. 189. 190. 191. 192. 193. 197. T. 2. p. 135.

Bitume tiré de certains gouffres. T. 2. p. 52.

Bled de Turquie, ou *Maïs*. T. 1. p. xix.

Bois de construction. T. 1. p. 9.

Bois d'olive. T. 2. p. 149.

Bolsao, ville. T. 1. p. 207.

Bolton, méchanicien. T. 1. p. 113. 120. 121. 122.

Bombay. T. 3. p. 289.

Bombéroque (port de). T. 1. Disc. prélim. p. ij. Rivière de *Bombétoque*. T. 1. p. 27. 258.

Bonne-Espérance (cap de). T. 1. Disc. prélim. p. iij. xv. ibid. p. xxxvj. T. 1. p. 19.

Bontou, arbre. T. 1. p. 313.

Borda, auteur d'une méthode nautique. T. 2. Avertissement, p. vj. Commissaire de marine. T. 2. p. 58. Habile méchanicien. ibid. p. 65. Sa Lettre au sujet de bons objectifs achromatiques. T. 2. p. 115 et suiv.

Boscawen, (l'amiral) route de son nom. T. 2. p. 137.

Bosse, (M.) habitant de Bourbon. T. 1. p. 28.
Bot, (le) bâtiment nommé *le Favori*. T. 2. p. 155 156.
Botanique. T. 1. p. 7 et 8. Baye de la Botanique. T. 3. p. 68. Botanistes. *ibid.* p. 321.
Botanistes. T. 2. p. 147. 193.
Botismene, montagne. T. 1. p. 4.
Bouça, (île) T. 3. p. 221.
Bouchers. L'état de boucher est honorable chez les Malegaches. T. 1. p. 31.
Bougainville, célèbre navigateur. T. 1. p. 126. T. 3. p. 116. Baye de son nom. T. 3. p. 221. Bougainville donne le nom à l'Anse des guerriers. T. 3. p. 223.
Bougainville, découvre l'*Archipel des navigateurs*. T. 3. p. 286 et suiv.
Bouguer, son *lock* à forme conique. T. 2. Disc. prélim. p. 17. Ses tentatives pour observer en mer les satéllites de Jupiter, et pour les faire servir à la connoissance des longitudes. T. 2. p. 70. 71. Bouguer soutenoit qu'à une grande profondeur les courants ne sont point sensibles. *ibid.* p. 86. 91. Il mesure un degré de l'équateur. T. 2. p. 110.
Bourbon, (île de) T. 1. Disc. prélim. p. vi. vij. Son volcan. *ibid.* p. ix. x. xj. Productions de l'îl. *ibid.* p. xiij, et suiv. T. 1. p. 9. Cette île portoit d'abord le nom de *Mascarenhas*. T. 1. p. 8.
Bourdonnais, (Mahé de la) T. 1. Disc. prélim. p. xvj et suiv. T. 1. p. 8. 11.
Bourdonnois, (Mahé de la) son éloge. T. 3. p. 411 et suiv.
Bouvet, (Lozier) navigateur. T. 3. p. 325.
Boussole, corrigée. T. 2. p. 13. Boussole inexacte. *ibid.* p. 16.

Bower (Georges), navigateur. T. 3. p. 290.

Boyle , savant. T. 2. p. 41.

Brandon (St.), écueil. T. 1. Disc. prél. p. xlvij. xlix.

Brésil (côte du). T. 2. p. 122.

Brest, observatoire qu'on y projette. T. 2. Avertissem. p. ij. iij. Ecole nautique qu'il conviendroit d'y établir. T. 2. p. 33. Académie qu'y érigea le ministre Rouillé, *ibid*. p. 35. 36. Grande consommation qu'on fait de houille dans cette ville, *ibid*. p. 43.

Bretèche (la), gendre du capitaine Le Vacher, dit la Case. T. 1. p. 88.

Breugnon (l'ambassadeur). T. 2. p. 111.

Brie (Théodore de), géographe. Sa carte de 1596. T. 2. Avertiss. p. vj.

Brigands de la partie nord-est de Madagascar. T. 1. p. 158.

British Mariners guide, ouvrage Anglais qui porte ce titre, T. 2, Avertiss. p. v. Son auteur est le savant docteur Maskeline. T. 2. p. 19.

Brouillards, indice presque toujours assuré de la proximité des îles du cap Verd. T. 2. p. 121.

Bruix (l'amiral), le même qui a été ministre de la marine. T. 3. p. 370.

Buache, géographe. T. 3. p. 261.

Buckhu, nom d'une poudre aromatique. T. 3. p. 440.

Buffles. T. 3. p. 430.

Buffon. T. 2. p. 4. 7.

Burne (Michel), navigateur. T. 2. p. 184.

Byron (le commodore). T. 3. p. 269.

C

Cache, unique monnaie de la Cochinchine. T. 1. p. 304.

DES MATIÈRES.

Cadix, sa situation, sa rade, etc. T. 2. p. 76. 77. Sa cathédrale, son observatoire. p. 78. Ses colonnes d'Hercule. p. 80. Son commerce. p. 81.

Caffeyer, cultivé avec succès à l'île de la Réunion. T. 1. p. 133.

Caffres. T. 3. p. 240. Leurs cheveux semblables à de la laine. laine. T. 3. p. 329. couleur noire de leur peau. T. 3. p. 332.

Caille (l'abbé de la). T. 1. Disc. prélim. p. vij.

Calédonie (la nouvelle) T. 3. p. 296.

Calicut. T. 1. Disc. prélim. p. lix.

Californie. T. 1. p. 215.

Camboge, province de la Cochinchine. T. 1. p. 289.

Campoudi, plante. T. 1. p. 288.

Canal de Mozambique. T. 1. Disc. prélim. p. ij.

Canal de Mozambique. T. 1. p. 239.

Canaries (îles). T. 2. p. 120. 121.

Canipouti, gramen à feuille large. Usage de son suc. T. 1. p. 286.

Canivet. son quart de cercle. T. 2. p. 145.

Canne à Sucre, liqueur fermentée qu'on en tire. T. 1. Disc. prélim. p. xiij. Production de Madagascar. T. 1. p. 7. Sa description. T. 1. p. 115. Sa culture, *ibid.* et suiv.

Canot sauvant l'équipage, ou partie de l'équipage, après le naufrage d'un navire. T. 1. Disc. prél. p. liij et suiv.

Canot que le capitaine Moreau est forcé d'abandonner aux courans. Ses aventures, *ibid.* p. lv. lvj et suiv.

Cap de Bonne-Espérance. T. 1. Disc. prélim. p. iij. xxxv.

Cap-Noir (le). T. 3. p. 219.

Cap Montego, T. 2. p. 74.

Cap-Verd. T. 2. p. 121.

Cardan, sa lampe suspendue. T. 2. p. 72.

Caremboule, une des vingt-huit provinces de Madagascar. T. 1. p. 3.

Carriere (la), navigateur de ce nom, T. 2. p. 179.

Carnossi, province de Madagascar. T. 1 p. 23. Cette province est aussi appelée *Carcanossi*, ibid. p. 25 et 30, et p. 43. 44.

Caron, directeur du commerce des Indes. T. 1. p. 82.

Carteret (le capitaine). T. 3. p. 217. 218. 242. 270. 271.

Cartes nautiques de M. d'Après, quelque fois fautives. T. 1. Disc. prélim. p. vj.

Cartes nautiques de Shéperd et de Margets. T. 2. Avertissement. p. vj.

Casan (le gouverneur de) T. 1. p. 200. 201.

Cascades inaccessibles de Madagascar. T. 1. p. 5.

Case (le gouverneur la). T. 1. p. 51 Son vrai nom était *Le Vacher*. ibid. Ses actions. ibid. et suiv. Il épouse Dian-Nong, fille de Dian-Rassitate, souverain de la province d'Amboule. Ibid. p. 52 et suiv.

Castes ou *Castres*, des habitans de Madagascar. T. 1. p. 32. 33 et suiv.

Castro, gouverneur du Pérou. T. 3. p. 216.

Caton vouloit qu'on chassât de Rome tous les sophistes. T. 1. p. 186.

Catoubanda, espèce de mouron qui sert à dissiper les enflures. T. 1. p. 288.

Cawlei, méchanicien. T. 1. p. 111.

Cedre (bois de). T. 1. p. 356.

Cedre à feuilles d'olivier. T. 3. p. 372.

Ceré (M.), directeur du jardin des Plantes, établi par M. Poivre à Monplaisir. T. 1. Disc. prélim. p. xj.

DES MATIERES.

Cercle de Canivet (quart de), instrument nautique. T. 2. p. 145.

Cercle de réflexion, instrument astronomique. T. 2. p. 75.

Cercle de Mayer, instrument nautique, essentiel. T. 2. p. 65.

Cerné, nom que les anciens donnaient à l'île de France. T. 1. Disc. prélim. p. vij, et T. 1. p. 4.

Céylan. T. 2. p. 150.

Cianopa, province de la Cochinchine. T. 1. p. 289.

Circoncision (cap de la). T. 3. p. 325.

Citroniers de l'île Sechelles. T. 2. p. 149.

Cham, province Cochinchinoise. T. 1. p. 307.

Chamargou, gouverneur du fort Dauphin. T. 1. p. 51 et suiv. Sa mort. T. 1. p. 88.

Chapelet, instrument nautique, qui a cette forme, et qui sert aux pilotes de l'Inde, pour prendre la latitude en mer. T. 1. Disc. prélim. p. iv.

Chaudière, faisant partie de la machine à vapeur. T. 1. p. 110.

Chaulnes (le duc de). T. 1. p. 90.

Chaussées. T. 1. p. 120.

Chénier (le consul de France à Maroc). T. 2. p. 63. Son éloge. *Ibid.*

Chénier, consul à Maroc. T. 2. p. 90. 94.

Chetchia, plante. T. 1. p. 288.

Cheveux cotonés des Negres de la côte d'Afrique. T. 1. p. 15.

Chevreau, inspecteur. T. 1. p. 230. 232. 233. 235.

Chicayna, île de ce nom. T. 3. p. 279.

Chifontsui, sa description. T. 1. p. 284.

Chine. T. 1. p. 214. 218.

Chinois. T. 1. Disc. prélim. p. iij.

Chinois, reprochent aux Européens de saluer en mer, par des salves horisontales, au lieu de tirer en l'air. T. 2. p. 91.

Chingolpont, plante. T. 1. p. 285.

Chistala, plante. T. 1. p. 286.

Choc-choquas, nom d'une peuplade de Hottentots. T. 3. p. 431.

Choiseul (baye de), T. 3. p. 316.

Choiseul (le port de). T. 1. p. 234.

Chotyn (le bacha de Natolie et de). T. 1. p. 200.

Christophe (île de S.). T. 3. p. 226. 227.

Claire (île de S.te). T. 1. p. 47.

Cléopatre la jeune, femme du roi Juba. T. 2. p. 117.

Cochin, ville. T. 1. Disc. prélim. p. xliij.

Cochinchine. T. 1. p. 289 et suiv.

Coco de mer. T. 2. p. 147. Excellent préservatif contre le mal vénérien. T. 2. p. 148. *Coco des Maldives*, ibid. p. 149.

Cocotiers de l'île Séchelles. T. 2. p. 150.

Colonie Française, à l'île de Bourbon. T. 1. Disc. prél. p. xv.

Colonie Hollandaise, à l'île de France. T. 1. Disc. prél. p. xv.

Colonie, proposée, qu'on formeroit de malfaiteurs. T. 1. p. 68. et suiv.

Comète, à longue queue, observée en mer, près d'Aldebaran. T. 2. p. 153.

Comète de 1769. T. 3. p. 235.

Commerce des Cochinchinois. T. 1. p. 301.

Commerce des Mahométans à Madagascar. T. 1. p. 27.

Commerson, savant naturaliste. T. 1. Disc. prélim. p. ix. T. 1. p. 126. 133. 134.

Comore

DES MATIERES.

Comore (île de). T. 1. p. 27.

Compagnie Française des Indes. T. 1. p. 10 et suiv.

Condorin, mesure Cochinchinoise. T. 1. p. 306.

Confédération de Bar. T. 1. p. 199.

Confucius. T. 1. p. 295.

Conservation des viandes dans les vaisseaux. Moyens de cette conservation. T. 2. p. 57. Disc. prél.

Constance (vignoble). T. 3. p. 433. *Vin de Constance*, ibid. p. 434.

Construction (bois de). T. 1. p. 9.

Copiago. T. 3. p. 234.

Corgados (basse de). T. 1. Disc. prél. p. xliv. xlvij. xlviij.

Corlieux. T. 3. p. 377.

Cormier, habile ingénieur. T. 2. Disc. prél. p. 44.

Coromandel (côte de). T. 1. Disc. prélim. p. lxiv. T. 2. p. 135. 137. 139.

Coulomb, académicien célèbre. Moyen inventé par lui pour travailler sous l'eau à l'extirpation des rochers. T. 1. Disc. prélim. p. xxvij.

Courans, rendent incertaine l'estime de la navigation. T. 2. Disc. prélim. p. 17.

Cosaques. T. 1. p. 209.

Cook, célèbre navigateur. T. 3. p. 281. *Détroit de Cook.* T. 3. p. 281. 308. 312. 313. et suiv.

Côte de Malabar. T. 1. p. 137.

Cove, mesure Chinoise. T. 1. p. 306.

Cracovie. T. 1. p. 199.

Cranganor, près Calicut. T. 1. Disc. prélim. p. lix. T. 2. p. 160.

Crémont (M. de), intendant de l'île de Bourbon. T. 1. Disc. prélim. p. ix.

Crocodiles énormes. T. 1. p. 266.

Croix (grande île de S.te). T. 3. p. 265. 266. 268. Cette île est la même que l'île *Egmont* de Carteret. T. 3. p. 269. Colonie de S.te Croix. T. 3. p. 276.

Croix (le port de la). T. 3. p. 225.

Crozet (le lieutenant). T. 3. p. 322.

Cuisines placées dans la cale des vaisseaux, y rendent l'air salubre. T. 2. Disc. prélim. p. 41.

Curement du port de l'île de France. T. 1. Disc. prélim. p. xxiij et suiv.

Cylindre faisant partie de la machine à vapeur. T. 1. p. 112.

Czarnowski (le maréchal de). T. 1. p. 199.

Czernichew. T. 1. p. 202.

D

Dalembert. T. 2. p. 82. 85. Son opinion sur les Jésuites, ibid.

Dalembert, son opinion sur la vraie cause des vents alisés. T. 2. p. 122.

D'Amfreville (le général), commandant le Formidable au combat de la Hougue. T. 2. Disc. prél. p. 59 et s.

Dauphin, fort ainsi nommé. T. 1. p. 44. 49. brûlé en 1655; rétabli en 1663. p. 51. 53 et suiv.

Dauphine (la), corvette ainsi nommée. T. 1. Discours prélim. p. lxj.

Déclinaison de l'aiguille aimantée, remarquable aux environs du Pic de Ténériffe. T. 2. p. 120. Moindre déclinaison observée vers le principal port des îles Séchelles. T. 2. p. 143.

Déclinaison des astres, nécessaire à observer pour déterterminer la latitude en mer. T. 2. Disc. prélim. p. 19. et suiv.

Découverte proposée à faire, du pôle arctique, par le moyen d'un aérostat. T. 2. Disc. prélim. p. 6.

Découverte de l'île de Madagascar, en 1506, par Laurent Almyda. Mais les Perses et les Arabes la connaissaient de tems immémorial, sous le nom de Sarandib. T. 1. p. 3.

Défrichemens faits sans règle et sans mesure. Dommages qu'ils causent. T. 1. Disc. prélim. p. xxj. xxij.

Denis. (la ville de S.), chef-lieu de l'île de Bourbon. T. 1. Disc. prélim. p. vij et suiv.

Dérive. T. 2. p. 179.

Descente subite du mercure, annonce un grand ouragan. T. 1. Disc. prélim. p. xxx et suiv.

Désolation (terres de), ainsi nommées par Cook. T. 3. p. 312.

Dessalation de l'eau de la mer, par distillation. T. 2. p. 113. Cette eau est saluore, mais conserve un léger goût d'empyreume, *ibid.*

Détroit de Bougainville. T. 3. p. 221.

Détroit de Gibraltar. T. 2. p. 86. 87.

Dian-Manangue, souverain de la province de Mandrarey. T. 1. p. 71. et suiv. est sauvé dans un combat par Rabazé son favori, qui sacrifie sa vie pour lui, *ibid.* p. 80.

Dian-Nong épouse La Case. T. 1. p. 54 et suiv.

Dian Ramousaye, chef Indien. T. 1. p. 84. 85.

Diane (le vaisseau la). T. 1. Disc. prélim. p. lix.

Dias (Bartholomée de), navigateur Portugais. T. 3. p. 428.

Digue de Saphie, en Afrique. T. 2. p. 87.

Diodore de Sicile. T. 2. p. 103.

Diémen (la terre de). T. 3. p. 328.

Dina (île) . T. 3. p. 325.

Dinheat, province de la Cochinchine. T. 1. p. 289.

Dinhgnoé, province de la Cochinchine. T. 1. p. 289.

Disque du soleil (passage de *Vénus* sur le), au mois de juin 1769. T. 1. Disc. prélim. p. xlix.

Dissertations utiles ou nécessaires aux navigateurs. T. 3. p. 453.

Distances de la lune au soleil, ne peuvent être observées dans des tems trop voisins des nouvelles et pleines lunes. T. 1. p. 142.

Distance vraie et distance apparente des astres. T. 2. p. 25.

Distillation dans le vuide, pour épurer l'eau de mer. T. 2. Disc. prélim. p. 47.

Distillation de l'eau de mer, seul moyen de la rendre potable. T. 2. p. 41.

Division d'un sextant, sujet à erreur de quelques minutes, quelque attention qu'on y porte. T. 2. p. 65.

Donac, nom de la demeure du chef de la partie du sud de Madagascar. T. 1. p. 24.

Dorade, poisson. T. 1. p. 23.

Dowes, sa méthode nautique, publiée dans le premier volume de la société de Harlem, en 1754. T. 2. Disc. prél. p. 19.

Duclesmeur, capitaine du vaisseau *le Castries.* T. 3. p. 396. 406.

Du Guai-Trouin. T. 2. Disc. prélim. p. 31.

Dunshorn, sa méthode nautique. T. 2. Avertiss. p. vj.

E

Ea-Touoë, nom de la Divinité dans la Nouvelle Zélande. T. 3. p. 359.

Eau qui se corrompt dans les tonneaux sur mer; mais que l'on dépure en la battant dans des jarres; alors elle dépose ses impuretés, et redevient saine. T. 2. p. 51.

Eau de la mer, rendue potable; par quels moyens. T. 2. p. 41 et suiv.

Eau. Clarification singulière de l'eau des vaisseaux, avec un mélange d'eau de mer. T. 2. Disc. prélim. p. 51 et suiv.

Ebénier, arbre. T. 1. Disc. prélim. p. xxj.

Echelle de corde, dont on se sert pour aborder à S. Denis, chef-lieu de l'île de Bourbon. T. 1. Disc. prél. p. viij.

Eclipses de lune et des satellites de Jupiter, propres à faire connaître les longitudes en mer. T. 2. Disc. prélim. p. 23.

Eclipses de la lune et des satellites de Jupiter, importantes à la détermination des longitudes. T. 2. p. 65.

Eclipses des quatre satellites de Jupiter, essentielles à la connoissance des longitudes. T. 2. p. 69.

Ecluses. T. 1. p. 120.

Ecoles de navigation, établies à Nantes et à Rouen. T. 2. Avertissement, p. vij.

Ecueils qui séparent les côtes de l'Inde des îles de France et de la Réunion. T. 2. p. 119.

Eden. T. 1. p. 27.

Education de la jeunesse. Son importance. T. 2. Disc. prélim. p. 33.

Egmont. Cette île est la même que celle de S.te Croix. T. 3. p. 269.

Egmont (haute montagne d'). T. 3. p. 337.

Elastique (gomme). T. 1. p. 317.

Eléphant, montagne de ce nom. T. 2. p. 151.

Embarcation, sur les vaisseaux, de pommes de terre, qu'on peut réduire en farine, par un moyen indiqué par Parmentier. T. 2. Disc. prélim. p. 55. Combinaison de cette farine avec celle de froment, et qui en fait un mixte très-utile sur les vaisseaux. *Ibid.* p. 56.

Emoy, comptoir de la Chine. T. 1. p. 302.

Emersion du second satellite de Jupiter, observée le 11 avril 1767. T. 2. p. 73.

Emploi trés-utile des haricots et autres farineux, pour la subsistance des marins. T. 2. p. 57.

Emugi (Mono), royaume en Afrique. T. 1. p. 27.

Encre qui se tire de la décoction de l'arbre nommé *Arandrato*. T. 1. p. 27.

Endèves, classe indigène des Nègres de Madagascar. T. 1. p. 32. Ils sont appellés *Ondeves*. p. 34.

Enriquez (Don Fernando). T. 3. p. 225.

Entrecastreau (le général d'). T. 3. p. 297. 298.

Erengd anes, une des vingt-huit provinces de Madagascar. T. 1 p. 3.

Eruption du volcan de l'île de la Réunion. Produits singuliers de ce volcan. T. 2. p. 123.

Espérance (cap de Bonne). T. 1. Disc. prélim. p iij. xv. Vander Stel, gouverneur du cap de Bonne Espérance. T. 1. p. 19.

Esprit (terres australes du St.). T. 3. p. 280.

Essais de Bouguer, pour perfectionner l'observation des satellites de Jupiter. T. 2. p. 73.

Essai de Maupertuis sur les progrès des sciences. T. 3. p. 201. et suiv.

Essai d'un moyen de connaître par tout, la profondeur de la mer. T. 3. p. 445.

Essomeric, un des fils d'un chef Indien, nommé *Arosca*. T. 3. p. 208.

Estime de la route qu'on fait en mer. T. 2. Disc. prélim. p. 13 et suiv. Différens moyens de se procurer cette estime, *ibid*.

Etang de Kerloc. T. 2. p. 46.

Etang de 3000 toises de diamètre, formé par la rivière de Fanshere. T. 1. p. 95.

Etienne (le père), lazariste missionnaire. T. 1. p. 71 et s.

Etoile (le port de l'). T. 3. p. 210. 223.

Etoiles circompolaires, étaient les guides des pilotes Phéniciens. T. 2. p. 68.

Etomampo, une des dix-huit provinces de l'île de Madagascar. T. 1. p. 3.

Existence de grands fleuves, au voisinage des pôles, démontrée par les amas de glaces, que l'on rencontre à leur approche. T. 2. Disc. prélim. p. 4.

Evaporation. Il est important de ne la point confondre avec la *vaporisation*. T. 2. p. 47 et suiv.

Extirpation des rochers sous l'eau, par le moyen de la poudre à canon. T. 1. Disc. prélim. p. xxv, xxvj et s.

F

Faiso, ville et port de la Cochinchine. T. 1. p. 297. 307.

Fanghits, ou racines sauvages. T. 1. p. 268.

Fanpècheourou, sorte de lys. T. 1. p. 281.

Fanshère, belle rivière de ce nom. T. 1. p. 45. 47. Contrée fertile, *ibid*. p. 50.

Farafer, plante parasite. T. 1. p. 281.

Feuillée (M. de la). T. 1. Disc. prélim. p. lix.
Fez (royaume de). T. 2. p. 112.
Fifouche, arbre. T. 1. p. 282.
Figueroa. T. 3. p. 230. 249.
Filao, c'est un *Equisetum* arborescens. T. 1. p. 281.
Filtre de Lowitz, servant à épurer parfaitement l'eau. T. 2. p. 53. *Filtre* de Smith, *ibid*.
Finguere, espèce de figuier sauvage. T. 1. p. 316. 317.
Flacourt. T. 1. p. 49. 135.
Flavium Brigantium, aujourd'hui la Corogne. T. 2. p. 173.
Fleurieu. T. 3. p. 264.
Foë (pagode de) T. 1. p. 295.
Forbans Madecasses. T. 1. p. 152 et suiv.
Force navale de la France. T. 2. p. 27.
Formose, île. T. 1. p. 211.
Forster. T. 3. p. 436 et suiv.
Fortality. T. 1. p. 201.
Fotersbé, arbre. T. 1. p. 277.
Foulepointe. T. 1. p. 168. 190.
Founingo-mena-rabou, gros pigeon bleu. T. 1. p. 273.
Fouraha, arbre de construction. T. 1. p. 275.
Francklin, le célèbre. T. 1. p. 259.

G

Gade ou *Cadix*. T. 2. p. 76. 77. 80.
Gallego, premier pilote de Mendanna. T. 3. p. 224.
Gama (Vasco de). T. 1. Disc. prélim. p. j.
Gange. T. 3. p. 234.
Garayos, banc. T. 2. p. 180.
Garcia (île de Diego). T. 2. p. 163.
Gérofle. T. 1. Disc. prélim. p. xl.

Ghalemboule. T. 1. p. 3.
Gibraltar. T. 2. p. 87.
Girafle, animal. T. 3. p. 432.
Goa. T. 1. p. 28.
Golfe de Perse. T. 1. Disc. prél. p. j. Golfe de Bengale, ib.
Gomme élastique. T. 1. p. 317.
Gonneville. T. 3. p. 207 et suiv.
Gosse (M.), ses avantures. T. 1. p. 168. et suiv.
Goullen, Anglais. T. 2. p. 7.
Gower (île). T. 3. p. 270.
Grenier (le capitaine). T. 2. p. 138. et suiv.
Groenland. T. 2. p. 5.
Guaitopo (île). T. 3. p. 279.
Guasnin-Samarini, gouverneur de Casan. T. 1. p. 200.
Guinée (la nouvelle). T. 3. p. 357.

H

Hadley, son octant. T. 1. p. 21.
Halles, ses ventilateurs pour purifier et renouveller l'air des navires. T. 2. p. 40.
Halley et La Caille. T. 2. Avertiss. p. iv.
Hannon, Carthaginois. T. 3. p. 428.
Harame, grand arbre. T. 1. p. 274.
Harlem (société de). T. 2. p. 15.
Harmansen (Volphart), voyageur. T. 2. p. 183.
Harongan, arbre. T. 1. p. 279.
Harre (Jean), tué par les Manivoulois. T. 1. p. 194.
Hassan (tour d'). T. 2. p. 112.
Hernan Gallego. T. 3. p. 217.
Herodote. T. 2. p. 428.
Hervé-Riel, pilote. T. 2. p. 60.

Hespérides (jardin des). T. 2. p. 111.
Hilaire (M. de S.). T. 1. p. 218 et suiv.
Hipparque. T. 2. p. 65.
Holat, sorte de champignon, agréable à la vue et au gout. T. 1. p. 7.
Hollandais. Leurs bâtimens ont volontiers des cuisines dans la cale, ce qui rend l'air du vaisseau moins insalubre. T. 2. p. 41.
Hougue (combat de la). T. 3. p. 59.
Houille, ses avantages. T. 2. p. 45. et suiv.
Hounits, arbre. T. 1. p. 278.
Huan, ou main gauche du roi de la Cochinchine. T. 1. p. 291.
Hué, ville royale de la Cochinchine. T. 1. p. 289. et s.

I

Iles couvertes de cocotiers. T. 1. pag. lvij
Imina, mère de Mahomet. T. 1. p. 30.
Inattendue. Ile. T. 3. p. 243.
Insalubrité de Madagascar. T. 1. p. 229.
Isabelle Baretos. T. 3. p. 267. et suiv.
Isabelle. Ile Sainte Isabelle de l'Etoile. T. 3. p. 212 et s.
Itapère (petite rivière d'). T. 1. p. 49.

J

Jackson, port. T. 3. p. 239.
Jacques, port de S. Jacques S. Philippe. T. 3. p. 281.
Jang, arbre. T. 1. p. 282.
Japon. T. 1. Disc. prél. p. iij. T. 1. p. 211. 213.
Jardin botanique à l'île de Madagascar. T. 1. p. 195.
Jardin de Botanique, appellé *Jardin de Montplaisir*. T. 1. Disc. prél. p. xl.

Jardin des Hespérides. T. 2. p. 111.
Jedso, canal. T. 1.
Jésuites. Ce qu'en dit Dalembert. T. 2. p. 82.
Joudi-Fajal. T. 1. p. 283.
Jouofono T. 3. p. 279.
Juba, roi de Mauritanie. T. 2. p. 106.
Juifs Maroquins. T. 2. p. 98.
Jupiter. Ses quatre satellites. T. 2. p. 69. et suiv.
Jussieu, savant botaniste. T. 1. p. 127.

K

Kalugia. T. 1 p. 200. et suiv.
Kamschatka. T. 1. p. 207. 208. et suiv.
Karabé, muscadier sauvage. T. 1. p. 272.
Karical (rade de). T. 2. p. 138.
Keloé. T. 1. Disc. prél. p. xliij.
Kerguelen (le capitaine). T. 2. p. 189. 190. T. 3. p. 204.
Knorhan, nom de l'outarde d'Afrique. T. 3. p. 437.
Kuzmoden. T. 1. p. 204.

L

Laben, arbre. T. 1. p. 275.
Lacca, fruit. T. 1. p. 280.
Lacaille. T. 2. Avertiss. p. iv. et v.
La Faye. T. 1. p. 83.
La Feuillée (M. de), capitaine du vaisseau la Diane. T. 1. Disc. prél. p. lix.
La Fontaine (lieutenant de frégate). T. 2. p. 140.
La Forge, assommé par les Indiens. T. 1. p. 77.
La Haye (l'amiral). T. 1. p. 83. et suiv.
Lalong. T. 1. p. 288.

Lamanon, naturaliste. T. 3. p. 286.
Lancastre (l'amiral) T. 2. p. 184.
Lanux. T. 2. p. 130.
Larrache, c'est l'ancienne Lixa, ou Lixos. T. 2. p. 104.
Larcher (M.). T. 1. p. 250.
Lascars. T. 1. Disc. prél. p. lix.
Latitude et *Longitude*. T. 2. p. 21.
Lauzier Bouvet. T. 3. p. 318. 335.
La Vatangue. T. 1. p. 75. et suiv.
Lavoisier. T. 3. p. 406.
Laws, armateur. T. 3. p. 233.
Le Vacher, dit *La Case*. T. 1. p. 51. et suiv.
Lévéque, directeur de l'école de navigation de Nantes. T. 2. Avertiss. p. vij.
Lima (tremblement de terre de). T. 3. p. 368.
Lin. T. 1. p. 7.
Lingo, sorte de liane. T. 1. p. 279.
Lixa ou *Lixos*. Voyez *Larrache*.
Lock. Erreurs du lock et de la boussole. T. 2. p. 19.
Lohaviths. T. 1. p. 33.
Louisbourg. T. 2. p. 234.
Lova Sarega. T. 3. p. 241.
Lowitz. Son filtre à épurer l'eau. T. 2. p. 53.
Lune (éclipse de). T. 2. p. 23. et suiv.
Lycoris. T. 1. p. 211.
Lydiens. T. 2. p. 68.

M

Maan, espèce de veloutier. T. 1. p. 287.
Macairaylay. T. 3. p. 279.
Macao. T. 1. p. 212.

DES MATIERES. xxix

Machines à vapeurs. T. 1. p. 110.

Machicores. T. 1. p. 3.

Machines de Manchester pour la filature du coton. T. 1. pag. 13.

Madagascar. T. 1. Disc. prél. et presque à chaque page, dans tout le corps des trois volumes.

Madecasse, synonyme de Madagascar. T. 1. p. 4.

Madère. T. 2. p. 120.

Mahdffalles, caste Indienne. T. 1. p. 140.

Maimbou, chef. T. 1. p. 137. et suiv.

Maintenon (Mémoires de). T. 2. p. 96.

Mal Vénérien. Plante qui guérit ce mal. T. 1. p. 38.

Malabar (côtes de). T. 1. Disc. prél. p. 2.

Malac (détroit de) T. 1. Disc. prél. T. 1. p. 3.

Malao-manghit, arbre. T. 1. p. 272.

Maldives. T. 1. Disc. prél. p. xliij. T. 2. p. 149.

Mallopé, chef Indien. T. 3. p. 266.

Manacarongha. T. 1.

Manaharre. T. 1. p. 258.

Manamboulois. T. 1. p. 79. ou *Manivoulois*, ibid. p. 163. et suiv.

Manapani. T. 1. p. 3.

Mandanna (Alvarès). T. 3. p. 212. et suiv.

Mandrarey. T. 1. p. 3.

Mang. arbre. T. 1. p. 287.

Manghabey. T. 1.

Manguefia. T. 1. p. 43.

Manicolo. T. 3. p. 280.

Eanier (le père), missionnaire. T. 1. p. 79.

Manioc, nourriture des Noirs. T. 1. Disc. prél. p. xix.

Manouquibonga, espèce de vigne. T. 1. p. 287.

Mantatane. T. 1 p. 26.

Marabou. T. 2. p. 100.
Marion. T. 3. p. 232.
Mariti. T. 2. p. 51. 52.
Maroc (voyage de). T. 2. p. 63. et suiv.
Marseven, île. T. 3. p. 325.
Marouat, chef Indien. T. 1. p. 175.
Mascarenhas, ancien nom de l'île de Bourbon. T. 1. Disc. prél. p. vij.
Mascarenhas. T. 2. p. 123. nommée depuis île de la Réunion. *Ibid.*
Maskeline, savant, auteur du *Britishmariner guide.* T. 2. p. 19.
Masseven, île. T. 3. p. 325.
Maugendre (le capitaine), T. 2. p. 166. 171.
Maureau (le capitaine). T. 2. p. 155. 156. et suiv.
Maures (Maroquins descendus des Maures chassés d'Espagne). T. 1. p. 99.
Maurice (île (île). T. 1. p. 49.
Mauritanie. T. 2. p. 106.
Mayoa, insulaire, autrement nommé *Aoutourou.* T. 3. p. 211.
Méaco. T. 1. p. 211.
Mèdes. Guerre des Mèdes et des Lydiens. T. 2. p. 68.
Mendanna, île. T. 3. p. 211.
Ménuthias, île chez Ptolomée. C'est la même que Madagascar. T. 1. p. 3.
Mépan. T. 3. p. 279.
Mer-Morte, bitumineuse. T. 2. p. 53.
Mer-Rouge. T. 1. Disc. prél. p. j.
Meusnier, célèbre officier du génie. Sa mort. T. 2. p. 50.
Mines d'or de la Cochinchine. T. 1. p. 297.
Modave (M. de). T. 1. p. 90. et suiv.

Moe Daiminh, ou royaume de Clarté, en langue Cochinchinoise. T. 1. p. 294.
Mœurs variées et bizares de l'Orient. T. 1. p. 143.
Moka. T. 2. p. 133.
Moluques. T. 1. Disc. prél. p. ij.
Mondevergue (le marquis de). T. 1. p. 82.
Monneron. T. 3. p. 233.
Monnier (le) médecin. T. 2. p. 147.
Monoémugi. T. 1. p. 27.
Monomotapa. T. 1. p. 27.
Morga (Don Antonio de). T. 3. p. 230.
Moscou (route de). T. 1. p. 204.
Mouley-ben-Abdalla, empereur de Maroc. T. 2. p. 93.
Mouley Ismaël, empereur de Maroc. T. 2. p. 93.
Moulton-rongou. T. 1. p. 283.
Moutouaro (île). T. 3. p. 391.
Mozambique (canal de), T. 1. disc. prél. p. ij. T. 2. p. 122.
Muscade. T. 1. Disc. prélim. p. xl.

N

Naginouni, chef Indien, T. 3. p. 387.
Nanlang, province de Cochinchine, où se trouvent de riches mines d'or.
Nantou, arbre. T. 1. p. 288.
Natsapour. T. 1. Disc. prél. p. lv.
Nation (la grande). T. 2. p. 28.
Natolie (bacha de). T. 1. p. 200.
Naufrage de Nègres et de Négresses. T. 1. Disc. prél. p. lxj.
Nautical Almanach. T. 2. Avertiss. p. v.
Navigation des terres australes. T. 3. p. 212.

Navigation (l'art de la). T. 2. p. 137.
Nazareth (banc de). T. 2. p. 180.
Nécao. T. 3. p. 428.
Nésin. T. 1. p. 200.
Neucomen. Sa machine à vapeur. T. 1. p. 111.
Newton. T. 2. p. 68.
Nienpo, ville Chinoise. T. 1. p. 302.
Nizney. T. 1. p. 204.
Nossi Hibrahim, île, la même que nous nommons Sainte Marie. T. 1. p. 111.
Noutegat. T. 3. p. 310.
Nux medica, ou *Coco*. T. 2. p. 174.

O

Ochozk, port. T. 1. p. 205.
Oli, nom Indien d'une sorte d'amulete.
Ombiasses, sorte de savans. T. 1. p. 145.
Onbave, arbre. T. 1. p. 313.
Onglebey (rivière d'). T. 1. p. 205.
Ontampassemaca. T. 1. p. 31.
Ontzatsi. T. 1. p. 31.
Orion (ceinture d'). T. 3. p. 236.
Orlow. T. 1. p. 202.
Ontong-Java (île). T. 3. p. 236.
Orme (Potier de l'). T. 3. p. 237.
Ortega, rivière. T. 3, p. 205.
Ossemens prodigieux, trouvés dans le tombeau d'Hercule. *Voyez* Cadix, et Tombeau d'Hercule.
Ouden. T. 2. p. 133.
Ouoi-randra. T. 1. p. 286.
Ouragan. T. 1. Disc. prél. p. 28. et suiv. et T. 3. p. 416.

P

Palme (l'île de). T. 2. p. 146.
Panama. T. 3. p. 282.
Papyrus-Nilotica. T. 1. p. 26. Voyez *Sanga-sanga.*
Parmentier. T. 2. p. 54.
Passage de Vénus sur le disque du soleil, en 1769. T. 3. p. 228.
Pavillon Maure. T. 1. Disc. prélim. p. j. Commerce des Maures dans les mers de l'Asie. *Ibid.* p. v.
Payta (la). T. 3. p. 265.
Perier, mécanicien. Son moulin. T. 1. p. 121.
Pérou. T. 3. p. 282.
Petersbourg. T. 1. p. 201. 202.
Peyrouse (la). T. 3. p. 283. et suiv. Relation de son voyage par Millet du Mureau, *ibid.*
Pirogues de guerre. T. 3. p. 357.
Phanriphanran, province de la Cochinchine. T. 1. p. 291.
Philippines (îles). T. 1. Disc. prélim. p. vij.
Phips ou *Phlips*, capitaine. T. 2. p. 5.
Phunraé, lieu de la Cochinchine où se trouve une fameuse mine d'or. T. 1. p. 297.
Pic de Ténériffe. T. 2. p. 120.
Picault (le capitaine). T. 1. p. 42.
Pingré (l'astronome). T. 3. p. 228.
Pirates de Madagascar. T. 1. p. 152 et suiv.
Piscatoria, petites îles de ce nom. T. 1. p. 212.
Plata (la) T. 3. p. 206.
Pline. T. 2. p. 96.
Poivre (M.). T. 1. Disc. prélim. p. xxxj et suiv.
Pommes de terre. T. 2. p. 54 et suiv.

Pondicheri. T. 1. Disc. prélim. p. xliij. T. 2. p. 153.

Porto Santo. T. 2. p. 120.

Ports de Quérimbe, de Mosambique, de Vingara, et de Bombetoque. T. 1. Disc. prélim. p. ij.

Portugais. Leurs entreprises et leur ambition. T. 1. Disc. prélim. p. iij et xx.

Potier de l'Orme. T. 3. p. 237. et suiv.

Potosky. T. 1. p. 200.

Praslin (le duc de), ministre de la marine. T. 1. Disc. prélim. p. xxiv. T. 2. p. 37. Le port Praslin. T. 3. p. 237.

Prix fondé par Raynal. T. 2. Avertiss. p. vij. Même tome 2. p. 20.

Prix proposé par l'académie des sciences, en 1790. T. 2. p. 26.

Pronis. T. 1. p. 43. 48.

Providence (île de la). T. 1. Disc. prél. p. liij. liv.

Puits singulier. T. 2. p. 51.

Pularstki. T. 1. p. 200.

Pulaustky. T. 1. p. 200.

Pythagore. T. 2. p. 3.

Q

Quambing, province de la Cochinchine. T. 1. p. 289.

Quangxia, province de la Cochinchine. T. 1. p. 289.

Quimos ou *Kimos*, sorte de Nains. T. 1. p. 128. et suiv.

Quinhin, province de la Cochinchine. T. 1. p. 289.

Quiros, navigateur célèbre. T. 3. p. 23. Son opinion sur un nouveau monde à découvrir, *ibid.* p. 272 et suiv.

Terre du S. Esprit, de Quiros. T. 3. p. 272.

Quorsum. T. 1. p. 201.

R

Rabefin, chef Indien. T. 1. p. 184 et suiv.
Ramatao, chef Indien T. 1. p. 175.
Ramisi, chef Indien T. 1. p. 175.
Ramsden. Contestation entre lui et Dollond, pour la découverte des objectifs achromatiques. T. 2. p. 118.
Ranevate (cap de). T. 1. p. 45.
Ranga Zaa, fleur. T. 1. p. 282.
Rance. rivière. T. 2. p. 59.
Raven-tongharts, plante balsamique. T. 1. p. 282.
Raven-Sara, sorte de muscadier. T. 1. p. 273.
Réaumur. T. 2. p. 49.
Remousay. T. 1. p. 137.
Rennefort (M. de) T. 1. p. 81.
Renouvellement de l'air des navires. T. 2. p. 41.
Réunion (île de la) T. 2. p. 123.
Rharah-Horac, muscadier sauvage. T. 1. p. 273.
Rhoandrians. T. 1. p. 31 et suiv.
Riga (sapin de) T. 3. p. 356.
Riviere (M.). T. 1. Disc. prél. p. lvij et suiv.
Rivière (le lieutenant). T. 2. p. 157. 159.
Robert, navigateur et auteur d'une carte. T. 1. p. 89 et s.
Robien (M.). T. 1. p. 213.
Roburin. Son habitation. T. 2. p. 130 et suiv.
Roche nommée la Chapelle. T. 2. p. 171.
Rouillé (le ministre). T. 2. p. 36.

S

Sable (île de). T. 1. p. 67.
Sacaviro. T. 1. p. 284.

Sahavey. T. 3. p. 3.

Saléma de Saldanha, gouverneur de Macoo. T. 1. p. 212.

Salha de Maha. T. 1. Disc. prélim. p. xliv.

Salomon (ile de). T. 3. p. 211.

Salva, négociant. T. 2. p. 90.

Sampanleva, fruit. T. 1. p. 280.

Sanga-sanga, nom Indien du *Papyrus nilotica*. T. 1. p. 26.

Sangnamou-baton. T. 1. p. 284.

Sanoang-matan-nahanrou, sorte d'asperge. T. 1. p. 282.

Saphie ou *Safie.* T. 2. p. 112.

Sauvages. Leur régime. T. 1. p. 17 et suiv. et p. 48.

Saya de Malha, ou nappe de malheur. Banc ainsi nommé. T. 2 p. 142.

Schira, sorte de palmier. T. 1. p. 282.

Scherland. T. 3. p. 262 et suiv.

Sécheyles (île). T. 1. Disc. prél. p. xliv. T. 2. p. 142.

Sertorius fait ouvrir le tombeau d'Hercule. T. 2. p. 104.

Shewlipar. T. 1. Disc. prél. p. xliij. et T. 2. p. 137.

Siberie. T. 1. p. 204.

Sidney (cap). T. 3. p. 262.

Siliva, montagne. T. 1. g. 43.

Simbou (îles). T. 3. p. 252 et suiv.

Sivah. T. 1. p. 3.

Sivagi (le prince). T. 2. p. 153.

Smith, Irlandais. Son filtre à épurer l'eau. T. 2. p. 53.

Soacsek (le colonel). T. 1. p. 142.

Solander, savant. T. 2. p. 32.

Solichanszky. T. 1. p. 204.

Solidor T. 2. p. 59.

Sondi-fa-fat, plante. T. 1. p. 314.

Soumoulorang, fleur. T. 1. p. 288.

DES MATIERES.

Sour, nom moderne de l'ancienne Tyr. T. 2. p. 53.
Sparman (le docteur). T. 3. p. 427. 435.
Spitzberg. T. 2. p. 6.
Sucre (canne à). Sa culture. T. 1. p. 115.
Surville. T. 1. p. 142. T. 3. p. 232 et suiv.

T

Tael, manière de compter une somme à la Cochinchine. T. 1. p. 304.
Taco, vigne sauvage. T. 1. p. 280.
Tacouri, chef Zélandois. T. 3. p. 362. 396.
Tafoumounan, arbre qui donne un fruit en gland. T. 1. p. 280.
Talate, sorte de houx. T. 1. p. 282.
Tamsimalo et son fils Jean Harre. T. 1. p. 168 et suiv.
Tametave. T. 1. p. 3.
Tanasoa. T. 1. p. 212.
Tancasson, vigne sauvage. T. 1. p. 279.
Tanguem, arbre. T. 1. p. 276.
Tanouarn, capitaine de frégate. T. 2. p. 15.
Tartarie T. 2. p. 5.
Tartarie (déserts de la), où l'on voyage traîné par des chiens. T. 1. p. 204.
Tasman. T. 3. p. 234. 336.
Tavoutala. T. 1. p. 288.
Taumago. T. 3. p. 279.
Tchilotou, tulipe blanche. T. 1. p. 282.
Tchoua (pagode de). T. 1. p. 295.
Tchinghit, arbre. T. 1. p. 280.
Tchouti-morou, ou *ranou*. T. 1. p. 285.
Tec, arbre de construction. T. 1. p. 275.

Tevarté, arbuste. T. 1. p. 280.

Tevartna, bel arbre. T. 1. p. 276.

Tha, ou main droite du roi de la Cochinchine. T. 1. p. 291.

Thipoulou-pouli. T. 1. p. 286.

Tholanger (péninsule). T. 1. p. 44.

Timor. T. 3. p. 365.

Tobolsk. T. 1. p. 204.

Toçam-boudi. T. 1. p. 287.

Tombeau d'Hercule, ouvert par Sertorius. T. 2. p. 104.

Tour d'Hassan. T. 2. p. 112.

Tourville (le maréchal de). T. 2. p. 53.

Tougnounan, arbre. T. 1. p. 280.

Tongou-hintchi. T. 1. p. 285.

Tonquin. T. 1. p. 292.

Tottlas, sorte de laurier. T. 1. p. 286.

Tougmonnam, arbre. T. 1. p. 315.

Toulouc, arbuste. T. 1. p. 316.

Touroujou, espéce de benjoin.

Trévanion, petite île. T. 3. p. 270.

Trou-Fanfaron, bassin ainsi nommé. T. 1. Disc. prélim. p. xxv et suiv. T. 3. p. 423.

Tristan d'Achuna. T. 2. p. 169.

Tromelin (M. de), ancien capitaine de vaisseau. T. 1. Disc. prélim. p. xxiij et suiv.

Turgot (ministre). T. 1. p. 247. T. 2. p. 49.

Tuta. T. 1. p. 200.

Tsimamasoo, sorte de liane. T. 1. p. 287.

Tyr, aujourd'hui *Sour*. T. 2. p. 53.

U

Urum-Sir, ou l'île *Xti.* T. 1. p. 210.
Usma, île. T. 1. p. 211.
Utile (le vaisseau l'). T. 1. Dis. prél. p. lxj. et T. 1. p. 67.
Uua-carabo. T. 1. p. 284.
Uua-fao. T. 1. p. 284.
Uua-hé-taïtchou, bon fruit. T. 1. p. 280.
Uua-Khicason. T. 1. p. 285.
Uua-montuang. T. 1. p. 282.
Uua-Nantoula. T. 1. p. 284.
Uvang biri. T. 1. p. 280.
Uua onda. T. 1. p. 284.
Uua tani, arbre. T. 1. p. 282.
Uua tchirié. T. 1. p. 285.
Uua-tingui lépas. T. 1. p. 284.
Uua toudinga. T. 1. p. 284.
Uua-toutouc. T. 1. p. 283.

V

Vaingbarre, liane. T. 1. p. 282.
Vander Mester. T. 1. p. 49.
Vander Stel. T. 1. p. 19.
Vangoui-Nangboua. T. 1. p. 286
Van-plexemberg. T. 3. p. 426.
Vaporisation. T. 2. p. 49.
Varou, espèce de mauve. T. 1. p. 285.
Vasco de Gama. T. 3. p. 428.
Vua de la Cochinchine, c'est-à-dire, le roi de cette contrée. T. 1. p. 292.
Vua-he-taitsou. T. 1. p. 285.

Vua-hia-vavé. T. 1. p. 285.

Vua-missa-voi, aster. T. 1. p. 282.

Veloutier, pithoniq. T. 1, p. 288.

Vénus. Son passage sur le disque du soleil. T. 2. p. 123.

Vera cruz. T. 2. p. 281.

Via-foutchi. T. 1. p. 288.

Vigagora, haute montagne. T. 1 p. 239. 259.

Vin de Madère sec. T. 1. p. 432.

Visapour. T. 2. p. 153.

Voadziri. T. 1 p. 32 et suiv.

Voai-marang, arbuste. T. 1. p. 313.

Vognien do song, plante parasite. T. 1. p. 314.

Vogning do song. T. 1. p. 281.

Vohitz-Angombés. T. 1. p. 3.

Vohitz-ban. T. 1. p. 3.

Volang-bondi-pouni. T. 1. p. 287.

Volcan de l'île de Bourbon. T. 1. Disc. prél. p. ix. et suiv.

Volcan de l'île de la Réunion. T. 1. p. 125.

Vongo, bel arbre, dont le fruit se nomme *Vaassouvoura.*
 T. 1. p. 281.

Voua-fatre. T. 1. p. 281.

Voua-Hintchi. T. 1. p. 281.

Voua-Honda. T. 1. p. 286.

Voualomba, sorte de raisin. T. 1. p. 280.

Voua-malim. T. 1. p. 283.

Voua-Mandroucou. T. 1. p. 287.

Voua-ména. T. 1. p. 287.

*Voua-rosan. Voua-assim. Vouazigné. Voua-severan-
 tou.* T. 1. p. 314. 315. 316.

Voua-rougni, espèce de manglier. T. 1. p. 283.

Voua-Sevaranton. T. 1. p. 283.

Voua-Sourindi, grand arbre. T. 1. p. 283.

Vouet-Lis an. T. 1. p. 281.
Vouang-taé, citronier. T. 1. p. 283.
Vouang-titirang. T. 1. p. 283.
Voula-foutchesine. T. 1. p. 270.
Voulou-voulo. T. 1. p. 261.
Voulou-voulou. T. 1. p. 3.
Vua-Nambouavon. T. 1. p. 285.
Vua-Rha. T. 1. p. 285.
Vuendrang, espèce de galenga. T. 1. p. 313.
Vynblat (le major), T. p. 204. 205.

W

Walt. Sa machine à vapeur. T. 1. p. 111. et suiv.
Wander Spoei. T. 3. p. 433.
Watte manahou. T. 1. p. 3.
Worcester (le marquis de). T. 1. p. 131.

Y

Y, étoile de l'épaule d'Orion. T. 2. p. 154.
Yago (l'île de S.).
Yavi, chef Indien. T. 1. p. 231.
Ycondre. T. 1. p. 3.

Z

Zaffé-Casimambou. T. 1. p. 30.
Zaffé-ramini. T. 1. p. 30.
Zélande (la nouvelle). T. 2. p. 100. T. 3. p. 311.

Fin de la Table des Matières.

www.ingramcontent.com/pod-product-compliance
Lightning Source LLC
Chambersburg PA
CBHW060507170426
43199CB00011B/1361